中2

要点[illegible]で しっか[illegible]わかる本

5科

JN024680

「勉強のやり方」を教える塾 プラスティー代表 清水章弘／監修

プラスティー教育研究所／編集協力

かんき出版

はじめに

今、みなさんは勉強でどんな悩みを抱えていますか？

「中２」という学年は、ちょっと変わった学年です。中１は入学したばかりで「初めて」が多く特別な学年。中３は部活引退・卒業と「最後」が多く、これも特別な学年。受験もある人もいますね。では、中２は……？

そうです。中学３年間を考えてみると、「特別」が少なさそうな学年は、中２だけなのです。中学には慣れてきたものの、受験や卒業は遠い。中２は、部活など勉強以外の活動の場が広がる一方で、だらだらしがちで、難しい時期なのです。

でも、特別が少なさそう、というだけで、「どうでもいい時期」かと言えば、そんなことは一切ありません。**むしろ、変化が少なさそうな中２だからこそ、楽しみ尽くしてほしい**と僕は願っています。本気で遊べて、本気で語れて、本気でぶつかれる友達をつくってほしいですし、かっこいい先輩を探してほしい。何か夢中になれるものを見つけてほしい。調子に乗って叱られることだって、立派な財産になります。

だから、**中２って、実は経験の宝庫なんです。**そんな大切な時期だからこそ、勉強の悩みは減らしましょう。ちょっとだけ厳しいことを言うと、**中２でついた差は、そのまま高校受験の合否に直結します。**だって、中３になるとみんなが頑張るから。自分が頑張ってるのと同じくらい、みんなも頑張っているので、なかなか差が縮まらないのです。

逆に、**中２のうちに「ちょっとだけ」頑張ったことは、みなさんを大きく助けてくれます。**１日 30 分、いや 10 分でも構いません。ちょっとしたことも、毎日の積み重ねは大きな力になります。小さな「できる」の積み重ねが、半年後・１年後にはきっとみなさんの大きな自信になっているはずです。どういう形でもよいので、自分なりの「小さな一歩」を踏み出してもらえたらと思います。

この本には、５教科の要点だけでなく、「勉強のやり方」もたくさん書かれています。中２という大切な時期に、みなさんの横に置き続けてもらえたら嬉しいです。勉強に困ったら、いや困る前に、サッと手に取ってください。

そして、勉強でも「好き」と「得意」を見つけて、自信と期待を胸に学び続けてもらえたら、それ以上の喜びはありません。

2024 年夏　清水章弘

本書の使い方

コンパクトにまとめた解説とフルカラーの図です。赤シートでオレンジの文字が消えます。

「学びのポイント」にはその項目でおさえるべきポイントや勉強法のコツなどを載せています。

などの補足説明も載っています。

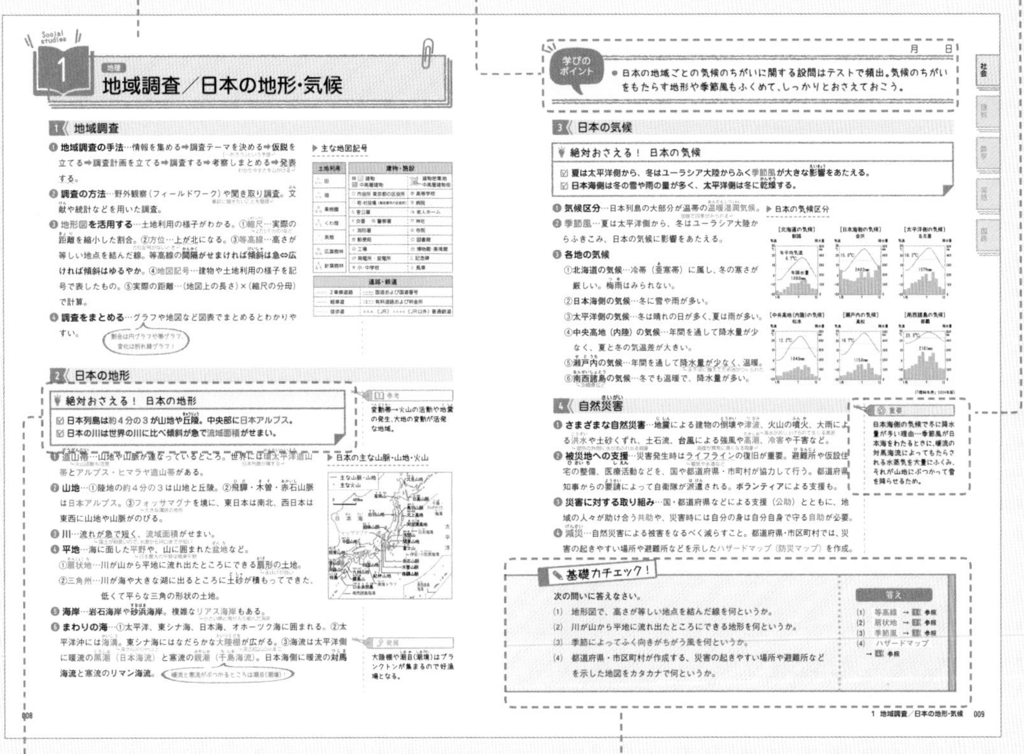

重要項目は「絶対おさえる！」にまとめています。

数学以外には「基礎カチェック！」問題があるので、要点を理解できたか確認してみましょう。数学は、例題をもとに解き方を解説しています。

この本の特典として、「清水先生オススメ・勉強のやり方」の動画を、パソコンやスマートフォンから視聴することができます。日常の学習に役立ててください。

1. インターネットで下記のページにアクセスする

パソコンから
https://kanki-pub.co.jp/pages/as5kayouten2/

スマートフォンから
QRコードを読み取る

2. 特典ページがひらくので、動画を視聴する

※上記URLは購入者特典のため、転載等を禁じます。

もくじ

数学 Mathematics

英語 English

※国語は巻末から始まります

国語 Japanese

ブックデザイン：dig
図版・イラスト：佐藤百合子、熊アート
DTP：ニッタプリントサービス
編集協力：マイプラン、プラスティー教育研究所（佐藤大地、渡邉健太郎、安原和貴、永濱智也、池航平、西川博謙、佐藤大地、岸誠人、梅津さくら、延東知孝、濱田和輝、古屋秀基）

社会のおすすめ勉強法❶

授業ノートをテスト化し、定期試験のリハーサルを!

テスト化ノート術

授業中から「重要用語は何かな？」「どんなところがテストに出るかな？」と考えながらノートをとる「テスト化ノート術」。試験勉強期間も、あせらずに復習できるようになります。

「テスト化ノート術」のやり方

❶ 授業ノートの左側にメモ用のスペースをつくる。

「左：右＝1：2」
くらいがオススメ！

❷ 重要用語に関するテストをつくる。

❸ 授業後の1分間で、テストを解く。

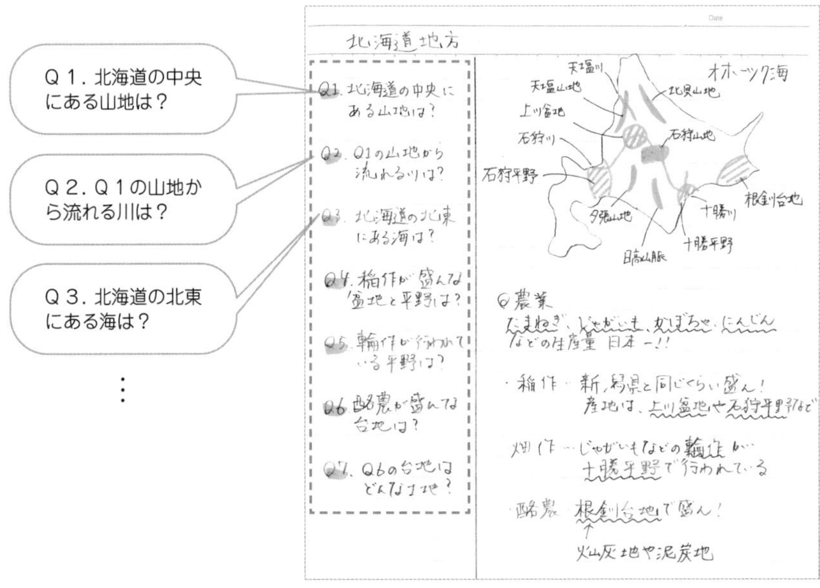

ポイント

☑ 授業中にテストをつくるのが難しいときは、授業後の5分間でつくるのがオススメ。

☑ 先生が「ここはとても重要」「ここはテストに出すかも」と言ったところは、必ずテスト化しよう。

☑ 用語に関するテスト作成に慣れてきたら、論述問題（例：○○について20語以内で説明せよ。）もつくってみよう。

☑ 作成したテストを土曜日・日曜日に解き直し、知識を定着させよう。

社会のおすすめ勉強法❷

「授業＋前後1分間の学習」で、効率的に知識を習得!

復習サンドイッチ

わざわざ復習の時間を別につくるのではなく、「復習で授業をサンドイッチ」しちゃいましょう。前後たった1分ずつの復習でも、効果は絶大です。

「復習サンドイッチ」のやり方

❶ 授業開始の1分前になったら、前回の授業でやった部分の教科書・ノートを開く。
❷ 復習しながら授業開始を待つ。
❸ 授業中は先生の解説を聞くことに集中する。（「テスト化ノート術」を実践！）
❹ 授業が終わったら、ノートを開いたまま1分間復習する。

授業前の1分間

前回の授業内容を復習する

授業中

授業に集中する

授業後の1分間

習った内容を復習する

ポイント

☑授業前後の1分間は、復習のゴールデンタイム！　「授業＋前後1分間の学習」を習慣化しよう。

☑オレンジ色のペンを使って重要語句が消えるノートにしたり、「テスト化ノート術」を実践したりするなど、前後1分間の復習を効果的に行うためのノートづくりも重要。

地理

地域調査／日本の地形・気候

1 地域調査

❶ **地域調査の手法**…情報を集める➡調査テーマを決める➡**仮説**を立てる➡調査計画を立てる➡調査する➡考察しまとめる➡発表する。
（仮説：「～だろう」という予想）（発表：わかりやすさを心がける）

❷ **調査の方法**…野外観察（フィールドワーク）や聞き取り調査。文献や統計などを用いた調査。
（聞き取り調査：事前に聞きたいことを整理）

❸ **地形図を活用する**…土地利用の様子がわかる。①縮尺…実際の距離を縮小した割合。②方位…上が北になる。③等高線…高さが等しい地点を結んだ線。等高線の**間隔がせまければ傾斜は急⇔広ければ傾斜はゆるやか**。④地図記号…建物や土地利用の様子を記号で表したもの。⑤実際の距離…（地図上の長さ）×（縮尺の分母）で計算。
（縮尺：2万5千分の1など）（上が北：方位記号がないとき）

❹ **調査をまとめる**…グラフや地図など図表でまとめるとわかりやすい。

割合は円グラフや帯グラフ、変化は折れ線グラフ！

▶ 主な地図記号

土地利用	建物・施設	
田	建物／中高層建物	建物密集地／中高層建物街
畑	市役所 東京都の区役所	高等学校
果樹園	町・村役場（指定都市の区役所）	病院
くわ畑	官公署	老人ホーム
茶畑	交番　警察署	神社
広葉樹林	消防署	寺院
針葉樹林	郵便局	図書館
	工場	博物館・美術館
	発電所・変電所	記念碑
	小・中学校	風車

道路・鉄道	
2車線道路	国道および国道番号
軽車道	有料道路および料金所
徒歩道	（JR）（JR以外）普通鉄道

2 日本の地形

絶対おさえる！ 日本の地形

☑ 日本列島は**約4分の3**が山地や丘陵。中央部に**日本アルプス**。
☑ 日本の川は世界の川に比べ傾斜が急で**流域面積**がせまい。

参考
変動帯→火山の活動や地震の発生、大地の変動が活発な地域。

❶ **造山帯**…山地や山脈が連なっているところ。世界には**環太平洋造山帯**と**アルプス・ヒマラヤ造山帯**がある。
（造山帯：火山活動も活発）（環太平洋造山帯：日本列島が属する）

❷ **山地**…①陸地の約4分の3は山地と丘陵。②飛騨・木曽・赤石山脈は**日本アルプス**。③**フォッサマグナ**を境に、東日本は南北、西日本は東西に山地や山脈がのびる。
（フォッサマグナ：大きな溝状の地形）

❸ **川**…流れが急で短く、**流域面積**がせまい。
（国土が細長いので、水源から河口までが短い）

❹ **平地**…海に面した**平野**や、山に囲まれた**盆地**など。
（日本最大の平野は関東平野）
①**扇状地**…川が山から平地に流れ出たところにできる扇形の土地。（水はけが良い）
②**三角州**…川が海や大きな湖に出るところに土砂が積もってできた、低くて平らな三角の形状の土地。

▶ 日本の主な山脈・山地・火山

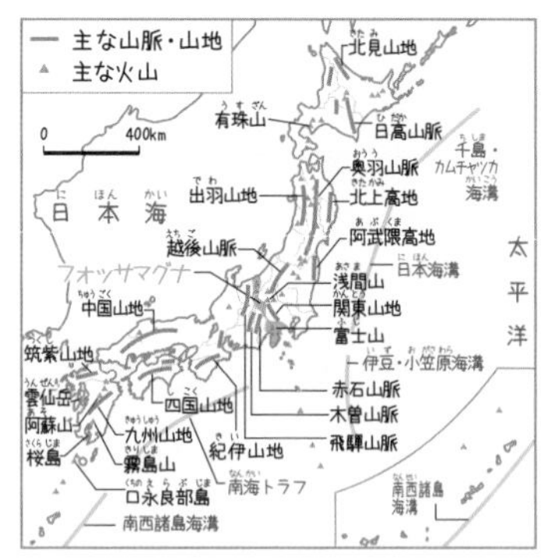

❺ **海岸**…岩石海岸や砂浜海岸。複雑な**リアス海岸**もある。
（リアス海岸：小さい岬と湾が入り組んだ海岸）

❻ **まわりの海**…①太平洋、東シナ海、日本海、オホーツク海に囲まれる。②太平洋沖には**海溝**。東シナ海にはなだらかな**大陸棚**が広がる。③海流は太平洋側に暖流の**黒潮（日本海流）**と寒流の**親潮（千島海流）**。日本海側に暖流の**対馬海流**と寒流の**リマン海流**。
（海溝：深さ6000m以上）（大陸棚：深さ約200mまで）

暖流と寒流がぶつかるところは潮目（潮境）！

発展
大陸棚や**潮目（潮境）**はプランクトンが集まるので好漁場となる。

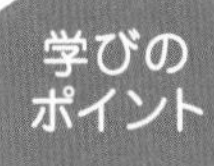

● 日本の地域ごとの気候のちがいに関する設問はテストで頻出。気候のちがいをもたらす地形や季節風もふくめて、しっかりとおさえておこう。

3《 日本の気候

絶対おさえる！　日本の気候

☑ **夏は太平洋側から、冬はユーラシア大陸からふく季節風が大きな影響をあたえる。**
☑ **日本海側は冬の雪や雨の量が多く、太平洋側は冬に乾燥する。**

❶ **気候区分**…日本列島の大部分が温帯の温暖湿潤気候。（温暖で四季がみられる）

❷ **季節風**…夏は太平洋側から、冬はユーラシア大陸からふきこみ、日本の気候に影響をあたえる。

❸ **各地の気候**

①**北海道の気候**…冷帯（亜寒帯）に属し、冬の寒さが厳しい。梅雨はみられない。

②**日本海側の気候**…冬に雪や雨が多い。

③**太平洋側の気候**…冬は晴れの日が多く、夏は雨が多い。

④**中央高地（内陸）の気候**…年間を通して降水量が少なく、夏と冬の気温差が大きい。

⑤**瀬戸内の気候**…年間を通して降水量が少なく、温暖。（水不足に備えてため池がつくられた）

⑥**南西諸島の気候**…冬でも温暖で、降水量が多い。（沖縄県など）

▶ 日本の気候区分

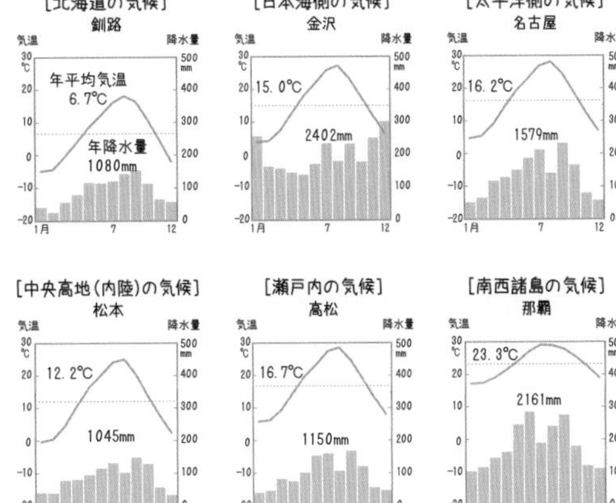

（「理科年表」2024年版）

4《 自然災害

❶ **さまざまな自然災害**…地震による建物の倒壊や津波、火山の噴火、大雨による洪水（堤防の外側に水があふれ出る現象）や土砂くずれ、土石流、**台風**による強風や高潮（海水がおし上げられて生じる高波／海面が異常に高くなる現象）、冷害や干害など。

❷ **被災地への支援**…災害発生時はライフライン（電気や水道など）の復旧が重要。避難所や仮設住宅の整備、医療活動などを、国や都道府県・市町村が協力して行う。都道府県知事からの要請によって自衛隊が派遣される。**ボランティア**による支援も。

❸ **災害に対する取り組み**…国・都道府県などによる支援（公助）とともに、地域の人々が助け合う共助や、災害時には自分の身は自分自身で守る自助が必要。

❹ **減災**…自然災害による被害をなるべく減らすこと。都道府県・市区町村では、災害の起きやすい場所や避難所などを示したハザードマップ（防災マップ）を作成。

重要

日本海側の気候で冬に降水量が多い理由…季節風が日本海をわたるときに、暖流の対馬海流によってもたらされる水蒸気を大量にふくみ、それが山地にぶつかって雪を降らせるため。

基礎力チェック！

次の問いに答えなさい。

(1)　地形図で、高さが等しい地点を結んだ線を何というか。
(2)　川が山から平地に流れ出たところにできる地形を何というか。
(3)　季節によってふく向きがちがう風を何というか。
(4)　都道府県・市区町村が作成する、災害の起きやすい場所や避難所などを示した地図をカタカナで何というか。

答え

(1)　等高線 → 1《 参照
(2)　扇状地 → 2《 参照
(3)　季節風 → 3《 参照
(4)　ハザードマップ → 4《 参照

地理

日本の人口・産業・交通の特色

1 日本の人口

❶ **人口構成の変化**…現在の日本は出生数が減少し、高齢者が増える少子高齢化が進んでいる➡人口の約３割は 65 歳以上。（社会のしくみも変化！）

❷ **人口の分布**…①高度経済成長期に農村部から都市部へ人口が流入。（└1950年代半ばから1970年代初め）②東京・大阪・名古屋の三大都市圏に人口が集中。交通網の整備とともに各地方には政治や経済の中心となる地方中枢都市が発達➡**札幌市**、**仙台市**、**広島市**、**福岡市**。また、政令指定都市も増加。

▶ 日本の人口ピラミッドの変化

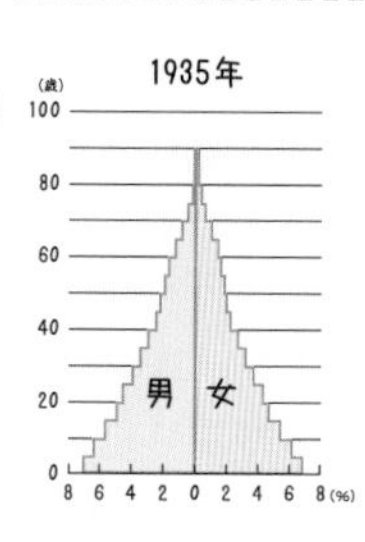

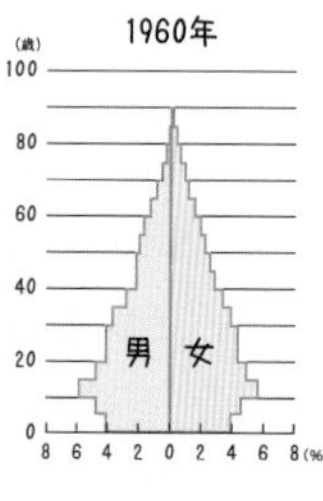

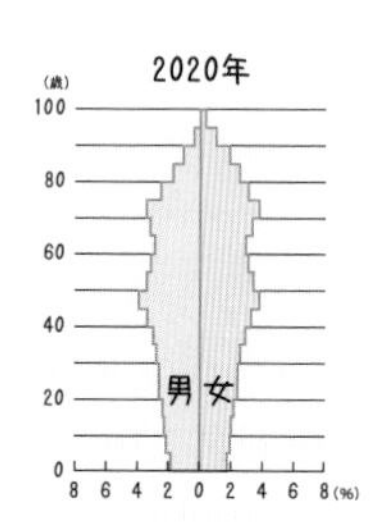

（「日本国勢図会」2023／24 年版ほか）

❸ **過密と過疎**…①過密…都市部ではせまい地域に人口が密集➡交通渋滞（└通勤・通学ラッシュ）や住宅不足、大気汚染、ごみ問題（└処理場の不足）など。②過疎…農村や漁村では若者が仕事を求めて都市部へ移住し、人口減少と高齢化が進む➡公共交通機関の廃止、公共施設（└病院や学校など）の統廃合、経済の衰退など。近年は I ターン、U ターンの動きもみられる。（└都市部出身者が地方へ移住するのが I ターン、地方出身者が都会から地元へ戻るのがUターン）

参考

人口ピラミッドは人口割合を男女別・年齢別に示したもの。日本は、出生率・死亡率がともに高い富士山型→出生率・死亡率がともに低いつりがね型→さらに出生率・死亡率が低下したつぼ型と変化。

2 日本の資源・エネルギー

絶対おさえる！ 日本の資源・エネルギー

☑ 日本は鉱産資源のほとんどを輸入にたよっており、石油は西アジアからが８割以上。
☑ 日本の発電は火力発電が中心。今後は再生可能エネルギーの利用拡大が求められる。

❶ **鉱産資源の分布**…石油は西アジアのペルシャ（ペルシア）湾に集中するなど、世界の鉱産資源の分布はかたよりがある➡世界で資源の獲得競争が激化。

❷ **ほぼ輸入にたよる資源**…日本は外国からの安く豊富な鉱産資源の輸入にたより、エネルギー自給率は非常に低い。

❸ **日本の発電方法**…①山地が多いことから、1950 年代ごろまでは水力発電（└ダムで発電）が中心。② 1960 年代以降、重化学工業が盛んになるとともに火力発電（└化石燃料を燃やして発電）が中心に。火力発電は地球温暖化（海水面の上昇や異常気象の原因┘）の原因となる温室効果ガスを発生させる。③原子力発電は効率的に発電でき、温室効果ガスを発生させないが、一度事故が起こると大きな被害が発生すること、放射性廃棄物の処理（└最終処分場の決定が難しい）などの課題がある。

❹ **これからのエネルギー**…再生可能エネルギー（└太陽光・風力・地熱など）の利用が進む。また、リサイクルの取り組みも積極的に進められている。

▶ 主な鉱産資源の輸入相手国

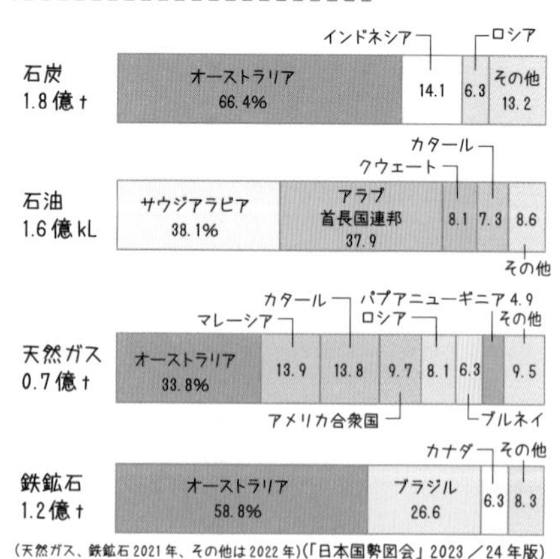

（天然ガス、鉄鉱石 2021 年、その他は 2022 年）（「日本国勢図会」2023／24 年版）

月　　日

● 日本の鉱産資源の輸入相手国については、資源ごとのちがいをおさえていこう。相手国の一覧を見て資源名を確定できれば言うことなし！

3 日本の産業

絶対おさえる！ 日本の農業、工業

☑ 近郊農業は都市向けに野菜などを生産。促成栽培は冬でも温暖な気候を利用して野菜などを栽培。
☑ 工業は太平洋ベルトを中心に発展。交通網の整備とともに内陸部にも工業団地が形成される。

❶ **農業**…東北地方や北陸で稲作が盛ん。北海道では酪農が盛ん。九州地方では肉牛やぶた、にわとりなどを飼育。

近郊農業	都市の消費者向けに、野菜や草花、果実などを生産。
促成栽培	冬でも温暖な気候を利用しビニールハウスなどを使って、きゅうりやピーマンなどの野菜の生長を早めて出荷。
抑制栽培	夏でもすずしい気候を利用して、レタスやキャベツなどを他の産地の出荷が少ない時期に出荷。

重要
農業の課題…外国産の農産物の増加➡食料自給率の低下。農家の高齢化➡機械化による効率化や労働時間の短縮で対応。

暗記
第1次産業…農業、漁業、林業
第2次産業…製造業、建設業、鉱業
第3次産業…卸売・小売業、金融業、運輸業、飲食・サービス業など

❷ **漁業**…かつては遠洋漁業や沖合漁業が盛ん。「育てる漁業」が注目される。
└養殖業・栽培漁業

養殖業	稚魚や稚貝などをいけすなどで育て、大きくなってから出荷する漁業。
栽培漁業	人工的にふ化させた稚魚や稚貝をある程度育てた後、川や海に放流し、成長してからとる漁業。

❸ **工業**

①高度経済成長期に太平洋などに面した平野部に工業地域が形成（太平洋ベルト）➡交通網の整備とともに内陸部にも工業団地。

②資源や原料を輸入し、すぐれた技術で加工して輸出する加工貿易で発展。1980年代後半から企業が海外に生産拠点を移すようになり、国内の産業が衰退する産業の空洞化が問題に。

▶ 日本の主な工業地帯・地域

❹ **商業・サービス業**…現在、第３次産業で働く人の割合が最も高い。

4 日本の交通・通信

❶ **さまざまな交通手段**…鉄道や船、自動車、航空機など。新幹線、高速道路など高速交通網の整備が進む。

❷ **情報網の発達**…インターネット利用が広く普及➡通信ケーブルや通信衛星を利用し、大量の情報伝達が可能に。

基礎力チェック！

次の問いに答えなさい。

(1)　出生数が減少し高齢者が増えることを何というか。
(2)　太陽光など、くり返し使えるエネルギーを何というか。
(3)　都市の消費者向けに野菜などを生産する農業を何というか。
(4)　原料を輸入し、工業製品に加工して輸出する貿易を何というか。

答え

(1)　少子高齢化 → 1 参照
(2)　再生可能エネルギー → 2 参照
(3)　近郊農業 → 3 参照
(4)　加工貿易 → 3 参照

Social studies

3 地理 九州地方

1 九州地方の自然・気候と人々のくらし

絶対おさえる！ 九州地方の自然・気候

☑ **阿蘇山**には世界最大級の**カルデラ**があり、南部には水をたくわえにくい**シラス**が広がる。
☑ 近海を流れる暖流の**黒潮**（**日本海流**）と**対馬海流**の影響で、冬でも比較的温暖。

❶ 地形

①**山地**…北部に**筑紫山地**、中部に九州山地。

②**平野・河川**…有明海にそそぐ筑後川下流に筑紫平野が広がる。八代平野や熊本平野、宮崎平野もみられるが、なだらかな土地は少ない。
（有明海：日本最大の干潟をもつ。のりの養殖が盛ん）

③**火山**…活動が活発な火山が多い。

・中央部の**阿蘇山**には火山が噴火したあとにできた大きなくぼ地の**カルデラ**（世界最大級）がある。西部には**雲仙岳**、南部には桜島（御岳）（現在もたびたび噴火）、霧島山など。

・九州南部には、火山からの噴出物などが積もった**シラス**（栄養分が少なく、水をたくわえにくい）とよばれる地層が広がっている。

▶ 九州地方の自然

❷ 気候

①近海を暖流の**黒潮**（**日本海流**）と**対馬海流**が流れ、冬でも比較的温暖。

②南西諸島は亜熱帯性の気候で一年中温暖。沿岸で**さんご礁**がみられる。

③梅雨前線や**台風**の影響で、梅雨（5月から7月）から秋にかけて雨が多く、豪雨による洪水や土砂くずれ、**土石流**（土砂などが川を一気に流れ下る現象）の被害を受けることが多い。

暗記
さんご礁➡温かくて浅い海に住むさんごなどの骨格や、石灰質のからを持つ生物の死骸が積み重なってつくられる地形。

❸ 自然をめぐる人々の暮らし

①**火山のめぐみ**…**温泉**が多く、大分県の別府温泉や湯布院温泉などは全国有数の観光地。**八丁原地熱発電所**（大分県。日本最大級の発電量）をはじめ、多くの地熱発電所がある。

②**風水害への対策**…沖縄県の伝統的住居は、屋根瓦をしっくいで固めたり（強風で飛ばされるのを防ぐ）、石垣で囲ったりするなどの工夫を行っている。

2 沖縄県の特色

❶ 歴史

① 15 世紀前半から 17 世紀初めに**琉球王国**が栄え、独自の文化が発展。

②第二次世界大戦時には戦地となり、1972 年までアメリカの統治下に➡沖縄島の約15%の土地がアメリカ軍基地（**全国の基地の約75%**）。

❷ 産業

①**農業**…さとうきび、パイナップル、花（菊など）の栽培が盛ん。

②**観光業**…さんご礁が広がる海など豊かな自然環境から、多くの観光客が訪れる。**第3次産業従事者の割合が高い**➡**リゾート**開発で**環境問題**が発生。
（土壌が海に流出し、さんごが死滅）

▶ 沖縄島の土地利用

学びのポイント

● 九州は農牧業が盛ん。地形や気候とのかかわりが大きいので、地域ごとの農牧業の特徴をつかみ、都道府県ごとの特産物を覚えていこう。

3《 九州地方の産業

絶対おさえる！ 九州地方の産業の特色

☑ 北部の筑紫平野では**稲作**、南部の**シラス**では畑作や**畜産**が盛ん。宮崎平野では**促成栽培**。
☑ 明治時代に建設された**八幡製鉄所**から**北九州工業地域**へと発展した。

❶ 農牧業

①北部…主に稲作。筑紫平野では稲と小麦の**二毛作**も行われる。
（同じ耕地で1年間に2種類の作物を栽培する）

②宮崎平野…冬でも温暖な気候を生かし、ビニールハウスも利用して、きゅうりやピーマンなどの野菜の出荷時期を早める**促成栽培**が盛ん。

③南部…シラスが広がり、土地がやせ水持ちが悪いため、畑作や畜産が中心。
- 鹿児島県…さつまいもや茶の栽培。
- 宮崎県・鹿児島県…ぶた・にわとり・肉牛などの畜産が盛ん。安全性を高める工夫や**ブランド化**を進める。（価格の安い外国産に対抗するため！）

▶ 肉牛と豚の飼育頭数割合

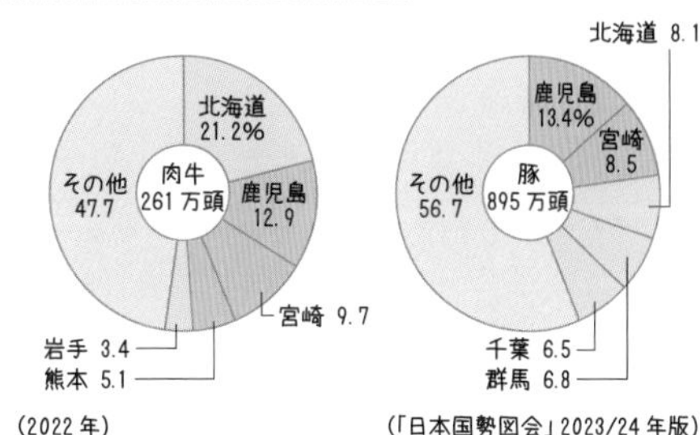

（2022年）　（「日本国勢図会」2023/24年版）

❷ 鉱工業

①明治時代…1901年に**八幡製鉄所**が現在の北九州市で操業開始。筑豊炭田の石炭と中国からの鉄鉱石を利用して鉄鋼を生産➡鉄鋼業を中心とする**北九州工業地域**が形成。

②1960年代以降…**エネルギー革命**が進み、炭鉱が閉山され、鉄鋼の生産が大幅に減少。
（石炭から石油へ）

③1970年代以降…空港や高速道路の近くに**IC（集積回路）**工場が急増。自動車関連工場の誘致で、**機械工業**へ転換。

▶ 北九州工業地域の工業生産の変化

（工業生産額は1人以上の事業所）

	金属	機械	化学	食料品	せんい	その他
1960年 0.6兆円	42.7%	8.5	15.1	13.1	1.8	18.8
2020年 9.0兆円	16.4%	44.1	6.7	17.0	0.6	15.2

（「日本国勢図会」2023/24年版ほか）

4《 九州地方の環境の保全と開発の両立

❶ 公害の発生

①北九州市…1960年代に**公害**が発生➡企業が環境への取り組みに力を入れ、**エコタウン**に選ばれる。**リサイクル関連施設**が集まる。
（公害：工場から出るけむりによる大気汚染、排水による水質汚濁など）
（エコタウン：ごみのリサイクルを積極的に進める地域）

②水俣市…有機水銀（メチル水銀）を原因とする**水俣病**が八代海沿岸で発生➡人々の努力で安全な海に➡エコタウンや環境モデル都市に選定される。
（水俣病：四大公害病の1つ）

❷ **持続可能な社会**…将来の世代を考えた開発が行われる社会をめざす。

基礎力チェック！

次の問いに答えなさい。

(1) 九州南部に分布する火山の噴出物が積もった地層を何というか。
(2) 沖縄県で15世紀前半から17世紀初めに栄えた王国を何というか。
(3) 宮崎平野で盛んな、温暖な気候とビニールハウスを利用した栽培方法は。
(4) 九州地方で発生した四大公害病の1つを何というか。

答え

(1) シラス → 1《 参照
(2) 琉球王国 → 2《 参照
(3) 促成栽培 → 3《 参照
(4) 水俣病 → 4《 参照

地理

中国・四国地方

1 中国・四国地方の自然と気候

絶対おさえる！ 中国・四国地方の気候

☑ 中国山地より北の山陰、四国山地より南の南四国、２つの山地にはさまれた瀬戸内に分けられる。
☑ 山陰は冬に、南四国は夏に降水量が多く、瀬戸内は一年を通して降水量が少ない。

❶ **自然**…中国地方にはなだらかな中国山地、四国地方に険しい四国山地。中国山地より北の山陰、四国山地より南の南四国、２つの山地にはさまれた瀬戸内の３つの地域に分けられる。

❷ **気候**

①**山陰**…北西の季節風の影響で、冬に雪が多い。

②**南四国**…黒潮（日本海流）や南東の季節風の影響で１年を通して温暖で、とくに夏に雨が多い。

③**瀬戸内**…夏・冬とも季節風が山地にさえぎられるため、１年を通して降水量が少ない➡讃岐平野（└香川県）では、水不足に備えてため池をつくり農業用水を確保してきた。（かんがい用につくられた人工の池！）

▶ 中国・四国地方の自然

2 中国・四国地方の工業

❶ **瀬戸内で盛んだった工業**…かつて製塩業が盛ん⬅年間を通して雨が少ないから。（浅瀬の海岸に引き入れた海水を乾燥させて塩をとる）そのほかに造船業や綿織物工業。

❷ **瀬戸内工業地域**…1960年代から、塩田跡地や埋め立て地などに広大な工業用地を整備して形成された。沿岸部に立地し、原料・燃料の輸入や工業製品の輸出がしやすい。

①**石油化学工業**…工場をパイプラインでつないだ石油化学コンビナートで生産。水島地区（岡山県倉敷市）、徳山地区（山口県周南市）、新居浜市（愛媛県）など。

②**自動車工業**…広島市周辺。

③**伝統的な工業**…今治市のタオルなど。

▶ 瀬戸内工業地域の工業生産の変化

	金属	機械	化学	食料品	せんい	その他
1960年 1.2兆円	14.1%	21.6	27.3	10.8	10.3	15.9
2020年 28.0兆円	18.2%	34.6	20.0	8.7	2.2	16.3

（「日本国勢図会」2023/24年版ほか）

暗記
瀬戸内工業地域が発展した理由→海に面し交通の便がよく、海外から船で原料を輸入するのに便利だったため。

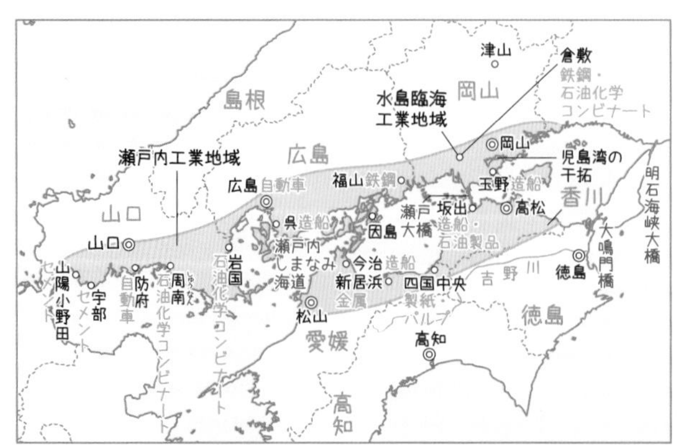

● 山陰・南四国・瀬戸内の３地域の気候の特徴を理由とともにおさえよう。そこがわかれば、気候が各産業に与える影響も見えてくるはず。

3《 中国・四国地方の農業・漁業

❶ 農業

①高知平野…冬でも温暖な気候を生かし、ビニールハウスでなすやピーマンなどの促成栽培が盛ん。収穫した野菜は、大消費地へトラックで輸送（輸送園芸農業）。
（↳出荷時期を早める栽培方法）

②鳥取県ではなしとらっきょう、岡山県ではぶどう（マスカット）やもも、愛媛県ではみかんの栽培が盛ん。
（↱日当たりの良い山地の斜面などで栽培）

❷ 漁業

…波の穏やかな瀬戸内海で、養殖業や栽培漁業が盛ん。広島県ではかき、愛媛県ではまだいの養殖。
（↳いけすなどで魚介類を育てる）

▶ 主な生産物の県別生産量の割合

ピーマン 14.9万t	茨城 22.5%	宮崎 18.0	鹿児島 9.0	高知 8.8	その他 41.7	
なす 29.8万t	高知 13.2%	熊本 11.2	群馬 9.2	茨城 6.1	福岡 6.0	その他 54.3
みかん 74.9万t	和歌山 19.7%	愛媛 17.1	静岡 13.3	熊本 12.0	長崎 6.9	その他 31.0

（2021年）　（「日本国勢図会」2023/24年版）

4《 中国・四国地方の交通と地域おこし

絶対おさえる！ 中国・四国地方の交通と地域おこし

☑ 本州四国連絡橋は、瀬戸大橋、明石海峡大橋などで結ばれた３つのルートのこと。
☑ 山間部や離島では過疎化が深刻化しているため、地域おこし（町おこし・村おこし）が行われている。

❶ 交通

①本州四国連絡橋…本州と四国を結ぶ３つのルートが開通
➡本州と四国、瀬戸内海の島々の間の移動時間が短縮。

- 児島・坂出ルート（瀬戸大橋）
- 神戸・鳴門ルート（明石海峡大橋、大鳴門橋）
- 尾道・今治ルート（瀬戸内しまなみ海道）

②交通網の整備が進んだ結果、県をこえた人やものの移動が活発化。一方で、大都市への人口の流出が増えたことにより、地方の経済が衰退（ストロー現象）する問題も。
（瀬戸内海をわたって通勤・通学、買い物をする人が増加↵）

▶ 本州四国連絡橋のルート

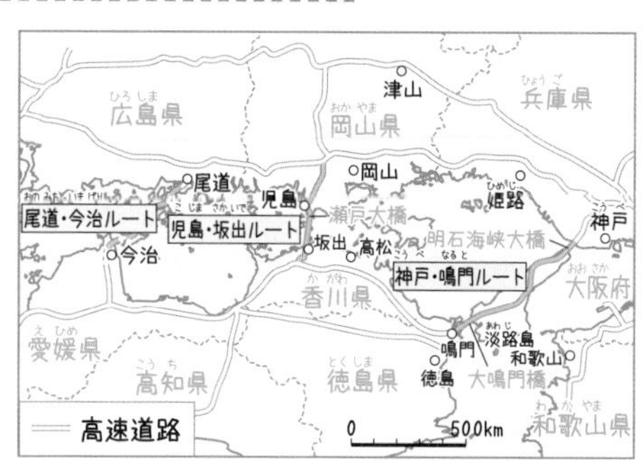

❷ 地域の取り組み

①人口の変化…山間部や離島では過疎化が深刻。若者が都市部へ流出し、高齢化も進行。
（人口減少により地域社会の機能の維持が困難に！）

②地域活性化…特色ある観光資源や交通・通信網を生かした地域おこし（町おこし・村おこし）が行われている。

基礎力チェック！

次の問いに答えなさい。

(1) 冬に雪が多く降る、中国山地より北の地域を何というか。
(2) 石油製品を生産する工場をパイプラインでつないだ地域を何というか。
(3) なすやピーマンの促成栽培が盛んな四国南部の平野を何というか。
(4) 本州と四国を結ぶ3つのルートをまとめて何というか。

答え

(1) 山陰 → 1《 参照
(2) 石油化学コンビナート → 2《 参照
(3) 高知平野 → 3《 参照
(4) 本州四国連絡橋 → 4《 参照

Social studies

5 地理 近畿地方

1 近畿地方の自然と気候

❶ 自然

①**北部**…丹波高地などのなだらかな山地が続く。

②**中央部**…日本最大の湖の**琵琶湖**があり、ここから流れ出る川が合流して**淀川**となる。近江盆地や京都盆地、奈良盆地などの盆地と、大阪平野や播磨平野などの平野が広がる。
└滋賀県の面積の約6分の1をしめる

③**南部**…険しい**紀伊山地**が広がる。

④**海岸**…**若狭湾**や**志摩半島**には、**リアス海岸**がみられる。
└真珠の養殖
（海岸線が複雑に入り組んだ海岸！）

❷ 気候

①**北部**…北西の**季節風**の影響で、冬に雨や雪が多い。

②**南部**…**黒潮（日本海流）**の影響で冬でも温暖。南東の季節風の影響で紀伊半島の南東側は、夏に雨が多く降る日本有数の多雨地域。

③**中央部**…雨が少なく、夏の暑さと冬の冷えこみがきびしい。

▶ 近畿地方の自然

参考

琵琶湖→近畿地方の生活用水・工業用水を担うことから、「近畿地方の水がめ」とよばれる。水質保全の取り組みも進められる。

2 近畿地方の工業

絶対おさえる！ 近畿地方の工業

☑ **阪神工業地帯**は大阪市から神戸市にかけての臨海部を中心に形成された工業地帯。
☑ 東大阪市や八尾市、泉州地域などに**中小企業（中小工場）**が多く集まる。

❶ 阪神工業地帯…大阪市から神戸市にかけての臨海部を中心に形成された工業地帯。

・**明治時代**…繊維や食品などの**軽工業**が発達。第二次世界大戦前までは一時期を除いて日本最大の工業地帯。

・**高度経済成長期**…地盤沈下や大気汚染などの**公害**が深刻化➡臨海部の埋め立て地に製鉄所や石油化学コンビナートがつくられ、**重化学工業**が発達（堺・泉北臨海工業地域、播磨臨海工業地域）。
└地下水のくみ上げすぎによる

・**1980年代**…鉄鋼、造船、石油化学工業の設備の老朽化により、工場の閉鎖や他地域への移転が進む➡工業出荷額も減少し、全国にしめる地位が低下。

・**近年**…臨海部で太陽光発電のパネル、蓄電池などの先端技術（ハイテク）産業が盛ん。

❷ 中小企業（中小工場）…規模の小さい企業。東大阪市や八尾市、泉州地域に多く集まる。
└自転車部品や文房具など　└タオルなど

❸ 伝統的工芸品…地場産業として根付く。京都の西陣織や京友禅、清水焼、奈良の墨など。

▶ 阪神工業地帯の工業生産の変化

（工業生産額は4人以上の事業所）

	金属	機械	化学	食料品	せんい	その他
1960年 3.2兆円	26.6%	26.7	9.1	9.8	12.0	15.8
2020年 32.4兆円	19.0%	39.7	15.8	11.6	1.3	12.6

（「日本国勢図会」2023/24年版ほか）

▶ 近畿地方のおもな工業都市の分布

● 近畿地方は歴史ある都市が多くある。京都・奈良・大阪、それぞれの都市の特徴について、歴史分野の知識とも関連させておさえていこう。

3《 近畿地方の産業

❶ 農業

①近郊農業…奈良や兵庫・京都など、大都市の周辺で花や野菜などを栽培。

②和歌山県では、みかんや梅の栽培が盛ん。

③松阪牛（三重県）、近江牛（滋賀県）、神戸（但馬）牛（兵庫県）など肉牛の飼育が盛ん。

❷ 林業…紀伊山地ですぎやひのきの生産。吉野すぎや尾鷲ひのきは高品質な木材ブランド➡近年は、海外の木材輸入の増加や働き手の減少と高齢化できびしい状況に。
（└紀伊山地：雨が多い）

> 発展
> 京野菜→京都で生産される伝統野菜。九条ねぎ、賀茂なすなど。

4《 近畿地方の歴史ある都市と都市の発展

絶対おさえる！ 近畿地方の都市の発展

☑ 京都・奈良にはかつての日本の都（古都）があり、大阪は江戸時代、「天下の台所」とよばれた。
☑ 大阪は京阪神大都市圏の中心で、ターミナル駅周辺や臨海部で再開発が進められている。

❶ 京都・奈良…かつての日本の都（古都）があり、歴史的な建物、文化財が数多く残る。多くの寺院・神社が世界文化遺産に登録。
（└京都には平安京、奈良には平城京）

・京都市…景観を守るため条例を制定し、建物の高さや外観、屋外広告などを規制。

❷ 大阪

①江戸時代、「天下の台所」とよばれ、全国の物資が集積する商業都市として発展。現在も卸売業の問屋が集まる。

②都市中心部の住宅不足の解消のため、1960年代以降、郊外の各地にニュータウンが造成される➡現在は建物の老朽化や住民の高齢化が課題。
（└千里ニュータウン、泉北ニュータウンなど）

③京阪神大都市圏（大阪大都市圏）の中心。梅田などのターミナル駅周辺や臨海部では再開発が進められる。（東京大都市圏についで人口が多い！）

❸ 神戸…貿易港として発展。六甲山地からけずった土を使って、沿岸を埋め立て、ポートアイランドという人工島を建設。1995年に地震による阪神・淡路大震災が発生。
（└山地が海にせまり、平地が少ない）

▶ 地方別の重要文化財の割合

合計 1万4574

地方	割合(%)
近畿	44.9
京都	16.8
奈良	10.6
滋賀	6.1
その他近畿	11.2
関東	27.4
中部	10.1
中国・四国	8.0
東北	4.8
九州	4.4
北海道	0.4

※国宝を含みます。（2023年）（文化庁）

▶ 近畿地方のおもなニュータウン

基礎力チェック！

次の問いに答えなさい。

(1) 近畿地方にある日本最大の湖を何というか。
(2) 東大阪市や八尾市などに多くある規模の小さな企業を何というか。
(3) 大阪は江戸時代、全国の物資が集まることから何とよばれていたか。
(4) 近畿地方の郊外につくられた、大規模な住宅地域を何というか。

答え

(1) 琵琶湖 → 1《 参照
(2) 中小企業 → 2《 参照
(3) 天下の台所 → 4《 参照
(4) ニュータウン → 4《 参照

Social studies

6 地理 中部地方

1 中部地方の自然と気候

❶ 地域区分と都市…太平洋側の**東海**、中央部の**中央高地**、日本海側の**北陸**の3つの地域に分けられる。名古屋市を中心に名古屋大都市圏を形成。

❷ 自然と気候

①東海…**濃尾平野**が広がり、輪中とよばれる地域がある。
↳洪水から集落を守るために、堤防に囲まれた地域
黒潮(日本海流)や南東の季節風の影響で温暖で、夏に雨が多く、冬は乾燥した晴天の日が続く。

②**中央高地**…日本アルプスとよばれる**飛騨・木曽・赤石**山脈がそびえる。年間を通して降水量が少なく、夏と冬の気温差が大きい。
↳標高3000m級の山々が連なる

③**北陸**…**越後平野**が広がり、信濃川が流れる。北西の季節風の影響で冬に雪が多く、日本有数の豪雪地帯。
↳新潟県　日本で最も長い↲

▶ 中部地方の自然

2 中部地方の工業

絶対おさえる！ 中部地方の工業

☑ 日本最大の工業地帯である中京工業地帯では自動車工業が盛ん。
☑ 静岡県の太平洋岸に形成された東海工業地域では、ピアノやオートバイ、製紙・パルプなどを生産。

❶ 東海

①中京工業地帯…愛知県を中心に三重県北部にかけて形成された日本最大の工業地帯。

- **豊田市**（愛知県）…自動車(輸送用機械)。
- **四日市市**（三重県）…石油化学。
- **瀬戸市**（愛知県）、**多治見市**（岐阜県）…陶磁器、ファインセラミックス。

②東海工業地域…静岡県の太平洋沿岸に形成。

- **浜松市周辺**…ピアノ、オートバイ。
- **富士市**…製紙、パルプ。
↳豊富な富士山からのわき水を利用

▶ 中京工業地帯と東海工業地域の工業出荷額

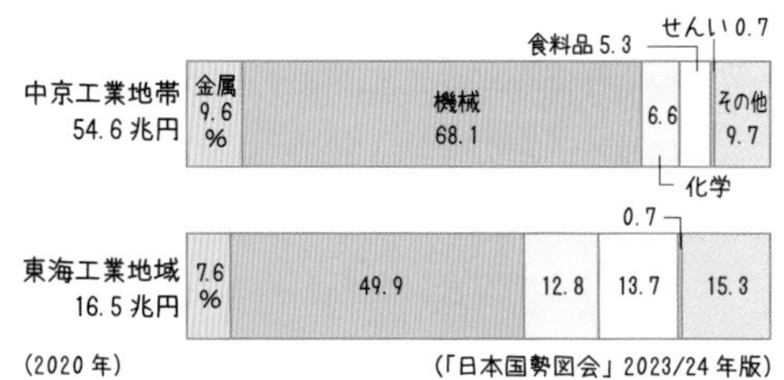

(2020年)　(「日本国勢図会」2023/24年版)

❷ 中央高地(諏訪湖周辺)…かつては**製糸業**が盛ん➡第二次世界大戦後、時計やカメラなどをつくる精密機械工業が発達➡近年は、交通網の整備により電気機械工業やIC(集積回路)の工場などが増加。
↳蚕から生糸をつくる　↳電子部品やプリンタなど

❸ 北陸

①冬は雪のため農作業ができないことから、古くから副業が盛ん➡伝統産業や地場産業として発達。
↱古くからの技術と地元の材料を使用する

②福井県鯖江市では眼鏡枠（フレーム）づくり、富山県ではアルミニウム工業が盛ん。

▶ 北陸の主な伝統的工芸品

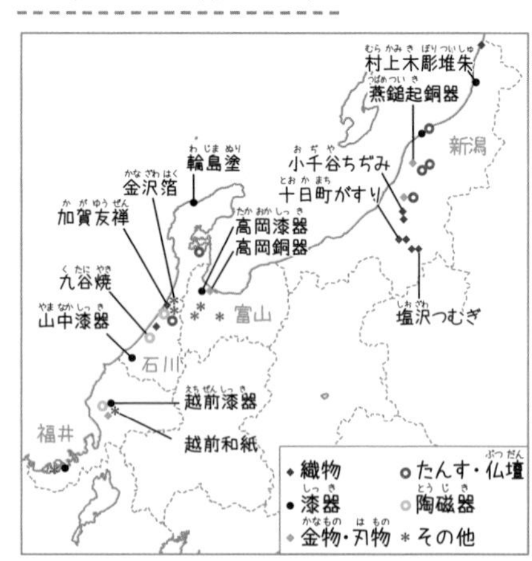

● 中部地方は東海・中央高地・北陸の３地域それぞれの特徴をおさえよう。気候や自然条件のちがいをふまえて理解していこう。

3《 中部地方の農水産業

絶対おさえる！ 中部地方の農業

☑ 東海地方では、冬でも温暖な気候を生かして、都市向けに野菜や花などを栽培する**園芸農業**が盛ん。
☑ 中央高地では、水はけのよい**扇状地**でぶどうやももなどの果樹栽培が盛ん。

❶ 東海地方の農業

①**渥美半島**（愛知県）…大きな川がなく水不足に悩まされ、**豊川用水**を整備➡都市向けに野菜や花などを栽培する**園芸農業**や**菊**の**抑制栽培**が盛ん。
（└電灯を照らして開花の時期をおくらせる）

②**知多半島**（愛知県）…愛知用水の整備により水不足が解消➡野菜の栽培が盛ん。

③**静岡県**…**茶**（牧ノ原台地など）や**みかん**の栽培が盛ん。メロン、いちご、切り花などを栽培する園芸農業も。

❷ 中央高地の農業

①**果樹栽培**…水はけのよい**扇状地**で盛ん。観光農園（ぶどう狩り、りんご狩りなど）もみられる。

・**甲府盆地**（山梨県）…ぶどう、もも。

・**長野盆地**…りんご。

②**抑制栽培**…**八ヶ岳**のふもと（**野辺山原**）などの標高の高い高原地域では、夏にすずしい気候を利用して、キャベツやレタスなどの**高原野菜**を栽培。
（└生長をおくらせる）

❸ 北陸地方の農業

①春から夏の雪解け水を生かした米の**単作**が盛ん。出荷時期を早める**早場米**やコシヒカリなどの**銘柄米**の産地。
（└秋の長雨をさけて早く収穫　└産地や品種が登録された米）

②富山県や新潟県ではチューリップの球根栽培、石川県の砂丘では野菜栽培が盛ん。

❹ 水産業

・**焼津港**（静岡県）…日本で３番目の漁獲量（└2021年）。**遠洋漁業**の基地として栄え、まぐろやかつおの漁獲量は日本一（2021年）。（インド洋や大西洋まで漁場とする！）

▶ 主な農産物の県別生産割合

茶 7.8万t	静岡 38.0%	鹿児島 33.9	三重 6.9	宮崎 3.9	その他 17.3

キャベツ 148.5万t	群馬 19.7%	愛知 18.0	千葉 8.1	茨木 7.4	長野 4.9	その他 41.9

レタス 54.7万t	長野 32.7%	茨城 15.9	群馬 10.0	長崎 6.4	兵庫 4.7	その他 30.3

ぶどう 16.5万t	山梨 24.6%	長野 17.4	岡山 9.1	山形 8.8	福岡 4.2	その他 35.9

（2021年）　（「日本国勢図会」2023/24年版）

▶ 東京へ出荷されるレタスの量

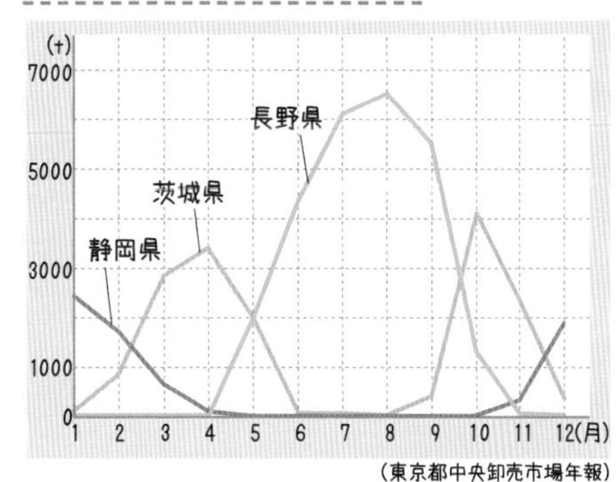

（東京都中央卸売市場年報）

暗記
八ヶ岳（長野県）の高原野菜→国内の他の産地からの出荷が少なくなる夏の時期に大都市圏に向けて出荷される。

基礎力チェック！

次の問いに答えなさい。

(1) 中部地方を３つに分けると、東海・中央高地とあと１つは。
(2) 中部地方にある、日本最大の工業地帯を何というか。
(3) 中央高地の諏訪湖周辺で第二次世界大戦後に発達した工業は。
(4) 静岡県の牧ノ原台地で栽培が盛んな農産物は。

答え

(1) 北陸 → 1《 参照
(2) 中京工業地帯 → 2《 参照
(3) 精密機械工業 → 2《 参照
(4) 茶 → 3《 参照

Social studies

7 地理 関東地方

1 関東地方の自然と気候

❶ 自然…日本最大の平野である**関東平野**が広がり、流域面積が日本一の**利根川**が流れる。台地は、富士山などの噴火による**火山灰**が積もってできた**関東ローム**という赤土におおわれる。

❷ 気候…大部分が太平洋側の気候。

①**内陸部**…夏と冬の気温差が大きく、夏に高温になりやすい。冬は北西の季節風が乾いた**からっ風**となってふきおろし、よく晴れる。

②**太平洋沿岸**…夏は高温でむし暑く、冬は比較的温暖で晴れの日が多い。東京の中心部では、気温が周辺部よりも高くなる**ヒートアイランド現象**がみられる。

▶ 関東地方の自然

2 関東地方の産業

絶対おさえる！ 関東地方の工業

☑ 第二次世界大戦後、東京都から神奈川県にかけての東京湾沿岸に**京浜工業地帯**が形成された。
☑ 千葉県の東京湾沿岸には**京葉工業地域**、内陸部の高速道路沿いには**北関東工業地域**が発達。

❶ 工業

①**京浜工業地帯**…東京都から神奈川県にかけての東京湾沿岸が中心。第二次世界大戦後に発展。情報が多く集まる東京都では、印刷業が盛ん。

②**京葉工業地域**…東京都から千葉県にかけての東京湾沿岸。（原材料を船で輸入するのに便利）石油化学コンビナートが立ち並び、とくに石油化学工業が盛ん。

③**北関東工業地域（関東内陸工業地域）**…高速道路網の整備とともに、内陸部の高速道路沿いに発達。自動車や電気機械などの**工業団地**が建設される。

▶ 京浜工業地帯、北関東工業地域、京葉工業地域の工業出荷額

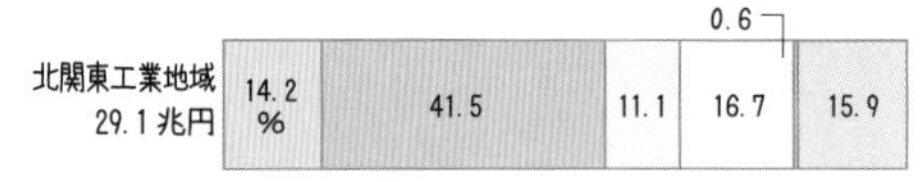

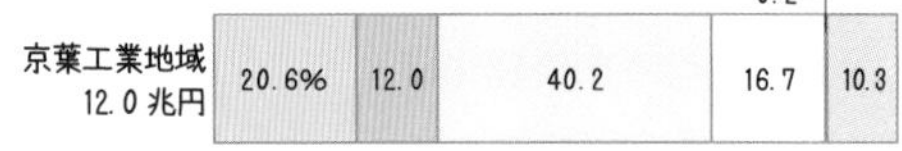

（2020 年）（「日本国勢図会」2023/24 年版）

❷ 農業

①大消費地への近さを生かし**近郊農業**が盛ん。千葉県のねぎ、ほうれんそう、茨城県のはくさい、栃木県のいちごなど。

②群馬県の嬬恋村では、夏でもすずしい高原の気候を生かして、キャベツやレタスなどの生産が盛ん（**輸送園芸農業**）。（高速道路や保冷車を利用して輸送）

③栃木県のかんぴょう、群馬県のこんにゃくなどの工芸作物も栽培。

❸ 水産業…銚子港（千葉県）は漁獲量日本一。（2021年）

▶ 主な農産物の県別生産割合

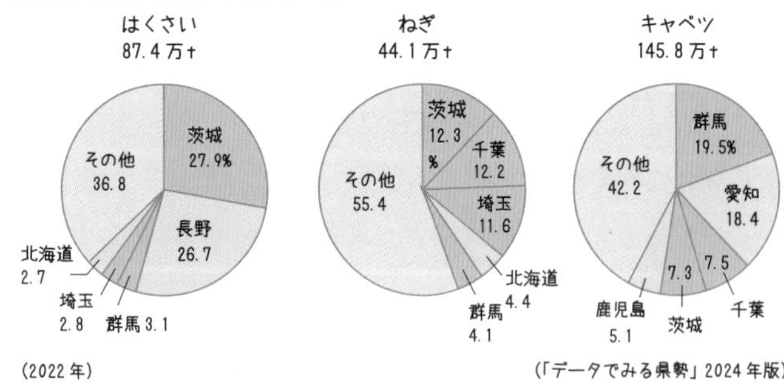

（2022 年）（「データでみる県勢」2024 年版）

● 関東地方は東京を中心とした大都市圏が発達している。都市化にともなう問題点や、再開発による都市の発展の様子をおさえていこう。

3《 東京大都市圏

絶対おさえる！ 東京大都市圏

☑ **東京大都市圏は日本最大の都市圏で、全国の総人口の約４分の１が集中している。**
☑ **近隣の県から通勤や通学をする人が多いため、東京の中心部は夜間人口よりも昼間人口が多い。**

❶ 首都東京

①日本の首都である東京には、国の政治の中枢機能をはじめ、大企業の本社、報道機関、文化施設が集中。情報通信産業が発達。

②東京の中心部は都心、ターミナル駅がある新宿・渋谷・池袋などは副都心とよばれる。（複数の鉄道路線が乗り入れる駅！）

③近隣の県から通勤や通学をする人が多いため、中心部は**夜間人口**よりも**昼間人口**が多い。

❷ 東京大都市圏

①東京大都市圏…東京を中心とした、日本最大の都市圏。横浜市、川崎市、さいたま市、千葉市、相模原市の５つの政令指定都市がある。全国の総人口の約４分の１が集中。

②人口が集中し、過密の状態に➡交通渋滞や通勤ラッシュ、地価の高騰、住宅問題、ゴミの増加、騒音などの問題が発生。

③地価の上昇により、周辺部ではニュータウンが建設➡建物の老朽化や住居者の高齢化などが課題。
↳多摩、千葉、港北など

④再開発により、**みなとみらい21**（神奈川県）、**さいたま新都心**（埼玉県）、**幕張新都心**（千葉県）などがつくられ、首都機能の移転を図る。

❸ 交通

①東京の中心部から、鉄道や新幹線、高速道路が放射状にのびる。

②成田国際（成田）空港が国際線の中心で、日本最大の貿易港。
↳千葉県
東京国際（羽田）空港が国内の中心。東京港や千葉港、横浜港もある。

▶ 東京大都市圏の交通網

▶ 東京都への通勤・通学者

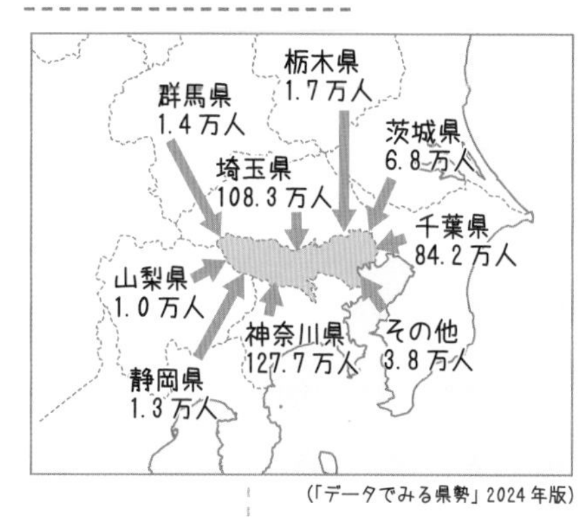

（「データでみる県勢」2024年版）

基礎力チェック！

次の問いに答えなさい。

(1) 関東平野を流れる流域面積が日本最大の河川を何というか。
(2) 関東平野にみられる、火山灰が堆積した赤土を何というか。
(3) 東京都から神奈川県にかけての東京湾沿岸に形成された工業地帯は。
(4) 東京などにみられる、人口が集中することを何というか。

答え

(1) 利根川 → 1《 参照
(2) 関東ローム → 1《 参照
(3) 京浜工業地帯 → 2《 参照
(4) 過密 → 3《 参照

Social studies

8 地理 東北地方

1 東北地方の自然と気候

絶対おさえる！ 東北地方の自然と気候

☑ 三陸海岸の南部には、出入りの複雑な海岸である**リアス海岸**が続いている。
☑ 太平洋側では、夏に冷たくしめった北東風の**やませ**がふくと、**冷害**がおこることがある。

❶ 自然

①**山地・高地**…中央を**奥羽山脈**が南北に走る。日本海側に出羽山地やブナの原生林が広がる**白神山地**、太平洋側には北上高地や阿武隈高地。
↳世界自然遺産に登録

②**平野と河川**…日本海側に秋田平野や庄内平野、太平洋側に仙台平野が広がる。庄内平野には最上川、仙台平野には北上川が流れる。

③**海岸**…太平洋側の三陸海岸の南部には**リアス海岸**が続く。
↳出入りの複雑な海岸線

▶ 東北地方の自然

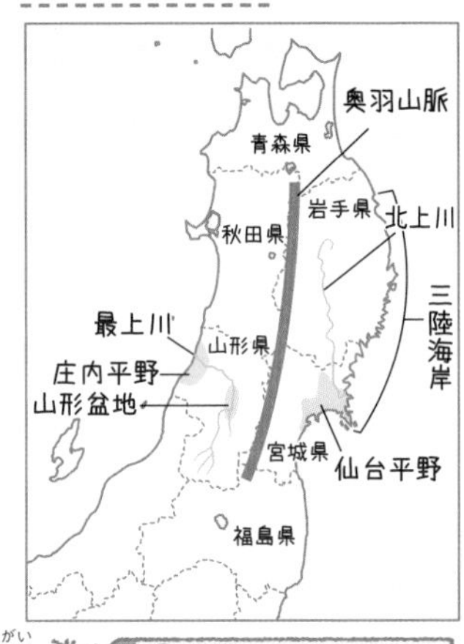

❷ 気候

①**日本海側**…夏は晴れの日が多い。冬は北西の季節風の影響で、雪が多い。

夏にふく、冷たくしめった北東の風！

②**太平洋側**…夏に**やませ**がふくと、**冷害**がおこることも。冬は奥羽山脈をこえてかわいた風がふくため、冬でも雪が少なく、晴れの日が多い。

❸ 災害…2011年に**東北地方太平洋沖地震**が発生。**津波**もともない大きな被害（**東日本大震災**）➡災害をふまえた新しい社会・まちづくりが進められる。被害の経験を後世に残す取り組みも行われている。

重要
やませがふくと、霧や雲が発生し、日照不足になり冷夏になる→**農作物**が十分育たず、**収穫量**が減る（冷害）。

2 東北地方の伝統的な生活や文化

❶ 祭り・年中行事…豊作への願いから生まれたものが多い。近年は観光資源となっている。

①**東北三大祭り**…**青森ねぶた祭**、**秋田竿燈まつり**、**仙台七夕まつり**。

②**その他の祭り**…**山形花笠まつり**、チャグチャグ馬コ（岩手県）など。

▶ 東北地方の主な夏祭りの日程（2018年）

<table>
<tr><th>県＼日</th><th>8月 1日</th><th>2日</th><th>3日</th><th>4日</th><th>5日</th><th>6日</th><th>7日</th><th>8日</th></tr>
<tr><td>青森県</td><td></td><td colspan="6">青森ねぶた祭</td><td></td></tr>
<tr><td>岩手県</td><td colspan="4">盛岡さんさ踊り</td><td></td><td></td><td></td><td></td></tr>
<tr><td>宮城県</td><td></td><td></td><td></td><td></td><td></td><td colspan="3">仙台七夕まつり</td></tr>
<tr><td>秋田県</td><td></td><td></td><td colspan="4">秋田竿燈まつり</td><td></td><td></td></tr>
<tr><td>山形県</td><td></td><td></td><td></td><td></td><td colspan="3">山形花笠まつり</td><td></td></tr>
</table>

❷ 伝統芸能…無形文化遺産に登録され、保護されているものもある。**なまはげ**（秋田県男鹿半島）、早池峰神楽（岩手県花巻市）、秋保の田植踊（宮城県仙台市）など。
↳ユネスコが登録

❸ 郷土料理…地域ごとにとれる食材でつくられる。秋田県のきりたんぽ、いぶりがっこ、岩手県のわんこそばなど。
↳大根の漬物

❹ 歴史ある街並み…古くから発展した街並みを観光資源とする取り組みが進む。

①**仙台市**（宮城県）…江戸時代、仙台藩の城下町として発展。「杜の都」とよばれる➡現在は東北地方唯一の**政令指定都市**となっている。

②**平泉町**（岩手県）…平安時代後期に**奥州藤原氏**が繁栄。中尊寺金色堂など寺院や遺跡が多くある。
↳世界文化遺産に登録

● 東北地方は県ごとに伝統的な生活や文化が発達している。農産物や産業品などの特産品とあわせて、それぞれの特徴をつかんで覚えていこう。

3《 東北地方の産業

絶対おさえる！ 東北地方の果樹栽培と伝統産業

☑ 山形盆地ではさくらんぼ、福島盆地ではもも、津軽平野ではりんごの栽培が盛ん。
☑ 津軽塗（青森県）、南部鉄器（岩手県）、天童将棋駒（山形県）などは国の伝統的工芸品に指定。

❶ 農業

①稲作…全国有数の穀倉地帯。

・秋田平野、庄内平野、仙台平野で盛ん。

・1970年代、食生活の変化にともない、米の消費が減少➡政府が減反政策を進め、畑作への転作など生産調整が行われる。
　└米の生産量を減らす政策。2018年に廃止

・はえぬき（山形県）、ひとめぼれ（宮城県）、あきたこまち（秋田県）など各県で銘柄米を開発し、全国に販売。

②果樹栽培…水はけのよい山の斜面や扇状地で盛ん。津軽平野でりんご、山形盆地でさくらんぼや洋なし、福島盆地でももの栽培。

▶ 主な果実の県別生産量割合

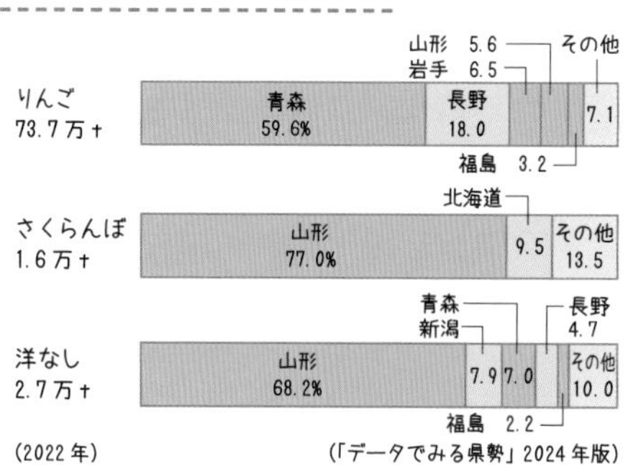

（2022年）　（「データでみる県勢」2024年版）

❷ 林業…青森ひば、秋田すぎなどの高級木材を生産。

❸ 漁業

・三陸海岸沖に親潮（千島海流）と黒潮（日本海流）がぶつかる潮目（潮境）があり、好漁場となっている。八戸港（青森県）、気仙沼港（宮城県）など水揚げ量の多い漁港が点在。
　└プランクトンが繁殖するため、魚が多く集まる

・三陸海岸のリアス海岸で、かきやわかめの養殖、陸奥湾ではほたての養殖が盛ん。
　└波がおだやか

❹ 工業…東北新幹線や東北自動車道の整備が進む中、高速道路沿いに工業団地がつくられ、IC（集積回路）、半導体、自動車部品などの工場が進出。
　└1982年に開業・現在では東京～新青森間を結ぶ　└製品の輸送に便利

❺ 伝統産業　（地域に伝わる技術や材料で生産！）

・農作業ができない冬に行われた農家の副業として発達。

・津軽塗（青森県）、南部鉄器（岩手県）、会津塗（福島県）、天童将棋駒（山形県）などは、国の伝統的工芸品に指定されている。

▶ 東北地方の伝統的工芸品

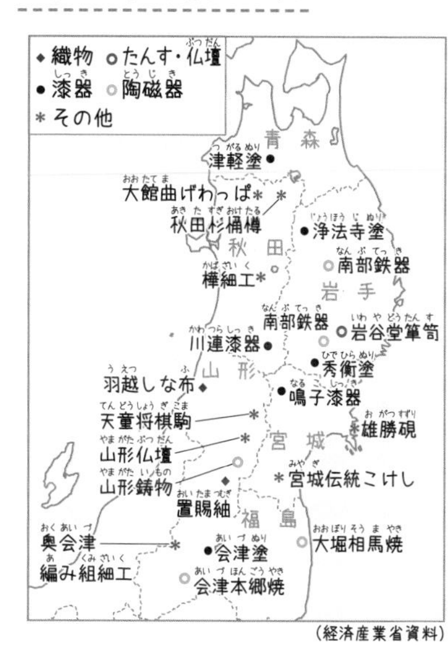

（経済産業省資料）

基礎力チェック！

次の問いに答えなさい。

(1) 東北地方の太平洋側で夏にふくことがある、冷たい北東風を何というか。
(2) 東北三大祭りのうち、青森市で毎年夏に行われる祭りを何というか。
(3) 青森県の津軽平野で生産が盛んな農作物は何か。
(4) 三陸海岸沖の暖流と寒流がぶつかる好漁場を何というか。

答え

(1) やませ → 1《 参照
(2) 青森ねぶた祭 → 2《 参照
(3) りんご → 3《 参照
(4) 潮目（潮境） → 3《 参照

地理

北海道地方／地域の在り方

1 北海道地方の自然と気候、歴史

絶対おさえる！ 北海道地方の気候と歴史

☑ 冷帯（亜寒帯）に属し、夏は短く冬は寒さが厳しく長い。太平洋側では夏に濃霧が発生。
☑ 明治時代、政府が札幌に開拓使という役所をおき、屯田兵が大規模な開拓を進める。

❶ 自然…北海道の面積は、日本の総面積の約５分の１。

①**山地と平野**…中央部に北見山地や日高山脈が南北にそびえる。西側には**石狩平野**や上川盆地、東側には**十勝平野**や**根釧台地**が広がる。

②**火山と湖**…十勝岳や有珠山は活火山で、たびたび噴火。洞爺湖や屈斜路湖、摩周湖は、火山の**カルデラ**（噴火のあとにできたくぼ地）に水がたまってできた湖。

③**海岸**…**オホーツク海**沿岸には、冬に**流氷**（海水が凍ったもの）がおし寄せる。

❷ 気候…冷帯（亜寒帯）に属し、夏は短く冬は寒さが厳しく長い。はっきりとした梅雨はみられない。

①**日本海側**…冬は暖流（対馬海流）の影響で、水分を多くふくんだ北西季節風が、山沿いを中心に多くの雪を降らせる。

②**太平洋側**…夏は南東からふく水分の多い季節風が寒流（親潮（千島海流））の影響で冷やされ、沿岸部で**濃霧（海霧）**が発生➡晴れの日（日照時間が短くなる）が少なく、かなりの低温になることも。

❸ 寒さに対する工夫

①**住居の工夫**…窓や玄関のとびらを二重にし、かべや床に厚い断熱材を入れる。

②**雪に対する対策**

・**ロードヒーティング**…道路の下に電熱線や温水パイプを通し、熱で雪を解かす。
・**除雪**…流雪溝や雪堆積場の整備、融雪槽の設置。
・**縦型の信号機、とがった看板**…雪が積もらないようにするため。

▶ 北海道の自然

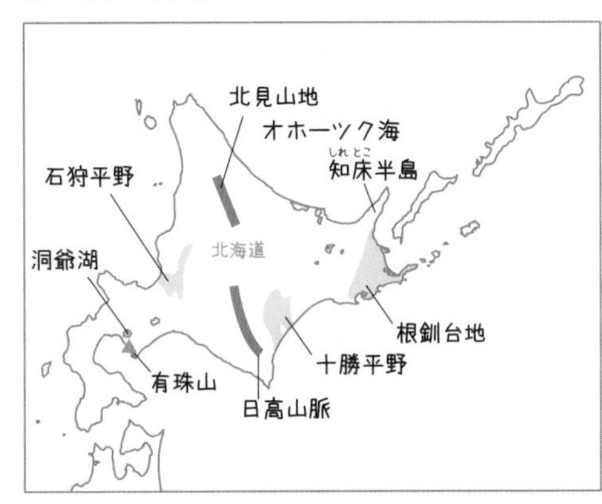

▶ 北海道の住宅に見られる工夫

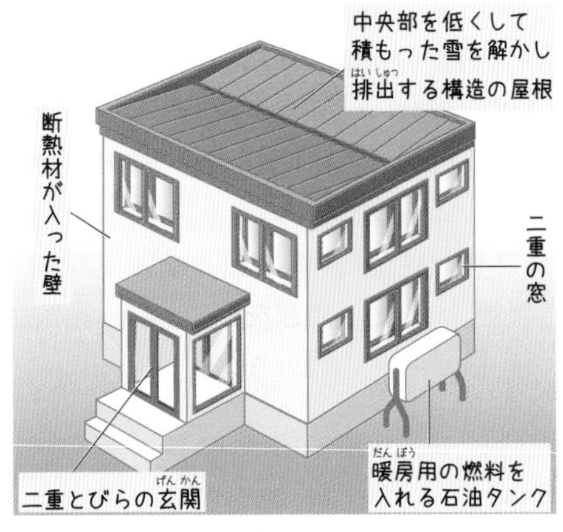

❹ 歴史

①先住民族**アイヌの人々**が古くから住む。自然と共存した暮らしを営み、独自の文化を形成。

②江戸時代までは**蝦夷地**とよばれる。

③明治時代に政府が札幌に**開拓使**という役所をおき、**屯田兵**が大規模な開拓を進める➡アイヌの人々は土地を奪われ、住む場所を失ったり、狩猟・採集を中心とした生活ができなくなったりした。

農地を碁盤の目のように分割して整備！

④近年は、法律を制定するなどして、アイヌの人々を守る取り組みが行われる。

発展

北海道の地名は、アイヌの言語が由来になっているものが多い。

● 寒さの厳しい北海道地方では、他の地域では見られない寒さに対する工夫や産業が発達している。北海道地方ならではの特徴をみていこう。

2《 北海道地方の産業

絶対おさえる！ 北海道の農水産業

☑ 石狩平野では稲作、十勝平野では畑作、根釧台地では酪農が盛ん。
☑ 漁業では、ほたてやこんぶを育てる養殖業や、稚魚・稚貝を川に放流する栽培漁業が盛ん。

❶ 農業…広い土地を、大型機械を使って行う大規模な農業。

①石狩平野…稲作が盛ん。かつて泥炭地が広がり、農業に向かない土地➡農業に適した土をほかの場所から運びこむ客土によって土地を改良➡日本有数の稲作地帯に。
（泥炭地：養分が少ない湿地）

②十勝平野…畑作が盛ん。小麦やてんさい、じゃがいもなどを生産。多くの農家は、広い耕地を区画に分け、年ごとに栽培する作物をかえる輪作を行っている。
（てんさい：砂糖の原料。北海道の生産量100%）
（輪作：土地の栄養が落ちるのを防ぐため）

③根釧台地…酪農が盛ん。農家一戸あたりの乳牛飼育数は全国一。
（酪農：乳牛などを飼育し、生乳やバター、チーズなどを生産）

▶ 主な農産物の生産地割合

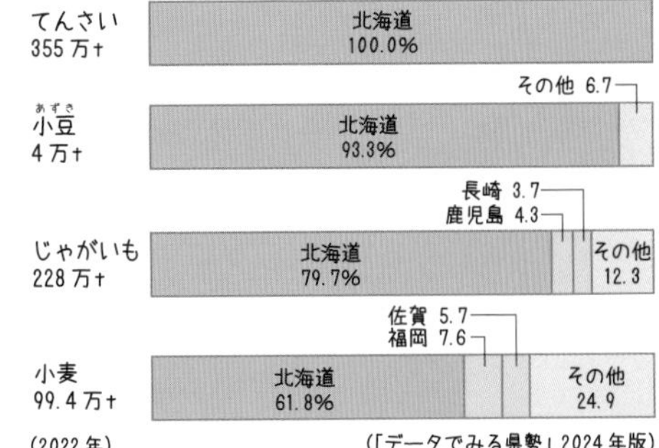

❷ 漁業…さけ、ますなどを多く水揚げ、漁獲量日本一（2021年）。

①かつては北洋漁業が盛んだったが、各国が排他的経済水域を設定し、1970年代以降、水揚げ量が大きく減少。
（北洋漁業：ロシア沿岸やアラスカ沿岸で行う）

②近年はほたて等を育てる養殖業やさけの稚魚を川に放流する栽培漁業が盛ん。

❸ 観光業…外国からの観光客も多い。エコツーリズムの取り組みが進む。
（エコツーリズム：生態系を守りながら観光を行う取り組み）

①雪の利用…「さっぽろ雪まつり」などのイベント、ニセコなどのスキー場。
（ニセコ：豪雪地帯）

②豊かな自然の利用…知床、釧路湿原や霧多布湿原、富良野盆地の花畑。
（知床：世界遺産に登録）（釧路湿原・霧多布湿原：ラムサール条約に登録）（花畑：ラベンダー）

3《 地域の在り方

❶ 身近な地域の課題を見つける…身近な地域を国連が定めたSDGsのいくつかのゴールの視点からながめてみる。

❷ 課題を調査し考察する…①地域内の課題を、その地域の移り変わりに注目し、背景や要因をとらえる。②課題の要因をさまざまな角度から考えてみる。③解決策は他の地域の取り組みを参考にしてみる。

❸ 発表する…解決策は具体的根拠を示すと説得力が増す。

> **発展**
> SDGs(持続可能な開発目標)→2015年に国連で採択された、2030年までに達成すべき17の目標。

基礎力チェック！

次の問いに答えなさい。

(1) オホーツク海沿岸に冬になるとおし寄せるものを何というか。
(2) 北海道の先住民族を何というか。
(3) 北海道で畑作が盛んな平野はどこか。
(4) 生態系を守りながら観光を行う取り組みを何というか。

答え

(1) 流氷 → 1《 参照
(2) アイヌの人々 → 1《 参照
(3) 十勝平野 → 2《 参照
(4) エコツーリズム → 2《 参照

歴史

ヨーロッパ世界の発展と天下統一

1 キリスト教の世界

❶ **キリスト教**…東ローマ帝国（ビザンツ帝国）と結びついた正教会と、ローマ教皇が指導するカトリック教会に分かれる。
（ローマ教皇：強大な権威を持つ／カトリック教会：西ヨーロッパに広まる）

❷ **十字軍**…11～13世紀、イスラム勢力によってうばわれた**聖地エルサレム**の奪還目的でローマ教皇により軍を派遣➡失敗。

❸ **ルネサンス（文芸復興）**…古代ギリシャ・ローマの文化を再評価し、人間そのものに価値を認める動き。イタリアで始まり、天文学や地理学が発達。火薬や羅針盤、活版印刷術が実用化。

発展
十字軍の遠征失敗により、ローマ教皇の影響力が低下。

注意
ルネサンスに活躍した人物。
レオナルド・ダ・ビンチ→「モナ・リザ」をえがいた。
ミケランジェロ→「最後の審判」をえがいた。

2 ヨーロッパの進出

❶ **大航海時代**…ヨーロッパ人が世界に進出した時代。キリスト教の布教とアジアの香辛料を直接手に入れるため、ポルトガルやスペインが開始。

①コロンブス…1492年に西インド諸島に到達。
└スペインの援助
②バスコ・ダ・ガマ…1498年にインドに到達。
└ポルトガルの援助
③マゼラン…16世紀前半に一行が世界一周に成功。
└スペインの援助

❷ **スペイン**…アメリカ大陸の先住民を労働させ、**銀**の鉱山を開発し、農園（プランテーション）を開く。南アメリカ大陸などに植民地を広げる。

▶ 16世紀ごろの世界

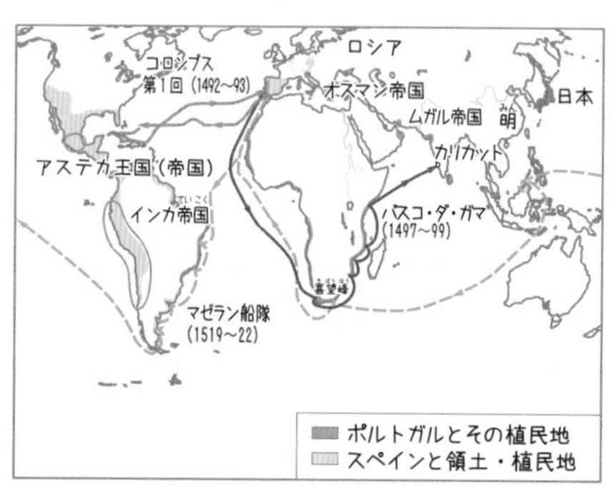

3 宗教改革

❶ **宗教改革**…ローマ教皇が資金集めのために免罪符を売り出したことを批判し、**ルター**がドイツで、**カルバン**がスイスで開始。プロテスタントと呼ばれる。
└「抗議する者」という意味

❷ **カトリック教会の立て直し**…イエズス会が宣教師を派遣して、アジアなどへの海外布教に力を入れる。

（イエズス会：カトリック改革運動の中心！）

4 ヨーロッパ人の来航

絶対おさえる！ 鉄砲とキリスト教の伝来

☑ 1543年、**種子島**（鹿児島県）に流れ着いたポルトガル人によって**鉄砲**が伝えられる。
☑ 1549年に来日した**フランシスコ・ザビエル**によって**キリスト教**が伝えられる。

❶ **鉄砲の伝来**…1543年、ポルトガル人を乗せた中国船が**種子島**（鹿児島県）に流れ着き、鉄砲を伝える➡戦国大名が注目し、**堺**（大阪府）や**国友**（滋賀県）などで生産。

❷ **キリスト教の伝来**…1549年、イエズス会の宣教師フランシスコ・ザビエルが来日し、各地で布教➡**キリシタン**の増加。
└キリスト教信者

❸ **南蛮貿易**…日本は生糸、鉄砲、火薬などを輸入し、銀を輸出。

暗記
南蛮人→貿易や布教のために来日したポルトガル人やスペイン人のこと。

月　日

学びのポイント
- 大航海時代に活躍した人物の航路を地図で確認しておこう。
- 秀吉が実施した一連の政策は、江戸幕府の基盤になった！

5《 織田信長(おだのぶなが)

❶ **織田信長の統一事業**（尾張(愛知県)の戦国大名）…①桶狭間(おけはざま)の戦いで今川義元(いまがわよしもと)（駿河(静岡県)の大名）を破り勢力を広げる。②15代将軍足利義昭(あしかがよしあき)を追放（室町(むろまち)幕府の滅亡）。③**長篠(ながしの)の戦い**で武田勝頼(たけだかつより)を破る。

❷ **経済政策**…琵琶湖(びわこ)のほとりに**安土城**(あづちじょう)（巨大な天守を持つ城）を築き、城下で楽市(らくいち)・楽座(らくざ)を行い、自由に商工業を行えるようにした。関所は廃止。

❸ **仏教弾圧**(だんあつ)…抵抗(ていこう)する比叡山延暦寺(ひえいざんえんりゃくじ)や一向一揆(いっこういっき)を武力で従える。キリスト教優遇(ゆうぐう)。

暗記
楽市・楽座→市(いち)での税を免除(めんじょ)し、特権的な座を廃止。

6《 豊臣秀吉(とよとみひでよし)

絶対おさえる！　豊臣秀吉の政策

☑ **大阪城**(おおさかじょう)**を本拠地**(ほんきょち)として、1590年に全国統一を成し遂(と)げる。
☑ **太閤検地**(たいこうけんち)と**刀狩**(かたながり)により、武士と百姓(ひゃくしょう)の身分を明確に区別する（**兵農分離**(ぶんり)）。

❶ **豊臣秀吉の統一事業**（織田信長の家臣）…①信長の後継者(こうけいしゃ)争いに勝利。②**大阪城**を築く。③天皇から関白(かんぱく)に任命される。④1590年に全国統一。

❷ **兵農分離**…武士と百姓の身分を明確に区別。
①太閤検地…全国の田畑を調査して、予想される収穫量(しゅうかくりょう)を石高(こくだか)で表す。（米の体積！）
②刀狩…一揆(いっき)を防ぐため、百姓や寺社から武器を取り上げる。

❸ **キリスト教の禁止**…宣教師の国外追放を命じる（バテレン追放令）（キリスト教の布教と、軍事力とが結びついていることを危険視）➡貿易は禁止しなかったため、禁教は不徹底。

❹ **朝鮮侵略**(ちょうせんしんりゃく)…明(みん)の征服(せいふく)を目指して大軍を朝鮮に派遣（**文禄(ぶんろく)の役(えき)、慶長(けいちょう)の役**）➡日本軍は苦戦し失敗➡豊臣氏没落(ぼつらく)の原因。

❺ **安土桃山時代**(あづちももやま)…信長・秀吉が活躍(かつやく)した時代。

▶ 刀狩令
一　諸国の百姓が刀やわきざし、弓、やり、鉄砲、そのほかの武具を持つことは、固く禁止する。
（一部要約）

7《 桃山文化

❶ **桃山文化**…大名・豪商(ごうしょう)の権力・富を反映した豪華(ごうか)な文化。
①**壮大**(そうだい)**な城**…安土城、大阪城、**姫路城**(ひめじ)など。天守を持つ。
②濃絵(だみえ)…狩野永徳(かのうえいとく)（「唐獅子図屏風」が代表作）らが屏風(びょうぶ)などにえがいたきらびやかな絵。
③茶の湯（大名や豪商の交際手段）…千利休(せんのりきゅう)が質素な**わび茶**の作法を完成。

❷ **南蛮文化**…パン、カステラ、時計、活版印刷による出版など。

暗記
かぶきおどり→17世紀初めに出雲(いずも)の阿国(おくに)が始めた。

基礎力チェック！

次の問いに答えなさい。

(1) 1492年に西インド諸島に着いたイタリア出身の航海者を何というか。
(2) ローマ教皇を批判し、ドイツで宗教改革を始めた人物を何というか。
(3) 織田信長が安土城下で行った商工業を活発にする政策を何というか。
(4) 豊臣秀吉が行った田畑を調査して、予想される収穫量を石高で示す政策は。

答え
(1) コロンブス → 2《 参照
(2) ルター → 3《 参照
(3) 楽市・楽座 → 5《 参照
(4) 太閤検地 → 6《 参照

歴史

江戸幕府の成立と外国とのかかわり

1 江戸幕府の成立と支配のしくみ

絶対おさえる！ 江戸幕府の支配のしくみ

☑ **関ヶ原の戦い**に勝利し、**征夷大将軍**に任命された**徳川家康**が江戸幕府を開く。
☑ **大名**統制のため**武家諸法度**が定められ、３代将軍**徳川家光**が**参勤交代**の制度を追加。

❶ **江戸幕府の成立**…1600 年の**関ヶ原の戦い**で石田三成らに勝利した徳川家康が、全国支配の実権をにぎる（└岐阜県）➡ 1603 年に征夷大将軍に任じられ、江戸（東京都）に幕府を開く。

❷ **幕藩体制**…将軍を中心に、幕府と藩（大名の領地とそれを支配する組織）が全国の土地と人々を支配するしくみ。

①**幕府のしくみ**…**老中**が政治の中心となり、若年寄が補佐。寺社奉行・町奉行・勘定奉行の三奉行などが仕事を分担。

②**幕府の経済力**…約 400 万石の直轄地（幕領）を持ち、将軍の家臣（旗本・御家人）の領地を合計すると全国の石高の約４分の１。京都・大阪・長崎など重要な都市や鉱山を直接支配。
（└旗本・御家人：将軍に直接会える／└全国の石高：約3000万石／└鉱山：佐渡金山、石見銀山など）

▶ 江戸幕府のしくみ

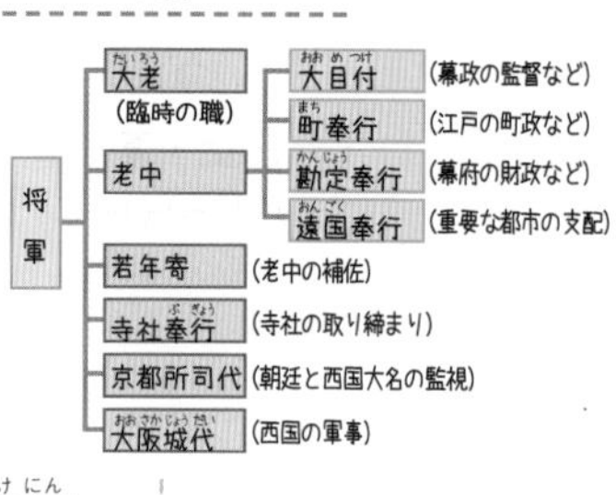

❸ **大名の配置**…幕府は親藩・譜代大名を重要な地域に置き、外様大名を江戸から遠い地方に配置。（└大名：将軍から1万石以上の領地をあたえられた武士）

①**親藩**…徳川氏の一族。

②**譜代大名**…古くから徳川氏に従っていた大名。

③**外様大名**…関ヶ原の戦いのころから徳川氏に従った大名。

▶ 大名の配置(17世紀半ば)

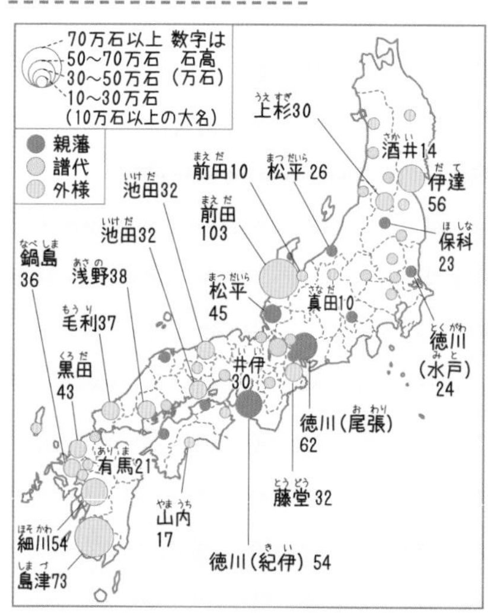

❹ **大名・公家の統制**（1615年に定められ、将軍の代がわりごとに発布！）

①**武家諸法度**…大名が守るべききまりで、築城や結婚などを制限。違反した大名は領地没収、国替えなど厳しく罰せられる。

②**参勤交代**…大名が１年おきに領地と江戸を往復し、妻子を江戸に住まわせる制度。第３代将軍徳川家光が武家諸法度に追加して制度化。大名は江戸と領地の二重生活を強いられ、経済的に大きな負担となった。

③**禁中並公家諸法度**…天皇や公家の行動を細かく規制。京都所司代が監視にあたる。

2 江戸時代の身分制度

❶ **武士**…支配身分として、名字・帯刀などの特権を持つ。（└帯刀：刀を差すこと）

❷ **町人**…商業や手工業を営み、幕府や藩に営業税を納める。

❸ **百姓**…全人口の約 85％をしめ、土地を持つ本百姓と、土地を持たない水のみ百姓に区分。自給自足に近い生活をし、重い年貢を納める。（└百姓：農民、漁民など）

①**村役人**…庄屋（名主）、組頭、百姓代など。村の自治を行う。（└有力な本百姓から選ばれる）

②**百姓の統制**…**五人組**の制度がつくられる。（└年貢の納入や犯罪の防止などで連帯責任を負わされる）

▶ 身分別の人口割合

えた身分・ひにん身分 約1.5
公家、神官・僧侶、その他 約1.5
町人 約5
武士 約7
百姓 約85%
総人口 約3200万人（推定値）

（関山直太郎「近世日本の人口構造」）

学びのポイント

● 「鎖国」が完成した後も、幕府は長崎や対馬などを通じて外国と交易を行ったことを理解しておこう！

3《 貿易から鎖国へ

絶対おさえる！　江戸時代初期の貿易と鎖国下の対外関係

☑ 江戸時代はじめは、徳川家康が**朱印船貿易**を奨励し、東南アジア各地に**日本町**ができる。
☑ **鎖国**下において、朝鮮とは**対馬藩**、琉球王国とは**薩摩藩**、蝦夷地とは**松前藩**が交易を行う。

❶ **朱印船貿易**…徳川家康は大名や豪商に東南アジアへの渡航を許可する朱印状をあたえて、貿易を奨励。各地に日本町ができる。

❷ **キリスト教の禁止**…幕府は、1612年に幕領に禁教令を出す。また、1635年には日本人の海外渡航を禁止。

❸ **島原・天草一揆**…1637年、キリスト教徒への迫害ときびしい年貢の取り立てに苦しんだ島原（長崎県）や天草（熊本県）の人々が起こした大規模な一揆。これを鎮圧した幕府は、**絵踏**や宗門改による監視をいっそう強めた。（幕府による禁教・貿易統制・外交独占の政策！）
（↳天草四郎（益田時貞）が大将）
（↳役人の前でキリスト像などをふみ、キリスト教徒でないことを証明）

❹ **鎖国の完成**…幕府は1639年にポルトガル船の来航を禁じ、1641年にはオランダ商館を出島に移す。キリスト教の布教を行わないオランダと中国に限り長崎での貿易を許可。
（↳長崎港につくられた人工の島）

❺ **鎖国下の対外関係**

①**長崎貿易**…オランダとは出島、中国（清）とは長崎で貿易を行う。海外の事情をまとめた**風説書**を幕府に提出。
（17世紀半ば、明がほろび清が統一↲）

②**朝鮮**…**対馬藩**のなかだちで国交が回復。将軍の代がわりなどに、朝鮮通信使とよばれる祝いの使節が江戸を訪れた。

③**琉球王国**…17世紀はじめに**薩摩藩**に支配される。国王や将軍の代がわりごとに江戸に琉球使節を派遣。

④**蝦夷地**…**松前藩**がアイヌの人々との交易を独占。17世紀後半、シャクシャインを中心に蜂起したが敗れる。
（アイヌの人々の首長↲）

▶ 朱印船の航路と日本町

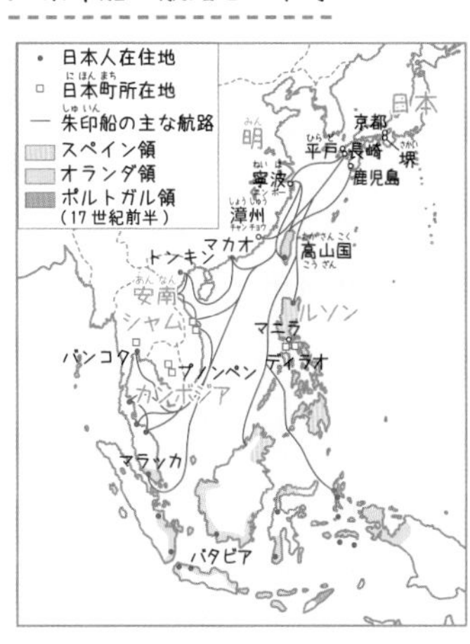

▶ 鎖国下の窓口

▶ 鎖国への歩み

年	主なできごと
1612	幕領に禁教令を出す
1613	全国に禁教令を出す
1616	ヨーロッパ船の来航地を長崎・平戸に制限
1623	イギリスが平戸の商館を閉じる
1624	スペイン船の来航を禁止
1633	特定の船以外の海外渡航禁止
1635	日本人の海外渡航・帰国を禁止
1637	島原・天草一揆が起こる
1639	ポルトガル船の来航を禁止
1641	平戸のオランダ商館を出島に移す

基礎力チェック！

次の問いに答えなさい。

(1) 江戸幕府が大名を統制するために定めた法令を何というか。
(2) 江戸時代、全人口の約85％をしめていた身分は何か。
(3) 江戸時代初めに東南アジアとの間で行われていた貿易を何というか。
(4) 鎖国下で、オランダと貿易を行っていた長崎の人工の島は。

答え

(1) 武家諸法度 → 1《 参照
(2) 百姓 → 2《 参照
(3) 朱印船貿易 → 3《 参照
(4) 出島 → 3《 参照

Social studies

12 歴史 産業の発達と幕府政治の進展

1 産業の発達

絶対おさえる！ 都市や交通の発達

- ☑ 東海道などの五街道が整備され、西廻り航路や東廻り航路が開かれた。
- ☑ 江戸、大阪、京都の三都が目覚ましく発展し、大阪には諸藩の蔵屋敷が置かれた。

❶ 農業の発達…耕地が増加し、生産力が高まる。

①新田開発…土地の開墾や用水路の建設、海・沼の干拓により、農地が増加。

②農具の改良…備中ぐわ（↱深く耕すことができる）や千歯こき（↱脱穀が効率的に行える）などの農具の利用が始まる。

③商品作物（↳商品として売るための作物）…木綿・菜種や藍・紅花などの栽培が広まる。

▶ 備中ぐわと千歯こき

❷ 鉱業と商業の発達

①鉱業…鉱山の開発➡寛永通宝という銅銭を造り流通。

②商業…商人が同業者ごとに株仲間という組合を結成。税を納めるかわりに営業を独占し、大きな利益を得る。

❸ 交通の発達…全国の交通路が整備される。

①陸上交通…東海道・中山道（↳江戸と京都・大阪を結ぶ）などの五街道が整備。箱根・碓氷などには関所が設置され、人々の通行を監視。

②海上交通…樽廻船や菱垣廻船が大阪・江戸間（南海路）を往復。全国から年貢米と特産物を輸送するため、**西廻り航路**（大阪と東北を結ぶ↵）や**東廻り航路**（↳江戸と東北を結ぶ）を整備。

▶ 近世の交通

❹ 都市の発達…産業の発達にともない港町・宿場町・門前町などの都市が発達し、江戸・大阪・京都の三都が繁栄。

①江戸…政治の中心地。「**将軍のおひざもと**」とよばれる。

②大阪…商業の中心地。「**天下の台所**」とよばれ、諸藩が蔵屋敷を置き、年貢米や特産物を売りさばく。

③京都…学問や文化の中心地。朝廷が置かれた古くからの都。

⤴ 発展

江戸→18世紀初めには、人口が約100万人となり、世界最大級の大都市となった。

2 幕府政治の安定

❶ 徳川綱吉…幕府の権力の安定を背景に、独裁的な政治を展開。

①**儒学の奨励**…とくに、秩序を重んじる**朱子学**が広く学ばれる。

②**幕府の財政難**…金の含有量を減らした質の悪い貨幣を発行して財政を改善しようとした➡かえって経済を混乱させ、物価の上昇を招く。

③**生類憐みの令**…極端な動物愛護令。民衆の反感をかう。

❷ 新井白石…第6代・第7代将軍に仕えた儒学者。正徳の治を行う。

①生類憐みの令を廃止。

②物価の安定のため、貨幣の質を元にもどす。

③金銀の国外流出を防ぐため、長崎貿易を制限。

● 「問屋制家内工業」や「工場制手工業」などの用語は、単に暗記するだけでなくその内容を説明できるようにしておこう！

3《 元禄文化と社会の変化

絶対おさえる！　元禄文化

☑ 元禄文化は、17 世紀末から 18 世紀初めにかけて上方（京都・大阪）を中心に栄えた町人文化。
☑ 井原西鶴が浮世草子、近松門左衛門が人形浄瑠璃の脚本を書き、菱川師宣は浮世絵を確立。

❶ 元禄文化…17 世紀末から 18 世紀初めにかけて上方（京都・大阪）を中心に栄えた、生き生きとした町人文化。

①**文学**…井原西鶴が**浮世草子**とよばれる小説を書き、近松門左衛門が**人形浄瑠璃**の脚本を書いた。松尾芭蕉は俳諧の新しい作風を完成させた。
（町人社会の義理や人情を題材）

②**美術**…尾形光琳が装飾画を大成し、菱川師宣は浮世絵を確立。
（町人の暮らしをえがく）

▶「見返り美人図」(菱川師宣作)

❷ 社会の変化

①**貨幣経済の広がり**…商品作物の栽培が増え、農民が農具や肥料を購入するようになると、農村にも貨幣経済が広まる➡自給自足の経済がくずれる。

②**農村工業の発達**…問屋制家内工業が発達し、さらに、工場を建設し、人を雇って分業によって生産する工場制手工業（マニュファクチュア）もあらわれた。
（問屋が道具などを農民に貸し付けて生産させ、製品を買い取る）

▶ 工場制手工業のようす

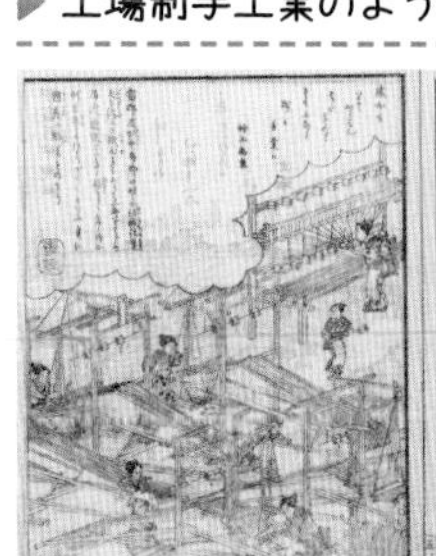

③**農村の変化**…土地を手放して小作人になる者や、都市へ出かせぎに行く者が多くなる。一方、土地を買い集める地主があらわれる➡農民の間で貧富の差が拡大。

④**人々の反抗**…農村では年貢の軽減などを求める百姓一揆、都市では**打ちこわし**が起こる。（米を買いしめた商人をおそう！）

4《 幕政の改革①

❶ 享保の改革…1716 年、第 8 代将軍徳川吉宗が行う。

①質素・倹約をすすめる。

②参勤交代をゆるめるかわりに、大名に 1 万石につき 100 石の米を幕府に納めさせる**上げ米の制**を実施。新田開発を奨励し、年貢を増やす。
（大名が江戸に住む期間を1年から半年に短縮）

③裁判の基準となる公事方御定書を定め、庶民の意見を聞くため**目安箱**を設置。

▶ 公事方御定書

一　人を殺しぬすんだ者　引き回しの上獄門
一　追いはぎをした者　獄門
（一部要約）

基礎力チェック！

次の問いに答えなさい。

(1)　諸藩が大阪に置き、年貢米などを売りさばいたところを何というか。
(2)　生類憐みの令を出した第5代将軍はだれか。
(3)　17 世紀末から 18 世紀初めにかけて上方を中心に栄えた町人文化は。
(4)　第 8 代将軍徳川吉宗が行った改革を何というか。

答え

(1)　蔵屋敷　→ 1《 参照
(2)　徳川綱吉　→ 2《 参照
(3)　元禄文化　→ 3《 参照
(4)　享保の改革　→ 4《 参照

Social studies

13 歴史 幕府政治のゆきづまり

1 幕政の改革②

絶対おさえる！ 田沼意次と松平定信の改革

- 老中田沼意次が、商工業の発展に注目した経済政策で財政の立て直しを図ったが、わいろが横行。
- 老中松平定信が、旗本・御家人の借金の帳消しや出版統制などの寛政の改革を行う。

❶ **田沼意次の政治**…1772 年に老中となる。

①**積極的な経済政策**…商人に**株仲間**をつくることをすすめ、特権をあたえるかわりに営業税を徴収。蝦夷地の調査を行い俵物（俵につめた海産物）の輸出を拡大し、長崎貿易（銅を専売にして金・銀にかわる輸出品に）を奨励➡わいろが横行し、政治が乱れる。

②**天明のききん**…百姓一揆や打ちこわしが続発➡田沼は老中をやめさせられる。

❷ **寛政の改革**…1787 年、老中の松平定信が行う。

①江戸に出稼ぎに来ていた農民を故郷に帰し、農村に米をたくわえさせる。（ききんや凶作に備えるため）

②倹約令を出す一方、旗本・御家人が商人から借りた借金を帳消しに。

③江戸に昌平坂学問所（有能な人材を育成）をつくり、朱子学を学ばせる。

④政治批判を禁じ、出版をきびしく統制➡人々の反感を買い、辞職。

暗記
ききん→農作物のできが悪いために食べ物がなくなり、飢えに苦しむこと。干ばつ、火山の噴火などが原因。

発展
寛政の改革→松平定信の改革はきびしすぎたため、人々の不満がつのった。わいろなどあったものの、田沼意次の政治が懐かしいという狂歌が流行した。

2 新しい学問と化政文化

❶ **国学**…仏教や儒教が伝わる前の、日本人固有の考え方を明らかにしようとする学問。「古事記伝」を著した本居宣長（「古事記」を研究）が大成。

❷ **蘭学**…オランダ語で西洋の学問・文化を研究する学問。

①前野良沢・杉田玄白らがオランダ語の人体解剖書（「ターヘル・アナトミア」）を翻訳した「**解体新書**」を出版し、基礎を築く。

②ヨーロッパの測量術を学んだ伊能忠敬は、幕府の命令で全国の海岸線を測量し、正確な日本全図を作成。

▶「解体新書」のとびら絵

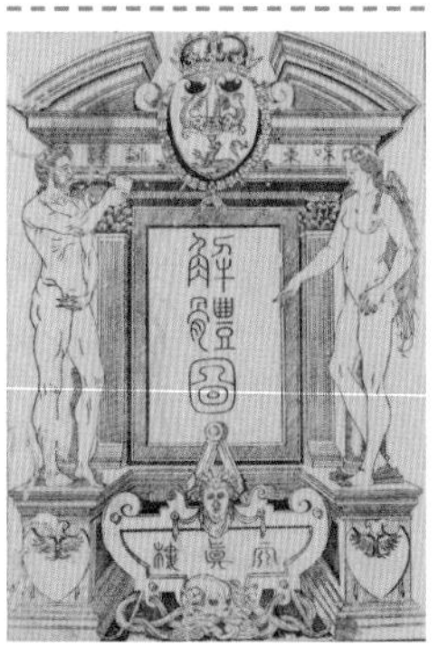

❸ **化政文化**…19 世紀初めに江戸を中心に栄えた町人文化。

①文学

- **小説**…十返舎一九「東海道中膝栗毛」、曲亭（滝沢）馬琴「南総里見八犬伝」などが多くの人に読まれる。
- **俳諧（俳句）**…与謝蕪村や小林一茶が活躍。
- 皮肉・しゃれを楽しむ**狂歌・川柳**が流行。

②絵画…浮世絵では鈴木春信によって**錦絵**（多色刷りの版画）が始められる。

- **風景画**…葛飾北斎「富嶽三十六景」、歌川広重「東海道五十三次」。
- **人物画**…喜多川歌麿の美人画「ポッピンを吹く女」、東洲斎写楽など。

❹ **教育の普及**…諸藩では藩校を設け、人材の育成を図る。町や農村では多くの寺子屋が開かれ、子どもたちが実用的な知識や技能を学ぶ。

読み・書き・そろばん！

発展
私塾→大阪の医者・緒方洪庵が開いた適塾や、オランダ商館の医師・シーボルトが開いた鳴滝塾が有名。

月　日

● 化政文化は覚える用語が多いため苦手とする人が多い。とくに苦手な用語をカード・ノートにリストアップして、最低10回は復習しよう！

3《 幕府のおとろえ

絶対おさえる！ 外国船の出現

☑ 日本に接近する外国船に対して、幕府は**異国船打払令**を出し、外国船の撃退を命じる。
☑ 老中**水野忠邦**が、株仲間の解散、**異国船打払令**の緩和などの**天保の改革**を行う。

❶ **外国船の出現**…通商を求めて外国船があらわれる。
①ロシア使節の来航…1792年にラクスマンが蝦夷地の根室、1804年にレザノフが長崎に来航➡幕府は交渉を拒否。
②幕府は蝦夷地や樺太（サハリン）の調査を行い、蝦夷地を直接支配。
③フェートン号事件…1808年、イギリスの軍艦が長崎の港に侵入。
④**異国船打払令**…1825年、外国船の撃退を命じる。

▶ 外国船の来航

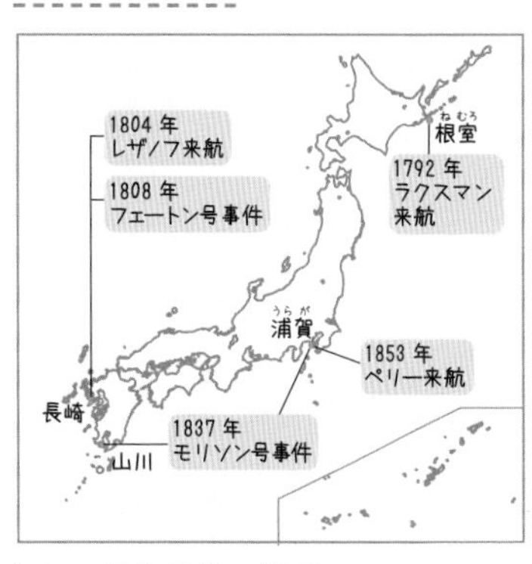

❷ **蛮社の獄**…蘭学者の渡辺崋山と高野長英がモリソン号事件に対する幕府の政策を批判したため、処罰される。
↳アメリカ船が通商を求めたが、幕府は砲撃

❸ **天保のききん**…1830年代に凶作が続き、多くの餓死者が出る➡百姓一揆や打ちこわしが急増。

❹ **大塩の乱**…1837年、大阪町奉行所の元役人・**大塩平八郎**が、ききんに苦しむ貧しい人々を救うため、大阪で乱を起こす➡乱は一日でしずめられたが、幕府の元役人の反乱に幕府は大きな衝撃を受ける。

▶ 百姓一揆と打ちこわしの発生件数の推移

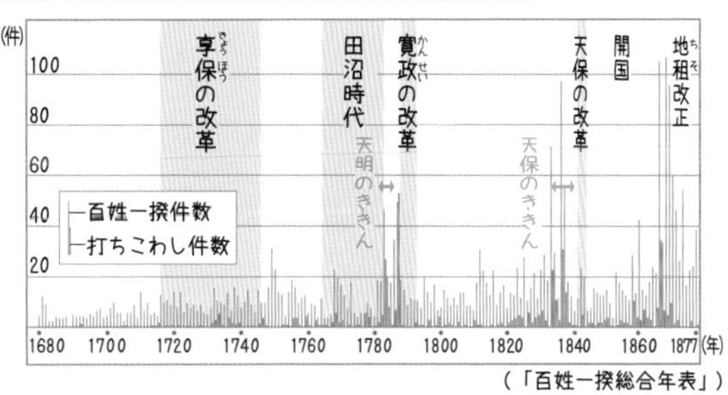

（「百姓一揆総合年表」）

❺ **天保の改革**…1841年、老中の**水野忠邦**が着手。
①倹約令を出してぜいたくを禁じ、風紀を正すため出版を統制。
②出稼ぎの禁止、江戸に来た農民を故郷に帰す。
③物価の上昇は株仲間に原因があるとして、解散を命じる。
↳商品の流通を独占
④異国船打払令を緩和。（アヘン戦争で清が敗れたため！）
⑤江戸・大阪周辺を幕領にしようとしたが、大名や旗本の強い反対で断念➡2年あまりで改革は失敗。

❻ **雄藩の成長**…薩摩藩（鹿児島県）・長州藩（山口県）などは、下級武士の登用や、特産物の専売強化などにより、改革に成功。
↳改革に成功し、政治的発言力を強めた藩

暗記
アヘン戦争→アヘンの輸入をめぐってイギリスと中国が戦った戦争。イギリスが勝利し、香港などを手に入れた。

基礎力チェック！

次の問いに答えなさい。

(1) 老中の松平定信が行った改革を何というか。
(2) 町や農村で子どもたちが読み・書き・そろばんなどを学んだところは。
(3) 1825年に幕府が出した、外国船の撃退を命じた法令を何というか。
(4) 老中の水野忠邦が行った改革を何というか。

答え

(1) 寛政の改革 → 1《 参照
(2) 寺子屋 → 2《 参照
(3) 異国船打払令 → 3《 参照
(4) 天保の改革 → 3《 参照

Social studies

14 歴史 欧米諸国の近代化

1 近代革命

絶対おさえる！ ヨーロッパの近代革命

☑ イギリスでは名誉革命で権利（の）章典が定められ、立憲君主制と議会政治の基礎が確立。
☑ 18世紀後半に起こったフランス革命で人権宣言を発表し、19世紀初めにナポレオンが皇帝に。

❶ 啓蒙思想の広がり…国王の権力の制限と人民の政治参加を主張➡近代革命に大きな影響をあたえる。

①ロック…「統治二論」を著し、社会契約説と抵抗権を主張。

②モンテスキュー…「法の精神」を著し、三権分立を主張。

③ルソー…「社会契約論」を著し、人民主権を主張。

❷ イギリスの革命…16世紀から、国王が議会と協力して専制を続ける。

①ピューリタン革命（プロテスタントのこと、清教徒とも）…17世紀半ば、国王と議会が対立➡**クロムウェル**率いる議会側が勝利。国王を処刑して**共和政**（国民が政治のあり方を最終的に決定）を開始➡独裁政治を行ったクロムウェルの死後、王政が復活。

②名誉革命…1688～89年。国王を国外に追放し、議会を尊重する国王をオランダから迎えた。国王に国民の自由と権利を守ることを約束させた権利(の)章典を制定➡立憲君主制（君主による憲法に基づく政治）と、議会の多数派が内閣をつくる議会政治の基礎が確立。

❸ アメリカの独立

① 18世紀後半、財政が苦しくなった（フランスとの戦争による）イギリス本国が北アメリカの13の植民地に新たに重税をかける。

②植民地の人々が反対運動（「代表なくして課税なし」）を始めると、イギリスが弾圧➡**独立戦争**が始まり、植民地側が1776年に独立宣言を発表。

③アメリカが勝利（フランスなどが支援）➡ 1787年に人民主権や三権分立を柱とする**合衆国憲法**を制定。初代大統領はワシントン。

❹ フランス革命

（国王が政治権力のすべてをにぎる！）

①旧体制…17世紀後半、ルイ14世による絶対王政が全盛。第一身分（聖職者）と第二身分（貴族）は免税の特権を持ち、全人口の約90%をしめる第三身分（平民）が税を負担。

②フランス革命

・国王ルイ16世が三部会（3つの身分の代表による議会）を召集➡ 1789年、パリの民衆が立ち上がり、バスチーユ牢獄を襲撃➡革命が全国へ広がる。

・三部会の平民議員たちが新たに国民議会を結成➡人間の自由・平等や人民主権などをうたった人権宣言を発表。

・革命の広がりをおそれた周辺諸国がフランスに攻めこむ。

・国王を退位させ、共和政を始める。

③ナポレオン…外国軍との戦いで活躍。権力をにぎって皇帝となり、民法（ナポレオン法典）を制定し、ヨーロッパを征服➡ロシア遠征に失敗し失脚。

▶ 権利(の)章典

第1条　国王の権限によって、議会の同意なく、法律を停止することができると主張することは違法である。
（一部要約）

▶ アメリカ独立宣言

われわれは、以下のことを真理であると信じる。すべての人は平等につくられ、神によって、生まれながらの権利をあたえられていること。その中には、生命、自由、幸福の追求がふくまれていること。
（一部要約）

▶ 人権宣言

第1条　人は生まれながらにして、自由・平等である。
第3条　主権はもともと国民にある。
（一部要約）

● 17～18世紀のヨーロッパは「革命」の時代。
それぞれの革命の背景・経過・結果(影響)をていねいに理解していこう。

2 産業革命と資本主義の発達

絶対おさえる！ 産業革命と資本主義

☑ 機械化により工業が急激に発達し、経済のしくみが大きく変化する**産業革命**がイギリスで始まる。
☑ 資本家が労働者を雇(やと)って利益の拡大を目的に生産・販売(はんばい)する経済のしくみを**資本主義**という。

❶ 産業革命…機械化により工業が急激に発達し、経済のしくみが大きく変化したこと。イギリスで18世紀に始まる。

①毛織物に代わって綿織物の需要(じゅよう)が高まる➡**紡績機**(ぼうせきき)（↳糸をつむぐ）や**機織機**(はたおり)（↳布を織る）の改良が進み、さらに**蒸気機関**(じょうき)の実用化により、綿織物などの大量生産が可能に。

②蒸気機関車や蒸気船が発明され、鉄道などの交通網(もう)が発達➡製鉄、造船、機械などの産業が発達➡イギリスは「世界の工場」とよばれる。

❷ 資本主義の社会

①**資本主義**…工場や機械を持つ資本家（機械を使って工場を経営）が、労働者（↳賃金をもらって働く者）を雇って利益の拡大を目的に生産や販売を行う経済のしくみ。

②資本主義の影響(えいきょう)…資本家と労働者の貧富(ひんぷ)の差が拡大➡労働者が団結して**労働組合**を結成。

③**社会主義**の誕生(たんじょう)…土地や工場などを公有し、平等な社会の実現を唱える。マルクスらが主張。

> 📖 参考
> イギリス→産業革命に成功したイギリスは、他国を圧倒(あっとう)する生産力を持つようになり、安い製品を世界中に輸出した。

3 19世紀の欧米(おうべい)諸国

❶ アメリカ合衆国

① 19世紀中ごろから、西部の開拓(かいたく)が進められ、重工業が著(いちじる)しく発展。

②自由貿易、奴隷(どれい)制をめぐって北部と南部が対立。

③合衆国の統一と奴隷の解放をめざす北部側の**リンカン**が大統領に就任(しゅうにん)➡1861年に**南北戦争**が起こる。

④リンカン大統領が1863年に**奴隷解放宣言**を出す➡北部が勝利。

❷ ドイツ…「鉄血宰相(てっけつさいしょう)」（↳鉄(武器)と血(兵士)による富国強兵策）とよばれた**ビスマルク**の下(もと)、1871年に統一し帝国(ていこく)に。

❸ ロシア…積極的に領土を拡張（**南下政策**）➡19世紀末から、工業が急速に発展。一方で皇帝の専制政治が続く。

▶ アメリカの南北対立

	産業	奴隷制	貿易
北部	工業が発展	反対	保護貿易
南部	農業が発展	賛成	自由貿易

> 📖 参考
> 大陸横断鉄道→北アメリカ大陸の中西部から太平洋岸までをつなぐ鉄道。アメリカ合衆国の西部開拓に大きな役割を果たす。

基礎力チェック！

次の問いに答えなさい。

(1) イギリスで権利（の）章典が出された革命を何というか。
(2) フランス革命で出された宣言を何というか。
(3) 機械化により工業が急激に発達し、経済のしくみが大きく変化したことは。
(4) 自由貿易や奴隷制をめぐりアメリカで起こった内戦を何というか。

答え

(1) 名誉革命 → 1 参照
(2) 人権宣言 → 1 参照
(3) 産業革命 → 2 参照
(4) 南北戦争 → 3 参照

歴史

欧米諸国の進出と開国

1 欧米諸国の進出

❶ **欧米のアジア進出**…産業革命が進んだ欧米諸国は、原料の供給地、工業製品を売る市場を求めてアジアに進出する。

❷ **イギリスのアジア進出**

①三角貿易…イギリスがインドから中国（清）へアヘン（麻薬）を密輸。

②アヘン戦争…アヘンの取りしまりを強化した清をイギリスが攻撃し勝利➡南京条約を締結。清は上海などを開港し、香港を割譲。

③太平天国の乱…清が賠償金（↳南京条約による）のために課した重税により、清の農民たちが挙兵➡太平天国の乱。

❸ **インド大反乱**…イギリスの支配に対してインドが反乱➡鎮圧したイギリスはインド帝国（↳イギリス国王が皇帝）をつくり、世界に広がる植民地支配の拠点とする。

▶ イギリス・インド・清の三角貿易

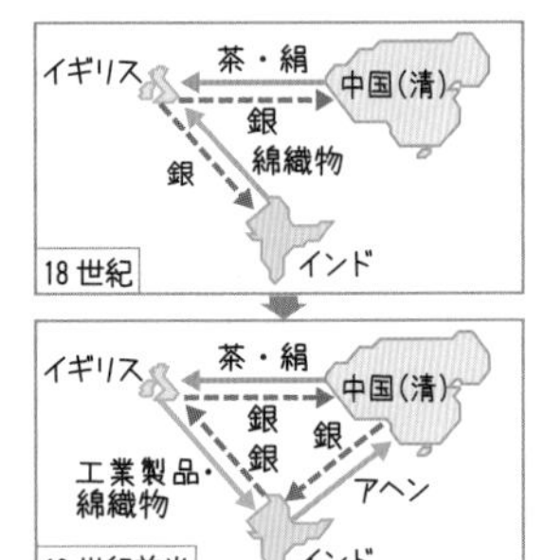

2 開国と不平等条約

絶対おさえる！ 開国に関する条約

☑ ペリー来航後、1854年に日米和親条約を結び、下田・函館を開港して開国。
☑ 1858年に日米修好通商条約を結び、神奈川（横浜）、長崎、新潟など5港を開港して貿易開始。

❶ **ペリー来航**…1853年、アメリカ合衆国の使節ペリーが（4隻の軍艦を率いる）浦賀（↳神奈川）に来航し、開国を要求（↳捕鯨船などの寄港地にするため）➡幕府は朝廷に報告し、大名に意見を求める➡朝廷や雄藩の発言権が強まる。

❷ **日米和親条約**…1854年、下田・函館を開港し、アメリカ船への水や食料、石炭などの供給を認める➡開国。

❸ **日米修好通商条約**…1858年、大老井伊直弼が朝廷の許可を得ずに締結。函館・神奈川（横浜）・長崎・新潟・兵庫（神戸）を開港し貿易開始。アメリカ合衆国に領事裁判権を認め、日本に関税自主権がない不平等条約。

①領事裁判権…日本で罪を犯した外国人を、その国の領事が裁く権利。

②関税自主権…輸入品への関税率を自主的に決める権利。

▶ 開港地

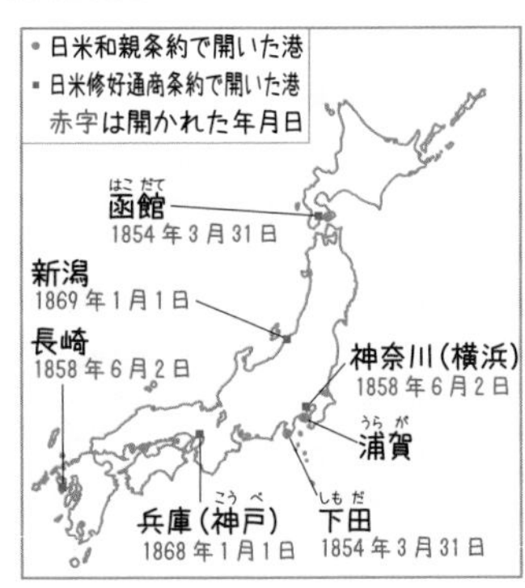

3 開国の経済的影響

❶ **貿易の中心**…日本を開国させたアメリカ合衆国は、国内で南北戦争が起こったため、日本との貿易額は少なく、イギリスが日本の貿易相手国の中心。

❷ **輸出入品**（最大の貿易港は横浜！）

①輸出品…生糸、茶など。生糸は貿易商人が買いしめたため、品不足に。

②輸入品…毛織物、綿織物、兵器など。安い綿織物や綿糸の輸入で（↳機械による大量生産）、国内の産地は打撃を受ける。

❸ **物価の上昇**…大量の金貨（小判）が国外に持ち出される（↳外国との金銀の交換比率のちがいによる）➡幕府が小判の質を落とす➡物価が急速に上昇、経済が混乱。

▶ 日本の主な貿易品

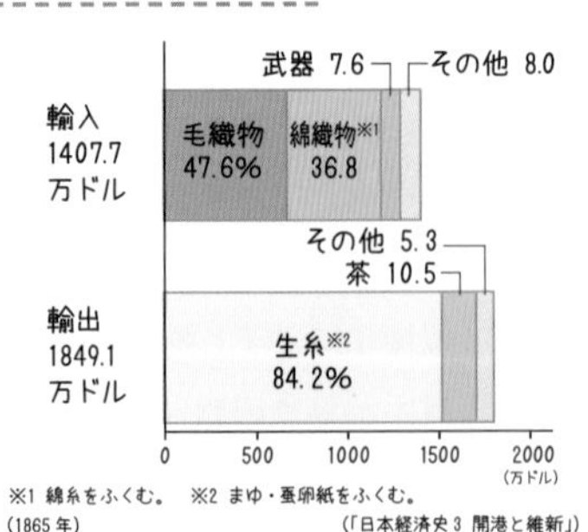

※1 綿糸をふくむ。 ※2 まゆ・蚕卵紙をふくむ。
(1865年) （「日本経済史3 開港と維新」）

● 日米和親条約と日米修好通商条約によって開かれた港の場所を地図で確認しておこう！

4《 攘夷から倒幕へ

❶ 尊王攘夷運動と幕府の動き

①尊王攘夷運動…天皇を尊び、外国の勢力を排除しようとする動き。

②安政の大獄…井伊直弼が幕府に反対する大名や公家を処罰➡井伊直弼が水戸藩の浪人らに暗殺される（桜田門外の変）。

❷ 長州藩と薩摩藩の動き

①長州藩…木戸孝允、高杉晋作らが中心。1863年、関門海峡を通る外国船を砲撃➡翌年、四か国艦隊が下関砲台を攻撃（下関戦争）。
└イギリス、アメリカ、フランス、オランダ

②薩摩藩…西郷隆盛、大久保利通らが中心。1862年、東海道でイギリス人を殺害（生麦事件）➡翌年、薩英戦争で報復を受け敗北。

（両藩ともに攘夷が不可能であることを知る！）

❸ 民衆の動き

①世直し一揆…農民たちが「世直し」をとなえて一揆を起こす。

②人々が「ええじゃないか」と、おどり熱狂するさわぎが各地で起こる。
└伊勢神宮のお札が天から降ってきたとさわぎたてる

発展
公武合体策→幕府が朝廷を利用して権威の回復を目指す政策。天皇の妹を第14代将軍の夫人にむかえた。

5《 江戸幕府の滅亡

絶対おさえる！ 大政奉還と戊辰戦争

☑ 1867年、江戸幕府第15代将軍徳川慶喜が政権を朝廷に返上した（大政奉還）。
☑ 1868年、鳥羽・伏見の戦いから戊辰戦争が始まり、五稜郭の戦いで新政府軍が勝利する。

❶ **薩長同盟**…1866年、土佐藩出身の坂本龍馬のなかだちで薩摩藩と長州藩が同盟を結ぶ➡倒幕の姿勢が強まる。

❷ **大政奉還**…江戸幕府第15代将軍徳川慶喜が政権を朝廷に返上。
└1867年

❸ **王政復古の大号令**…朝廷が天皇を中心とする政府の樹立を宣言。徳川氏を新政権から排除➡江戸幕府の滅亡。

❹ **戊辰戦争**…新政府軍と旧幕府軍の戦い。

①1868年、鳥羽・伏見の戦いから始まる。
└京都

②江戸城の無血開城…西郷隆盛と幕府側の勝海舟との会談で決定。
└陸軍総裁

③五稜郭の戦い…旧幕府軍が降伏し、新政府軍が勝利。
└函館

▶ 戊辰戦争

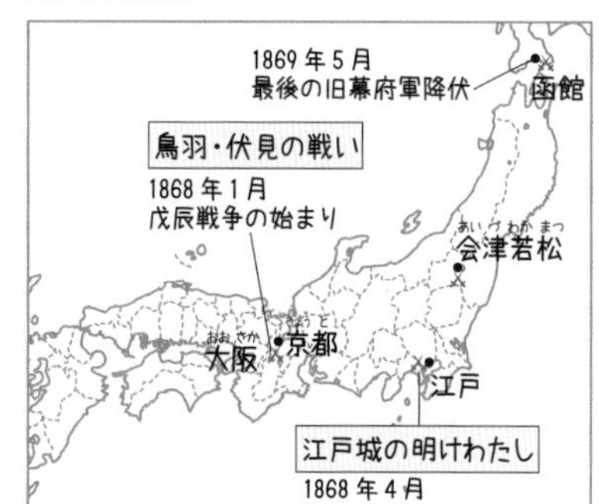

基礎力チェック！

次の問いに答えなさい。

(1) 1840年に起こった、清がイギリスに敗れた戦いを何というか。
(2) 1854年に結ばれ、アメリカ合衆国に下田・函館を開港した条約は。
(3) 天皇を尊び、外国勢力を排除しようとする動きを何というか。
(4) 徳川慶喜が政権を朝廷に返したできごとを何というか。

答え

(1) アヘン戦争 → 1《 参照
(2) 日米和親条約 → 2《 参照
(3) 尊王攘夷運動 → 4《 参照
(4) 大政奉還 → 5《 参照

Social studies

16 歴史 明治維新と近代国家へのあゆみ

1 新政府の成立

❶ **明治維新**…江戸時代の幕藩体制の国家から近代国家へと移る際の、政治・経済・社会の改革。首都は東京へ移された。(東京：江戸を改称)

①**五箇条の御誓文**…新しい政治の方針。明治天皇が神に誓う形で出される。

②**版籍奉還**…藩主に土地（版）と人民（籍）を返させる。

③**廃藩置県**…藩を廃止して府・県を置き、府知事・県令（のち県知事）を中央から派遣➡中央集権国家の基礎が完成。

❷ **身分制度**

①**四民平等**…天皇の一族を皇族、もとの公家と大名を華族、武士を士族、百姓・町人を平民とする。平民も名字（姓）を名のることを認め、結婚・職業・居住地などで身分による制度を廃止。

②**解放令**…「えた」・「ひにん」として差別されていた人々の身分を廃止し、平民と同じとする➡その後も、差別は強く残る。

重要

五箇条の御誓文→広く意見を聞いて政治を行うこと、身分の上下にかかわりなく協力して国を治めていくことなど5か条からなる。

発展

明治政府は、国民に対しては五榜の掲示を出し、一揆やキリスト教を禁止した→1873年までに撤去。

2 富国強兵の政策

絶対おさえる！ 明治政府の改革

☑ 経済を発展させて国力をつけ、軍隊を強くする**富国強兵**をスローガンに掲げる。

☑ 満20歳以上の男子に兵役の義務を課す**徴兵令**や地価の3%を現金で納めさせる**地租改正**など。

❶ **富国強兵**…経済を発展させて国力をつけ、軍隊を強くすること。欧米の強国に対抗できる近代国家をつくるため、明治政府が掲げたスローガン。

①**学制**…満6歳以上のすべての男女に小学校教育を受けさせる。

②**徴兵令**…満20歳以上の男子に**兵役**の義務。(最初は多くの免除規定あり)

③**地租改正**…土地所有者と地価を定めて**地券**を発行し、地価の**3%**を地租として現金で納めさせる➡政府の財政は安定したが（毎年一定の金額が納められるようになったため）、農民の負担は重いまま➡各地で反対一揆が起こり、地租は地価の2.5%に。

❷ **殖産興業**…近代産業の育成を目指す政策。

①**官営模範工場**…欧米の技術を導入して建設。**富岡製糸場**など。(群馬県富岡市。生糸を生産)

②交通の整備…1872年、新橋・横浜間に鉄道開通。

同じころに郵便制度も導入！

▶ 地租改正による変化

	改正前	改正後
基準	収穫高	地価
方法	主に米	現金
納税者	耕作者	土地所有者

3 文明開化

❶ **文明開化**…明治時代初め、欧米の文化が盛んに取り入れられ、都市部を中心におこった人々の生活様式の変化。れんが造りの洋館、ガス灯、馬車・人力車、洋服・洋食、新聞・雑誌の発行など。**太陽暦**を採用。

❷ **近代思想**…**福沢諭吉**が「**学問のすゝめ**」で人間の平等と自立を説き、**中江兆民**（「東洋のルソー」とよばれる）がフランスの民主主義思想を紹介。

▶「学問のすゝめ」（冒頭部分）

「天は人の上に人をつくらず、人の下に人をつくらず」と言へり。

● 明治初期は激動の時代。国内政策（富国強兵・殖産興業・憲法制定）と外交（不平等条約改正、国境に関する条約締結）に分けて理解しよう。

4《 明治初期の外交

最年少（7歳）留学生の津田梅子も参加！

❶ **岩倉使節団**…岩倉具視を全権大使として欧米に派遣し、不平等条約の改正交渉➡交渉は失敗に終わるが、進んだ政治や文化を視察。
↳大久保利通、伊藤博文も参加

❷ **征韓論**…鎖国政策をとっていた朝鮮に対し、武力で開国をせまろうとする考え方。板垣退助や西郷隆盛らが主張➡敗れて政府を去る。

❸ **東アジアとの外交**…清とは対等な条約である**日清修好条規**を結ぶ。朝鮮とは江華島事件をきっかけに、**日朝修好条規**を結び、開国させる。
↳朝鮮にとって不利な条約

❹ **領土の確定**…欧米にならって、国境を明確化。
①ロシア…**樺太・千島交換条約**を結ぶ。
↳樺太をロシア領、千島列島を日本領とする
②**蝦夷地**…北海道と改称。開拓使を設置し、**屯田兵**などが開拓。
↳土地を耕し、兵士の役割ももつ
③**琉球**…薩摩藩支配の琉球藩を廃止し、沖縄県を設置（**琉球処分**）。

▶ 明治初期の外交

1871（年）	・日清修好条規を結ぶ
1872	・琉球藩を置く
1875	・樺太・千島交換条約を結ぶ ・江華島事件が起こる
1876	・日朝修好条規を結ぶ ・小笠原諸島の領有を各国に通告
1879	・沖縄県を置く
1895	・尖閣諸島の日本領への編入が内閣で決定
1905	・竹島の日本領への編入が内閣で決定

5《 民権運動と立憲制国家の成立

絶対おさえる！ 立憲制国家の成立

☑ 1885年に**内閣制度**が創設され、初代内閣総理大臣は**伊藤博文**。
☑ 1889年、君主権が強い**大日本帝国憲法**を発布し、日本は立憲制国家となる。

❶ **西南戦争**…西郷隆盛を中心とした鹿児島の士族の反乱➡政府軍に敗れる。
↳特権を失ったことに不満　↳徴兵令によって組織

❷ **自由民権運動**…国民が政治に参加する権利を求めた運動。
①**民撰議院設立の建白書**…1874年、板垣退助らが政府に提出。
↳高知県に立志社を設立
②**国会期成同盟**…全国の民権派代表が大阪に結集し、国会開設をせまる。
③**国会開設の勅諭**…1881年、政府が10年後の国会開設を約束。
④政党の結成…板垣退助らが**自由党**、大隈重信らが**立憲改進党**を結成。

❸ **立憲制国家の成立**
①**内閣制度**…1885年創設。初代内閣総理大臣は**伊藤博文**。
②**大日本帝国憲法**…国民は**法律の範囲内**で言論や出版などの自由➡日本は立憲制国家に。
↳天皇が国民にあたえる形で1889年発布
③**帝国議会**…**貴族院**と**衆議院**の二院制。衆議院議員の選挙権は、**直接国税を15円以上納める満25歳以上の男子**のみに認められる。
↳皇族や華族など　↳有権者は、総人口の約1.1%

君主権が強いドイツの憲法を参考！

▶ 大日本帝国憲法

第1条　大日本帝国ハ万世一系ノ天皇之ヲ統治ス
第3条　天皇ハ神聖ニシテ侵スベカラズ
（一部）

基礎力チェック！

次の問いに答えなさい。

(1) 土地所有者に地価の3％を現金で納めさせた政策を何というか。
(2) 「学問のすゝめ」を著し、人間の平等を説いたのはだれか。
(3) 不平等条約の改正のため、明治初期に欧米に派遣された使節を何というか。
(4) 1889年に発布された、君主権の強いドイツの憲法を参考にした憲法は。

答え

(1) 地租改正 → 2《 参照
(2) 福沢諭吉 → 3《 参照
(3) 岩倉使節団 → 4《 参照
(4) 大日本帝国憲法 → 5《 参照

歴史

日清・日露戦争と近代産業の発展

1 帝国主義と条約改正

❶ **帝国主義**…産業が発達した欧米諸国が、軍事力で**植民地**を獲得する動き。資源や製品の市場を求め、アジア・アフリカに拡大。

❷ **条約改正**

①**欧化政策**…欧米諸国に日本の近代化を示す。

②**ノルマントン号事件**…1886年に和歌山県沖でイギリス船ノルマントン号が沈没した際、イギリス人船員は全員助けられたが、日本人乗客は全員水死した。イギリス人船長は軽い刑罰のみ➡国内で条約改正の声が高まる。

③**領事裁判権（治外法権）の撤廃**…1894年（日清戦争直前）、**陸奥宗光**外相が成功。

④**関税自主権の回復**…1911年（日露戦争の後）、**小村寿太郎**外相が成功。

> **暗記**
> 領事裁判権→日本で法を犯した外国人を、その国の領事が裁く権利。このため、ノルマントン号事件で、船長はイギリス領事館で裁判を受けたため、軽い刑罰となった。

> **暗記**
> 関税自主権→輸入品の関税率を自主的に定める権利。日本は、この権利を持たなかったため、安い外国の製品が大量に輸入された。

2 日清戦争

絶対おさえる！ 日清戦争とその後の国際関係

☑ 朝鮮で起こった**甲午農民戦争**をきっかけに、1894年に**日清戦争**が起こる。
☑ 日本が**下関条約**で獲得した**遼東半島**を、ロシア・フランス・ドイツが清へ返還要求（**三国干渉**）。

❶ **甲午農民戦争**…東学という民間宗教を信仰する農民を中心とする人々の反乱。政治の改革や外国勢力排除を求める。

❷ **日清戦争**…朝鮮に出兵した清と日本が1894年に開戦➡日本が勝利。

❸ **下関条約**…1895年に結ばれた講和条約。清は朝鮮の独立を認め、遼東半島・台湾などを日本にゆずり、巨額の**賠償金**を支払う。

❹ **三国干渉**…ロシアがフランス・ドイツと結び、**遼東半島**を返還するよう要求➡日本は対抗する力がなく要求を受け入れる。

3 日露戦争

❶ **義和団事件**…清で帝国主義国の侵略に反対する義和団が北京の外国公使館を包囲➡日本をふくむ8か国の連合軍が鎮圧➡ロシアが満州（中国の東北部）を占領。

❷ **日英同盟**…ロシアの南下をおさえるため、1902年にイギリスとの間で結ぶ。

❸ **日露戦争**…満州や韓国をめぐるロシアとの対立から、1904年に開戦➡日本海海戦（東郷平八郎が活躍）でロシア艦隊に勝利するも、日本・ロシアとも戦争継続が困難に。

❹ **ポーツマス条約**…アメリカの仲介で、1905年に結ばれた講和条約。ロシアが韓国に対する日本の優越権を認め、樺太（サハリン）の南半分（北緯50度以南）、南満州鉄道の権益をゆずる➡賠償金がなかったため、国民の不満が高まり、**日比谷焼き打ち事件**などが起こる。

（大きな犠牲や増税に耐えて戦争に協力！）

> **重要**
> 日露戦争に対して、社会主義者の幸徳秋水やキリスト教徒の内村鑑三は反対。歌人の与謝野晶子は、弟を思う詩（「君死にたまふことなかれ」）を発表した。

▶ 日清戦争と日露戦争の死者数と戦費

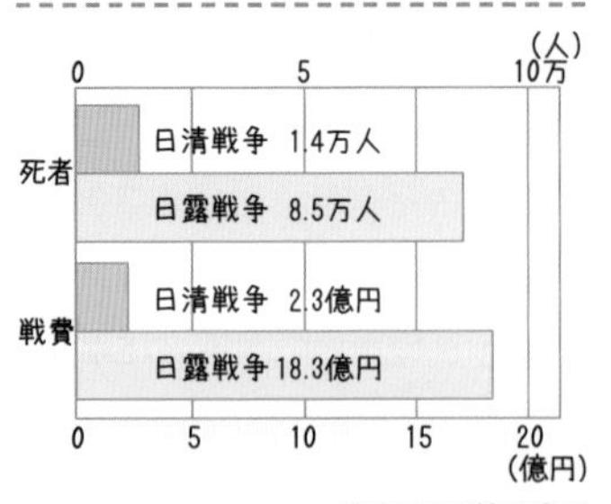

（「日本長期統計総覧」）

● 日清戦争（1894）、日露戦争（1904）、第一次世界大戦（1914）は10年おきに起こった。覚えておくと流れが理解しやすくなる！

4《 日本の韓国支配と中国の近代化

❶ 日本の韓国支配

①**保護国化**…韓国の外交権を握り、**韓国統監府**を置く。初代統監は**伊藤博文**。（└1905年）

②**韓国併合**…国号を朝鮮と改め、**朝鮮総督府**を置き植民地支配。**同化政策**を実施。（└1910年）（└日本の歴史や言語を学ばせる）

❷ **中国**…1911年、**三民主義**を唱えた**孫文**が指導し、**辛亥革命**が起こる。翌年、孫文を臨時大総統として南京で**中華民国**の建国を宣言➡清がほろぶ。（└欧米や日本で活躍）

発展
三民主義→民族主義（民族の独立）、民権主義（国民の政治参加）、民生主義（民衆の生活の安定）の3つ。

5《 産業の発展と社会の変化

絶対おさえる！ 日本の産業革命

☑ 日清戦争前後に**軽工業**が発展。**紡績業**や**製糸業**が盛んに。
☑ 官営の**八幡製鉄所**が操業を開始➡日露戦争前後に**重工業**が発展。**鉄鋼業**や**製鉄業**が盛んに。

❶ 日本の産業革命

①**軽工業**…日清戦争前後に発展。紡績業や製糸業が盛んになる。

②**重工業**…日露戦争前後に発展。鉄鋼業や製鉄業が盛んになる。官営の**八幡製鉄所**が操業を開始。（└福岡県北九州市。鉄鋼を生産）

下関条約により清から得た賠償金を使って建設！

▶ 日本の工業生産の変化

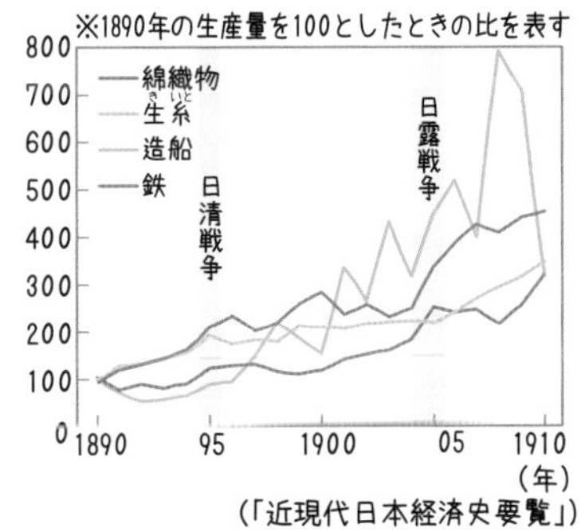

（「近現代日本経済史要覧」）

❷ 社会の変化

①**財閥**…三井・三菱などの資本家が日本の経済を支配。

②**足尾銅山鉱毒事件**…**田中正造**が被害者の救済を求める運動。（└日本の公害問題の原点）（└もと衆議院議員）

③**社会運動**…労働争議・小作争議が起こる。社会主義運動は弾圧。

6《 近代文化の発展

❶ **芸術**…フェノロサや**岡倉天心**による日本美術の復興。日本画では**横山大観**、西洋画では**黒田清輝**が、彫刻では**高村光雲**が活躍。（└「湖畔」「読書」）

❷ **文学**…文語表現にかわる口語表現の誕生（二葉亭四迷の**言文一致**）。樋口一葉や与謝野晶子など女性の文学者が活躍。小説では**森鷗外**、**夏目漱石**ら。

❸ **教育**…小学校教育が普及。日露戦争後、義務教育が6年間に延長される。

❹ **自然科学**…**北里柴三郎**、**志賀潔**、**野口英世**など、すぐれた科学者が活躍。

自然科学の発展	
1890（年）	北里柴三郎、破傷風の血清療法を発見
1897	志賀潔、赤痢菌を発見
1910	鈴木梅太郎、ビタミンB1を創製
1918	野口英世、エクアドルで黄熱病を研究

基礎力チェック！

次の問いに答えなさい。

(1) 関税自主権の回復に成功した人物はだれか。
(2) 日清戦争後、ロシアなどが遼東半島の返還を要求したできごとは。
(3) 日露戦争の講和条約を何というか。
(4) 中国で孫文を指導者として1911年に起こった革命を何というか。

答え

(1) 小村寿太郎 → 1《 参照
(2) 三国干渉 → 2《 参照
(3) ポーツマス条約 → 3《 参照
(4) 辛亥革命 → 4《 参照

歴史

第一次世界大戦と大正デモクラシー

1 第一次世界大戦

❶ **列強の対立**…三国協商（連合国）と三国同盟（同盟国）が対立。
└イギリス・フランス・ロシア　└ドイツ・オーストリア・イタリア

❷ 第一次世界大戦…セルビア人がオーストリア皇太子夫妻を暗殺したことから、オーストリアがセルビアに宣戦➡同盟国と連合国に分かれて総力戦に➡ドイツが降伏し、連合国側が勝利。
└各国が国民、経済、資源などを総動員

❸ **ロシア革命**

①ロシア革命…**レーニン**の指導するソビエトが臨時政府をたおし、ソビエト政府を樹立。世界最初の社会主義政権。
（ソビエト政府：ドイツと単独講和して戦争から離脱）

②シベリア出兵…社会主義の拡大をおそれた国々が出兵。
（国々：日本・アメリカ・イギリス・フランス）

③ソビエト社会主義共和国連邦（ソ連）…革命政府が干渉戦争に勝利し、1922年に成立。レーニンの死後、スターリンが五か年計画を進める。
└重工業の発展と産業の集団化を強行

▶ 第一次世界大戦前の国際関係

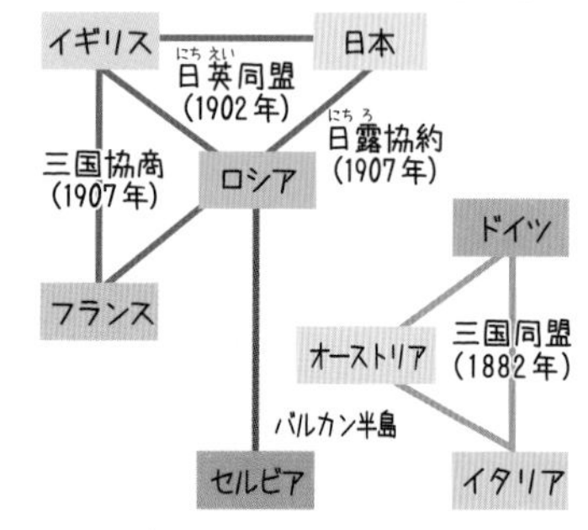

2 第一次世界大戦と日本

絶対おさえる！ 第一次世界大戦への参戦と大戦中の日本

☑ **日本は日英同盟を理由として第一次世界大戦に参戦した。**
☑ **第一次世界大戦中の1915年、中国に二十一か条の要求を認めさせる。**

❶ 二十一か条の要求…1915年、山東省のドイツ権益を引きつぐことなどを中国に要求。武力を背景に認めさせる➡中国で反日感情が高まる。
└ドイツの軍事拠点

❷ **大戦景気**

①**輸出の拡大**…連合国に軍需品を、戦場となったヨーロッパにかわってアジア・アフリカなどに工業製品を輸出➡輸出が輸入を上回る。

②大戦景気…大戦による好況。成金が出現。
└好景気によって短期間に大きな利益を上げた人々

▶ 二十一か条の要求

一　中国政府は、ドイツが山東省に持っているいっさいの権益を日本にゆずる。
一　日本の旅順、大連の租借の期限、南満州鉄道の期限を99か年延長する。
（一部要約）

3 大戦後の動きとアジアの民族運動

❶ **ベルサイユ条約と国際連盟**

①ベルサイユ条約…1919年、**パリ講和会議**で結ばれた、ドイツと連合国との講和条約。ドイツはすべての植民地を失い、軍備縮小と多額の賠償金も。

②国際連盟…世界平和と秩序を維持するための世界最初の国際機構として1920年に発足。民族自決を唱えるアメリカ合衆国大統領ウィルソンが提案。

③ワシントン会議…海軍の軍備制限、中国の独立と領土の保全、太平洋地域の現状維持を確認し、日英同盟を解消。

④民主主義の高まり…ドイツでワイマール憲法を制定。普通選挙実施の国も。
（世界で初めて社会権を保障！）

参考

国際連盟→設立当初の常任理事国はイギリス・フランス・イタリア・日本。アメリカ合衆国は議会の反対で不参加。新渡戸稲造が事務局次長として活躍。

❷ **アジアの民族運動**

①**朝鮮の**三・一独立運動…日本からの独立を求める運動➡朝鮮総督府が鎮圧。

②**中国の**五・四運動…学生集会をきっかけとする反日運動。

③**インドの民族運動**…ガンディーの指導の下、非暴力・不服従の抵抗運動。
└イギリスからの完全な自治を求める

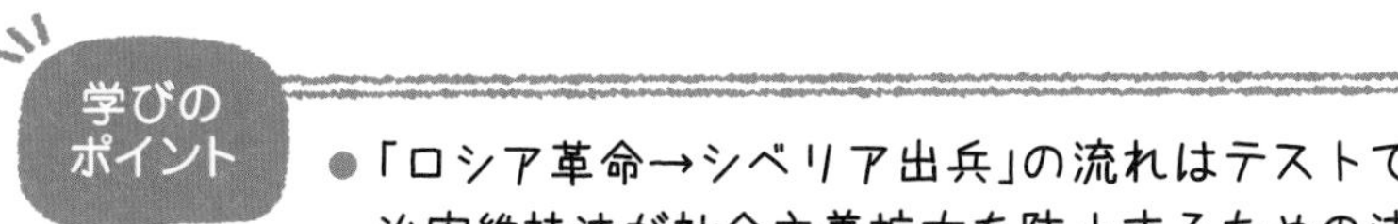

●「ロシア革命→シベリア出兵」の流れはテストでよく問われる！
治安維持法が社会主義拡大を防止するための法律であることも確認しよう。

4《 政党政治の発展

絶対おさえる！ 政党政治

☑ 寺内内閣が米騒動で退陣後、原敬首相が本格的な政党内閣を組織。
☑ 満25歳以上の男子に選挙権をあたえる普通選挙法と同時に治安維持法を制定。

❶ **第一次護憲運動**…憲法に基づく政治を守ろうとする運動。

❷ **大正デモクラシー**…大正時代に高まった自由主義・民主主義の風潮。吉野作造の民本主義、美濃部達吉の天皇機関説が影響を及ぼす。
↳選挙によって民意を政治に反映

❸ **米騒動**…シベリア出兵を見こした米の買いしめ➡米価が急上昇➡米の安売りを求めた運動➡軍隊が鎮圧したが寺内内閣は退陣。

❹ **政党内閣**…1918年、立憲政友会総裁の原敬が日本最初の本格的な政党内閣を組織。
陸軍・海軍・外務大臣以外の大臣を立憲政友会党員から出す↲

❺ **第二次護憲運動**…加藤高明を首相とする連立内閣が結成。
↳複数の政党からなる内閣

❻ **普通選挙法**…1925年、加藤高明内閣のときに成立した満25歳以上のすべての男子に選挙権をあたえる法律。同時に治安維持法を制定。
↳有権者は約4倍に増加

共産主義運動などの取り締まりを強化！

▶ 選挙権の拡大

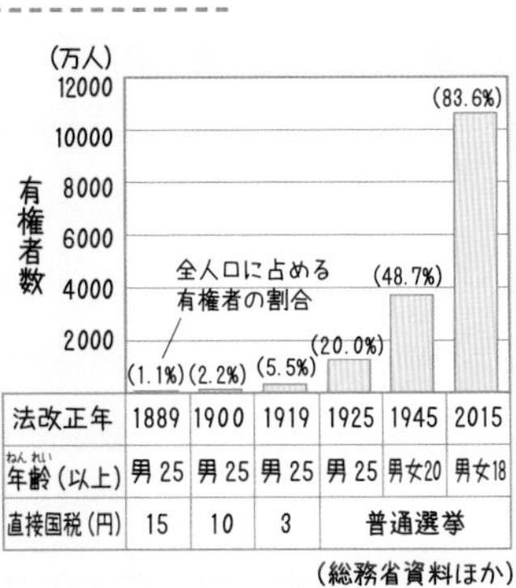

法改正年	1889	1900	1919	1925	1945	2015
年齢（以上）	男25	男25	男25	男25	男女20	男女18
直接国税（円）	15	10	3	普通選挙		

（総務省資料ほか）

5《 社会運動の広がりと大衆文化

❶ **社会運動の広がり**

①社会運動…労働組合を中心に労働条件の改善を求める労働争議や、小作料の減額などを求める小作争議が増加。
↳ストライキやデモなど

②解放運動…部落差別に苦しめられてきた人々が、全国水平社を結成。

③女性運動…平塚らいてうらが青鞜社、さらに新婦人協会を設立して、女性の政治活動の自由、男女共学などを要求する運動を進める。

❷ **関東大震災**…1923年9月1日に関東地方を中心に起こった大地震。
↳東京・横浜は大きな被害を受け、経済が混乱

❸ **文化の大衆化**

①文学…志賀直哉や芥川龍之介らが活躍し、プロレタリア文学（小林多喜二ら）が登場。
↳労働者の姿をえがく

②大衆娯楽…トーキー（有声映画）が登場。新聞・雑誌が増加し、100万部をこえるものも。円本・文庫本の刊行。1925年にはラジオ放送が開始。

▶ 水平社宣言（一部）

人の世に熱あれ、人間に光あれ

▶ 青鞜社の宣言（一部）

元始、女性は実に太陽であった。真正の人であった。今、女性は月である。

基礎力チェック！

次の問いに答えなさい。

(1) 第一次世界大戦前、イギリス・フランス・ロシアが結んだ軍事同盟は。
(2) 第一次世界大戦後に結ばれたドイツと連合国との講和条約を何というか。
(3) 米騒動のあと、本格的な政党内閣を組織した首相はだれか。
(4) 青鞜社をつくり、女性解放運動を進めた女性はだれか。

答え

(1) 三国協商 → 1《 参照
(2) ベルサイユ条約 → 3《 参照
(3) 原敬 → 4《 参照
(4) 平塚らいてう → 5《 参照

Social studies

19 歴史 世界恐慌と第二次世界大戦

1 世界恐慌

❶ **世界恐慌**…1929年、アメリカの株式市場で株価が大暴落➡恐慌が世界中に広がり、他国も深刻な不況に。
↳ニューヨーク

①アメリカ…ローズベルト大統領が農業や工業の生産を調整し、積極的に公共事業を行う**ニューディール**（新規まき直し）政策。

②イギリス・フランス…植民地との貿易を拡大する一方、それ以外の国からの輸入に対する関税を高くする**ブロック経済**政策。

③ソ連…五か年計画➡世界恐慌の影響を受けず経済成長。

❷ **ファシズム**…民主主義や自由主義を否定し（**全体主義**）、独裁。

①イタリア…ムッソリーニ率いる**ファシスト党**が政権をにぎる。

②ドイツ…**ヒトラー**率いる**ナチス**が政権をにぎる。
↳ユダヤ人を迫害し、共産主義者などを攻撃

▶ 主な国の鉱工業生産

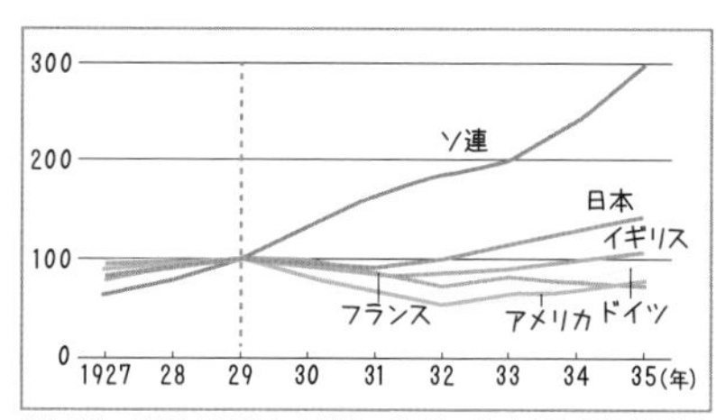

※年平均。1929年を100とした指数。（「明治以降 本邦主要経済統計」）

2 日本の中国侵略

絶対おさえる！ 中国侵略と軍国主義

☑ **満州事変**は**柳条湖事件**、**日中戦争**は**盧溝橋事件**をきっかけに始まる。

☑ **犬養毅**首相が暗殺された**五・一五事件**や、**二・二六事件**後、軍部の発言力が強まる。

❶ **満州事変**…中国との戦争の始まり。

①**満州事変**…1931年、関東軍が奉天郊外の柳条湖で南満州鉄道の線路を爆破し（柳条湖事件）、中国軍のしわざだとして攻撃➡満洲の主要部を占領し、清朝最後の皇帝溥儀を元首とする**満州国**を建国。

②**国際的孤立**…中国が国際連盟に日本の侵略を訴え➡国際連盟は満州国の不承認と日本軍の撤兵を勧告➡日本は国際連盟を脱退。

発展
リットン調査団→国際連盟が満州国に派遣した調査団。調査団は、満州国を独立国と認めなかった。

❷ **強まる軍国主義**

①**五・一五事件**…海軍の将校らが**犬養毅**首相を暗殺➡政党政治が終わる。
↳1932年5月15日

②**二・二六事件**…陸軍の青年将校が部隊を率いて首相官邸や警視庁をおそい、大臣などを殺傷➡軍部の政治的発言力が強まる。
↳1936年2月26日

発展
軍国主義→戦争を主な外交手段ととらえ、そのために軍事力を高めることを重視した考え。

3 日中戦争

❶ **日中戦争**

①**盧溝橋事件**…1937年、北京郊外の盧溝橋で日中両軍が武力衝突➡日中戦争が始まる。

②**戦争の拡大**…華北から華中に拡大➡日本軍は首都南京を占領。

❷ **戦時体制の強化**

①**国民生活への統制**…生活必需品を**配給制**や**切符制**に。
米、砂糖、マッチなど↲ ↳決められた量を国民に割り当て

国民を強制的に軍事工場で働かせる！

②**国家総動員法**…議会の承認なしに、政府が物資や労働力の動員が可能。

③**大政翼賛会**…政党や政治団体が解散し、戦争に協力するために合流。

▶ 日中戦争の広がり

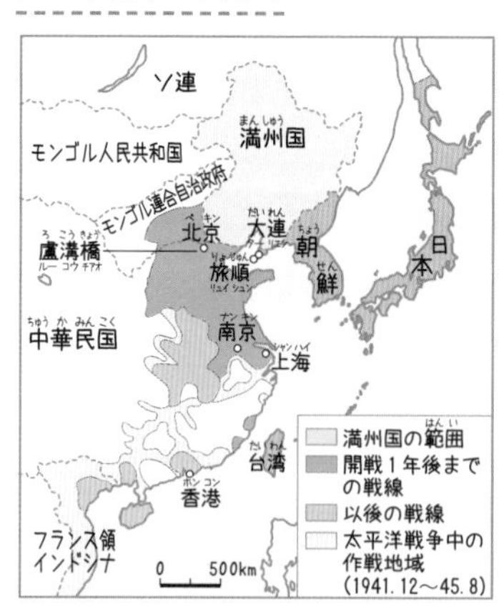

- 世界恐慌に対して各国がとった対策のちがいを覚えておこう。
- 柳条湖事件と盧溝橋事件を混同しないよう注意！

4 第二次世界大戦

❶ 第二次世界大戦…ドイツ・ソ連が独ソ不可侵条約を結ぶ➡1939年、ドイツがポーランドに侵攻➡イギリス・フランスがドイツに宣戦。
（↳ポーランドを援助する条約を結んでいた）

❷ 戦争の拡大…ドイツはヨーロッパ各地を攻撃し、フランスは降伏。
（↳パリを占領）

①イタリアの参戦…1940年、イタリアがドイツ側に立って参戦。同年、日独伊三国同盟が結ばれ、結束を強化。

②独ソ戦…ドイツが独ソ不可侵条約を破ってソ連に侵攻。
（↳1941年）

③大西洋憲章…ドイツとの対決決意などを表明。
（↳アメリカ、イギリスが発表）

▶ 第二次世界大戦中のヨーロッパ戦線

5 太平洋戦争

絶対おさえる！ 太平洋戦争の始まりと終わり

☑ 1941年、日本軍がハワイの真珠湾などを攻撃し、太平洋戦争が始まる。
☑ 1945年8月、広島・長崎に原子爆弾が投下された後、日本はポツダム宣言を受諾して降伏。

❶ 日本の南進…東南アジアに進出し、大東亜共栄圏を唱えた。
（↳資源を得るため）（↳欧米の支配から脱し、日本を中心に栄えようとした）

❷ 太平洋戦争…1941年、日本軍はハワイの真珠湾を攻撃し、マレー半島にも上陸。アメリカ・イギリスに宣戦➡当初、日本軍は優勢➡ミッドウェー海戦後、連合国が反撃を開始。
（↳東条英機内閣と軍部が決定）

❸ 戦時下の生活…大学生も軍隊に召集（学徒出陣）、中学生・女学生、未婚の女性も勤労動員。都市の小学生は集団で学童疎開。

❹ 戦争の終結　（アメリカ軍による空襲の激化が背景！）

①イタリアは1943年、ドイツは1945年5月に降伏。

②日本の降伏

- ポツダム宣言…7月、アメリカ合衆国・イギリス・中国の名で公表。
（↳日本に無条件降伏を求める）
- 原子爆弾…アメリカ合衆国は8月6日に広島、8月9日に長崎に投下。
- ソ連の参戦…日ソ中立条約を破り8月8日に満州、千島列島などに侵攻。
- 日本の降伏…ポツダム宣言受諾を決め、8月15日に天皇がラジオ放送。
（↳玉音放送）

▶ 太平洋戦争をめぐる国際関係

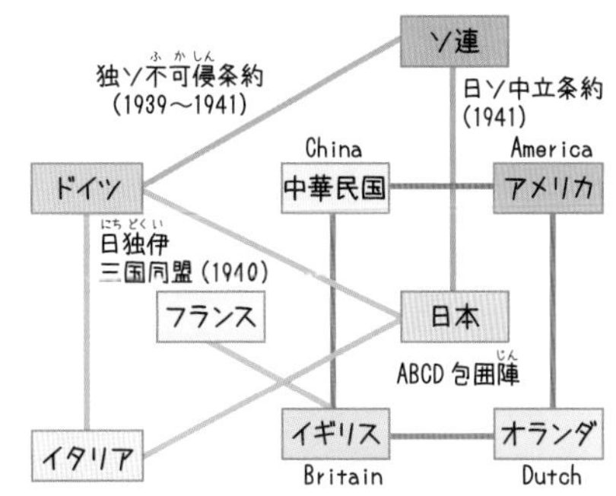

▶ ポツダム宣言(一部)

7　日本に平和・安全・正義の秩序が建設されるまでは、連合国が日本を占領する。

基礎力チェック！

次の問いに答えなさい。

(1)　世界恐慌に対してイギリスがとった政策を何というか。

(2)　海軍の将校らが犬養毅首相を暗殺した事件を何というか。

(3)　日中戦争中に出された、議会の承認なしに国民などを動員できる法律は。

(4)　太平洋戦争中に出された、日本に無条件降伏を求めた宣言を何というか。

答え

(1)　ブロック経済
→ 1 参照

(2)　五・一五事件
→ 2 参照

(3)　国家総動員法
→ 3 参照

(4)　ポツダム宣言
→ 5 参照

歴史

戦後の日本のようす

1 日本の民主化

絶対おさえる！ 戦後改革

☑ マッカーサーを最高司令官とする連合国軍最高司令官総司令部（GHQ）の指令で民主化。
☑ 経済の民主化政策では、財閥解体や農地改革などが行われた。

❶ **戦後の日本**…領土は北海道・本州・九州・四国とその周辺の島々に限定。それ以外はアメリカ軍の直接統治の下に置かれる。

❷ **戦後改革**…マッカーサーを最高司令官とする連合国軍最高司令官総司令部（GHQ）の指令により、民主化を進める。極東国際軍事裁判（東京裁判）で戦争をおし進めた政治家や軍人を公職から追放。

①農地改革…政府が地主の小作地を買い上げ、小作人に安く売り渡す➡多くの自作農が生まれる。

②財閥解体…日本の経済を支配してきた**財閥**を解体。
└三井、三菱など

③選挙法改正…**満20歳以上の男女**に選挙権があたえられる。

④治安維持法の廃止…政治活動の自由が認められる。

❸ **日本国憲法**…1946年11月3日公布、1947年5月3日施行。
└現在は祝日の「文化の日」　└現在は祝日の「憲法記念日」
国民主権、基本的人権の尊重、平和主義の3つが基本原理。

❹ **教育基本法**…民主主義の教育の基本を示す。
└9年間の義務教育、男女共学など

▶ **農地改革による変化**

▼ 自作地と小作地の割合

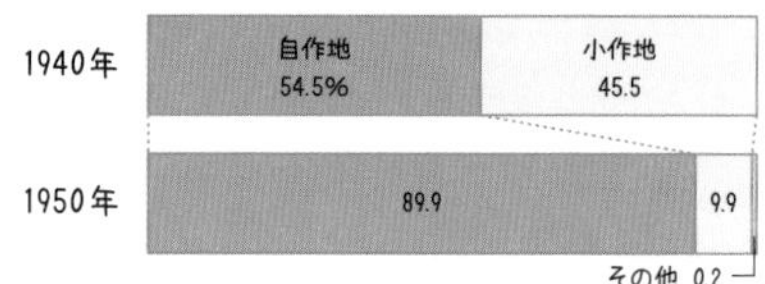

▼ 自作・小作の農家の割合

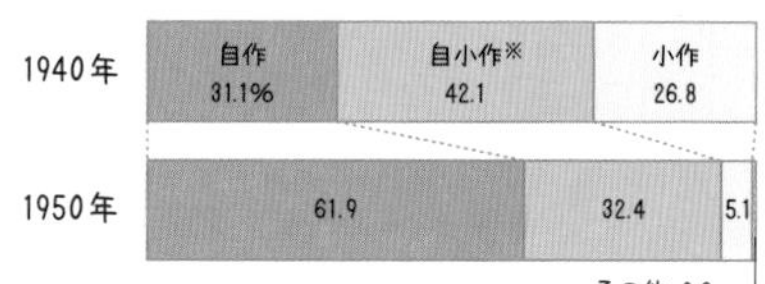

※自小作は、耕地面積のうち、自己所有の耕地が10%以上、90%未満。

（「完結昭和国勢総覧」ほか）

2 国際連合と冷戦の始まり

❶ **国際連合（国連）**…1945年発足。世界平和を維持する機関として**安全保障理事会**が設けられる。

❷ **冷たい戦争（冷戦）**…**アメリカ**を中心とする資本主義の西側陣営と、**ソ連**を中心とする共産主義の東側陣営の対立。
└全面的な戦争には至らず

①ドイツの分裂…東西に分かれて独立。

②軍事同盟…西側は北大西洋条約機構（NATO）、東側はワルシャワ条約機構を結成。

③中国…国民党と共産党が対立➡共産党が勝利し、**毛沢東**を主席とする中華人民共和国成立。国民党は台湾へ。
└蔣介石が率いる

④朝鮮…北緯38度線を境に、南をアメリカ、北をソ連が占領➡南に大韓民国（韓国）、北に朝鮮民主主義人民共和国（北朝鮮）➡1950年に朝鮮戦争➡日本はGHQの指示で警察予備隊（後の自衛隊）をつくる。

⑤ベトナム…南北の内戦にアメリカが介入➡ベトナム戦争。
└1975年まで続く

❸ **植民地支配の終わり**

①アジア・アフリカ会議…1955年、平和共存を訴える。
└インドネシアのバンドンで行われる

②「アフリカの年」…1960年に17か国が独立。

③南北問題…発展途上国と先進工業国との経済格差の問題。
└植民地だった国が多い

暗記
安全保障理事会の常任理事国→アメリカ、イギリス、ソ連、中国、フランスの5か国。

注意
国際連合→第一次世界大戦後に発足した国際連盟と間違えないようにする。

暗記
朝鮮戦争→北朝鮮が韓国に侵攻して始まる。アメリカ中心の国連軍が韓国を、中国の義勇軍が北朝鮮を支援。1953年に休戦となった。

発展
アジア・アフリカ会議→インドのネルー首相の提案でインドネシアのバンドンで開かれた。

● GHQ主導で行われた改革(農地改革・財閥解体)は、内容を説明できるようにしておこう。
●「朝鮮戦争→特需景気」の流れはテストで頻出！

3《 国際社会への復帰

絶対おさえる！ 独立の回復

☑ 1951年、アメリカなど48か国とサンフランシスコ平和条約を結び、日本は独立を回復。
☑ 1956年、日ソ共同宣言に調印し、ソ連の支持を得て国際連合の加盟が実現。

❶ 朝鮮戦争と日本

①特需(とくじゅ)景気…アメリカが朝鮮戦争の軍需(ぐんじゅ)物資を日本で調達➡日本は好景気をむかえる。

②自衛隊…GHQの指示により治安維持のため、**警察予備隊**を創設➡強化され自衛隊に。（↳1954年）

❷ 日本の独立

①サンフランシスコ平和条約…1951年、吉田茂(よしだしげる)内閣がアメリカなど48か国と結ぶ➡日本は独立を回復。（↳ソ連など社会主義国はふくまれず）

②日米安全保障条約…サンフランシスコ平和条約と同時に結ぶ。アメリカ軍の日本駐留(ちゅうりゅう)と日本国内の基地の使用を認める。

▶ 日本経済の復興

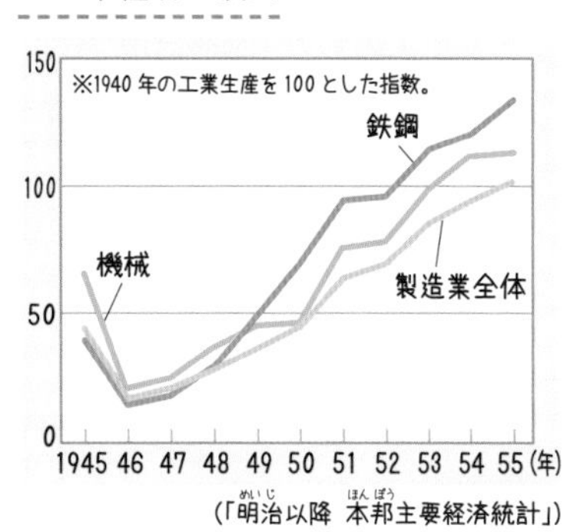

(「明治(めいじ)以降 本邦(ほんぽう)主要経済統計」)

❸ 国連加盟…1956年、日ソ共同宣言に調印。ソ連と国交回復➡同年、国際連合に加盟。（ソ連の支持を得て実現↲）

国際社会に復帰！

4《 国際関係の変化

❶ 日米安全保障条約の改定…日本とアメリカ合衆国が共同で防衛行動をすることなどを規定➡国民による大規模(だいきぼ)な反対運動（安保闘争(あんぽとうそう)）が発生。

❷ 緊張緩和(きんちょうかんわ)に向けた動き…キューバ危機やベトナム戦争を経て、きびしい東西対立が緩(ゆる)み始める。（↳キューバでのソ連の基地建設をめぐり、米ソが対立）

❸ 沖縄の復帰…1972年に日本に復帰。交渉(こうしょう)の過程で、核兵器を「持たず、作らず、持ちこませず」の非核三原則が国の方針に。（↳アメリカ軍基地は残したまま）

❹ 日本とアジア諸国との関係

①**韓国**…日韓基本条約を結ぶ。韓国を朝鮮半島の唯一(ゆいいつ)の政府と承認(しょうにん)。（↳1965年）

②**中国**…日中共同声明を出して、国交正常化➡日中平和友好条約を結ぶ。（↳1972年）（↳1978年）

基礎力チェック！

次の問いに答えなさい。

(1) 地主の小作地を買い上げ小作人に安く売り渡した政策を何というか。
(2) 世界平和を維持するために、1945年に発足した機関を何というか。
(3) 日本がサンフランシスコ平和条約と同時に結んだ条約を何というか。
(4) 核兵器を「持たず、作らず、持ちこませず」という原則を何というか。

答え

(1) 農地改革 → 1《 参照
(2) 国際連合(国連) → 2《 参照
(3) 日米安全保障条約 → 3《 参照
(4) 非核三原則 → 4《 参照

Social studies

21 歴史 現代の日本

1 日本の高度経済成長

絶対おさえる！ 高度経済成長と公害問題

☑ 1955年から年平均10%程度の成長を続けた**高度経済成長**は、1973年の**石油危機**によって終わる。
☑ 全国各地で**公害問題**が発生し、政府は**公害対策基本法**を制定し、**環境庁**を設置した。

❶ **高度経済成長**…1955年から73年まで年平均10%程度の成長。池田勇人内閣の「所得倍増」のスローガンが成長を後押し。1968年には国民総生産（GNP）が資本主義国の中でアメリカ合衆国に次ぐ第2位に。
（└その国の国民が生産した物やサービスの総額）

①**産業の発展**…技術革新で、重化学工業を中心に生産が増大。東海道新幹線や高速道路が開通し、東京オリンピック・パラリンピックを開催。
（└鉄鋼や石油化学など）
（アジア初のオリンピック！）

②**国民生活の変化**…所得が増え、家庭電化製品や自動車が家庭に普及。

・1960年代…「**三種の神器**」白黒テレビ・冷蔵庫・洗濯機。

・1970年代…「**3C（新三種の神器）**」自動車・クーラー・カラーテレビ

▶ 日本の国民総生産の推移

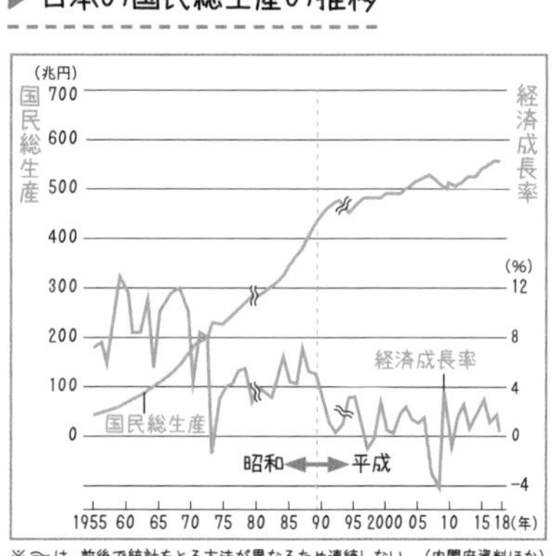

※≈は、前後で統計をとる方法が異なるため連続しない。（内閣府資料ほか）

▶ 電化製品の普及

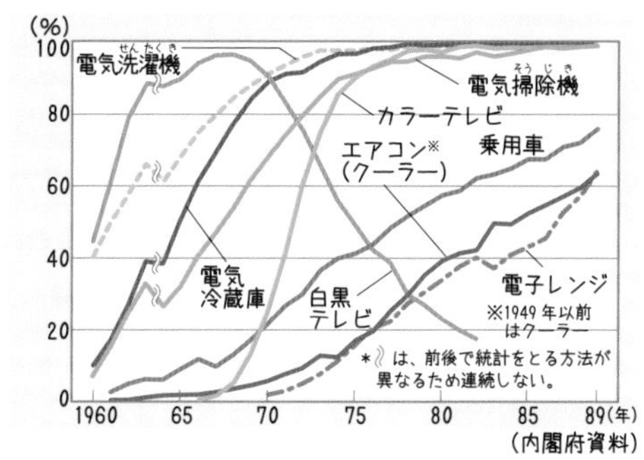

（内閣府資料）

❷ **高度経済成長による社会問題**

①**人口問題**…農村では人口が流出して過疎化が進む。大都市には人口が集中し過密となり、交通渋滞・住宅不足・ごみ問題などが起こる。
（└若者が都市に働きに出る）

②**公害問題**…各地で水質汚濁や大気汚染などで深刻な健康被害をもたらす。とくに被害の大きかった四大公害は裁判に➡政府は1967年に**公害対策基本法**を制定し、1971年に**環境庁**を設置するなどして対応。
（公害を発生させた企業は敗訴↲）
（└現在の環境省）

四大公害	発生地域	原因物質
水俣病	八代海（熊本・鹿児島県）沿岸地域	メチル水銀化合物
新潟水俣病	新潟県の阿賀野川下流域	メチル水銀化合物
イタイイタイ病	富山県の神通川下流域	カドミウム
四日市ぜんそく	三重県四日市市	亜硫酸ガス

❸ **低成長の時代**

①**石油危機（オイル・ショック）**…1973年、第四次中東戦争をきっかけに石油価格が高騰➡先進工業国は深刻な不況におちいり、日本の高度経済成長も終わる。

②**産業構造の変化**…産業の中心が、重化学工業から省資源型の自動車・電子工業などに移行。

月　日

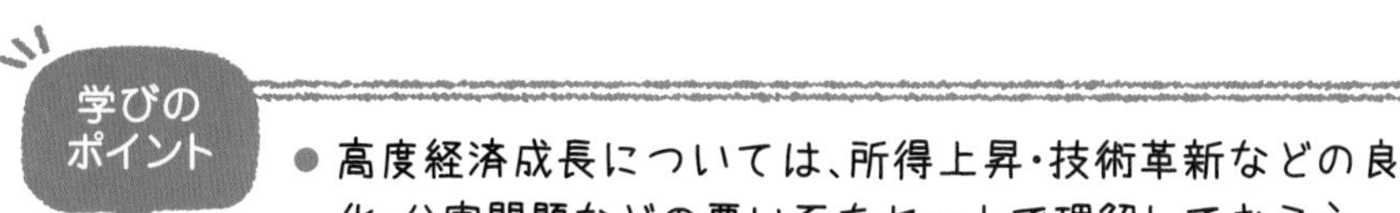

学びのポイント
● 高度経済成長については、所得上昇・技術革新などの良い面と農村の過疎化・公害問題などの悪い面をセットで理解しておこう。

2 冷戦後の国際社会

絶対おさえる！ 冷戦の終結と地域紛争

☑ 冷戦の象徴であったベルリンの壁が取り壊され、米ソの首脳がマルタで**冷戦の終結**を宣言。
☑ 民族・宗教・文化などのちがいや国家間の対立などから、世界各地で**地域紛争**が起こる。

❶ 冷戦の終結

①**ゴルバチョフ政権**…ソ連は共産党独裁体制や計画経済の見直しをすすめ、軍縮などで西側陣営との融和を図る。

②**東ヨーロッパ諸国の民主化**…ソ連の影響を強く受けていた国々で民主化が進む➡**ベルリンの壁**が崩壊➡1989年、米ソの首脳がマルタ会談で**冷戦の終結**を宣言➡**東西ドイツ統一**、**ソ連解体**。
（米ソの首脳：ブッシュ大統領とゴルバチョフ共産党書記長／東西ドイツ統一：1990年／ソ連解体：1991年）

❷ 国際協調と地域統合の動き

①**国際協調**…石油危機をきっかけとして、1975年に**主要国首脳会議（サミット）**が開催。中国・インド・ブラジルなどを加えたG20サミットも2008年から開催。
（主要国：日本も参加／中国・インド・ブラジルなど：経済成長が著しい新興国）

②**地域統合**…地域で政治的・経済的統合が進む。**ヨーロッパ連合（EU）**や**アジア太平洋経済協力会議（APEC）**など。
（ヨーロッパ連合：1993年にヨーロッパ共同体（EC）から発展）

❸ 地域紛争の増加…民族・宗教・文化などのちがいや国家間の対立が原因。湾岸戦争やアメリカ合衆国の**同時多発テロ**など。国連の**平和維持活動（PKO）**や民間の**非政府組織（NGO）**の役割が高まる。
（湾岸戦争：イラクのクウェート侵攻がきっかけ）
日本もカンボジアなどに自衛隊を派遣！

▶ 主な地域紛争・テロと地域統合

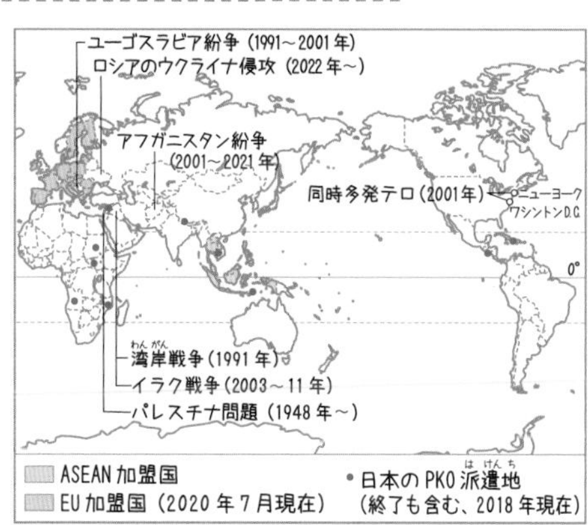

3 現代の日本

❶ 政治…自民党の長期政権➡1993年、細川護熙を首相とする**非自民連立内閣**が政治改革をかかげて成立➡**55年体制**の終了。
（自民党の長期政権：政治の安定や経済成長が実現する一方、政治腐敗も／非自民連立内閣：自民党と共産党以外の党で構成）

❷ 経済…1980年代後半、株価や地価が異常に高くなり、実態以上に好景気となる**バブル経済**➡1991年に崩壊➡平成不況➡2008年に**世界金融危機**が発生。
（平成不況：「失われた10年」）

❸ 災害…**阪神・淡路大震災**、**東日本大震災**が発生。
（阪神・淡路大震災：1995年1月17日／東日本大震災：2011年3月11日、福島第一原発事故も発生）

⚠ 注意
55年体制→自民党を与党、社会党を野党第一党とする体制。1955年に始まったことが名称の由来。

基礎力チェック！

次の問いに答えなさい。

(1) 公害防止に取り組むため、1967年に制定された法律を何というか。
(2) 高度経済成長が終わるきっかけとなったできごとを何というか。
(3) 1975年から始まった主要国首脳会議をカタカナで何というか。
(4) 1980年代後半に日本で起こった好景気を何というか。

答え
(1) 公害対策基本法 → 1 参照
(2) 石油危機（オイル・ショック）→ 1 参照
(3) サミット → 2 参照
(4) バブル経済 → 3 参照

理科のおすすめ勉強法❶

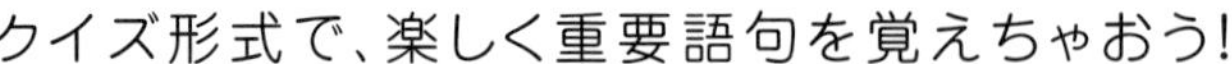
クイズ形式で、楽しく重要語句を覚えちゃおう!

暗記ドア

「問題を書いたふせん」をつくるだけで、生活の中で重要語句を覚えられます。せっかくなら、勉強も楽しんじゃいましょう！

「暗記ドア」のやり方

❶ ふせんの「表面に問題、裏面に答え」を書く。

❷ 家中のドアにふせんを貼る。

❸「クイズに答えて正解したらドアを開ける」というルールで、ドアを通るときは必ずテストをする。

※３回連続で答えられたら暗記完了ということで、そのふせんははがす。

めくると答えが読めるように、裏面は上下逆さまに書こう！

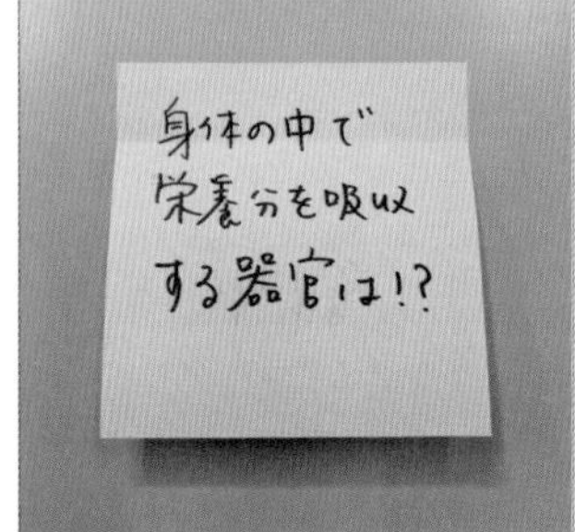

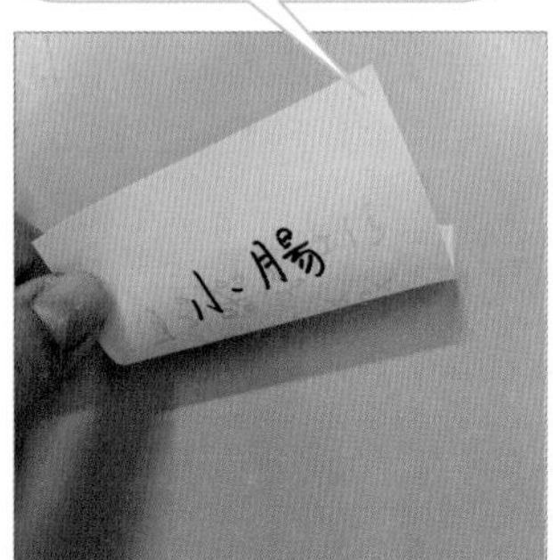

ふせんをペラっとめくって答えを見よう！

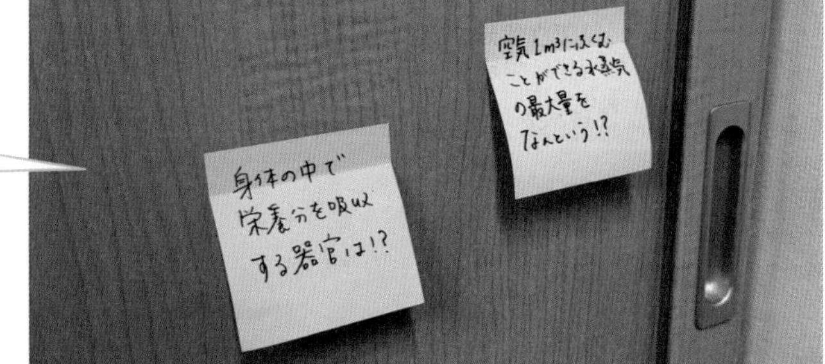

ポイント

☑ まずは初級編として「表面に意味、裏面に重要語句」書き、重要語句を覚えよう。（例：表面→身体の中で栄養分を吸収する器官は！？／裏面→小腸）

☑ 上級編では裏表を入れ替え、「表面に重要語句、裏面に意味」とすれば、記述問題対策になる！（例：表面→小腸の役割は！？／裏面→栄養分を吸収する）

☑ 重要語句だけでなく、化学式や公式でつくるのもオススメ。イラストや図を使うのも OK！

理科のおすすめ勉強法❷

「記述力」と「活用力」をつける!

なりきり先生勉強法

自分の言葉で説明できれば、しっかり理解できているということ。先生になったつもりで問題の解説をすることで、自分の理解度をチェックしましょう!

「なりきり先生勉強法」のやり方

❶ 教科書や問題集から、解けなかった記述問題や計算問題をピックアップする。

❷ 次の例を参考に、自分が先生になったつもりで、選んだ問題を友だちや家族に解説する。

恥ずかしい場合は
ひとりごとでもOK!

例①記述問題の場合

温暖前線とは、暖気が寒気の上をはい上がりながら進む前線のことです。寒気の上を暖気が緩やかに上るので、広い範囲におだやかな雨が降るのがポイントです。

例②計算問題の場合

湿度の計算では、まずグラフや表を見て、その温度のときの飽和水蒸気量を探します。その後、問題文の条件から空気に含まれる水蒸気量を見つけ、公式に代入することで湿度を求めます。グラフや表で必要な条件にはよく印をつけておきましょう。

❸ うまく説明できなかった内容は、教科書や参考書にもどって知識の整理をする。確認後、改めて解説を行う。

ポイント

☑ 説明をすると、必ずつまってしまうところが出てくる。友だちや家族に聞いてもらったときは、「わかりにくいところはなかった?」と、アドバイスをもらおう。

☑ 理科はとくに、原理から理解することが、記憶の定着につながる。はじめは恥ずかしさもあるかもしれないが、勇気を出してチャレンジしよう!

化学

物質の成り立ち

1 化学変化

❶ **化学変化（化学反応）**…もとの物質とは異なる別の物質ができる変化。

❷ **分解**…1 種類の物質が 2 種類以上の物質に分かれる化学変化。

絶対おさえる！ 物質の分解

☑ **分解には、加熱による熱分解や、電流による電気分解などがある。**

2 熱分解

❶ **熱分解**…加熱によって起こる分解。

❷ **炭酸水素ナトリウムの熱分解**

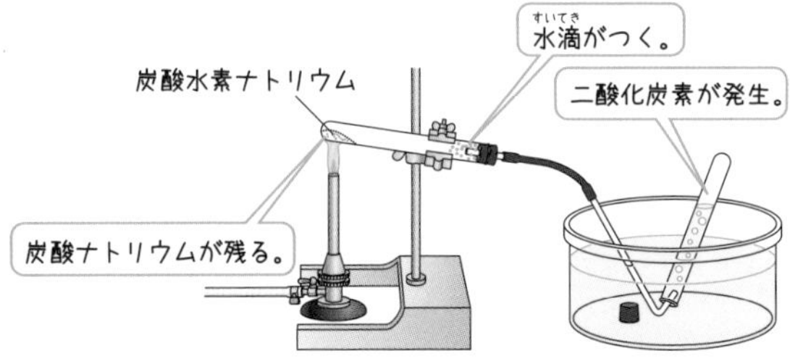

炭酸水素ナトリウム→炭酸ナトリウム＋水＋二酸化炭素

・炭酸水素ナトリウムと炭酸ナトリウムの比較

	炭酸水素ナトリウム	炭酸ナトリウム
水へのとけ方	少しとける	よくとける
水溶液にフェノールフタレイン溶液を加えたときの変化	うすい赤色（弱いアルカリ性）	濃い赤色（強いアルカリ性）

・水…青色の塩化コバルト紙を赤色（桃色）に変える。

・二酸化炭素…石灰水を白くにごらせる。

❸ **酸化銀の熱分解**

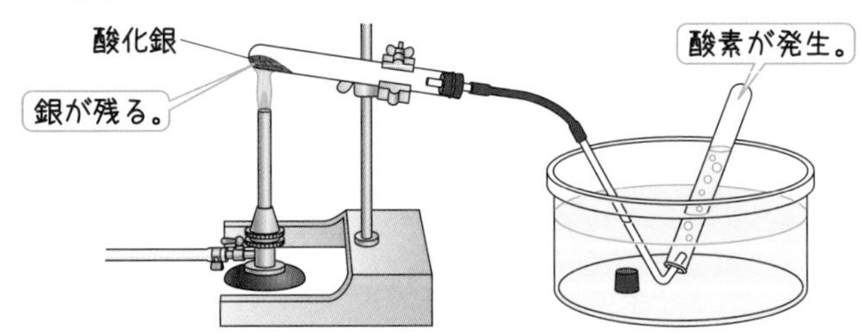

酸化銀→銀＋酸素

・酸化銀…黒色の物質。

・銀…たたくとうすく広がる。かたいものでこすると光る（金属光沢）。電気をよく通す。

・酸素…火のついた線香を入れると、線香が激しく燃える。

参考

化学変化は別の物質ができるのに対し、状態変化は物質の状態が変わるだけで、別の物質に変わることはない。

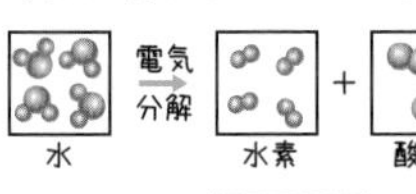

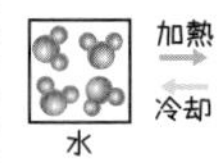

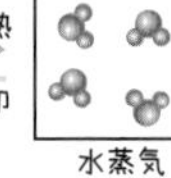

注意

炭酸水素ナトリウムの熱分解の実験の注意点
・加熱する試験管の口は少し下げる。
→生じた水が加熱部分に流れこみ、試験管が割れるのを防ぐため。
・火を消す前にガラス管を水槽の水から出す。
→水槽の水が逆流して加熱した試験管が割れるのを防ぐため。

参考

金属の性質
・みがくと特有の光沢が出る（金属光沢）。
・電気をよく通す。
・熱をよく伝える。
・たたくとうすく広がる（展性）。
・引っぱると細くのびる（延性）。

参考

酸素にはものを燃やすはたらき（助燃性）がある。

- 炭酸水素ナトリウムの熱分解は、実験の注意点までおさえておこう！
- 水の電気分解では陰極と陽極でそれぞれ何が発生するかに注意！

3 電気分解

❶ **電気分解**…電流を流すことによって起こる分解。

❷ **水の電気分解**

水→水素＋酸素

・陰極(いんきょく)…水素が発生。
マッチの火を近づけると音を立てて気体が燃える。

・陽極…酸素が発生。
火のついた線香を入れると線香が激しく燃える。

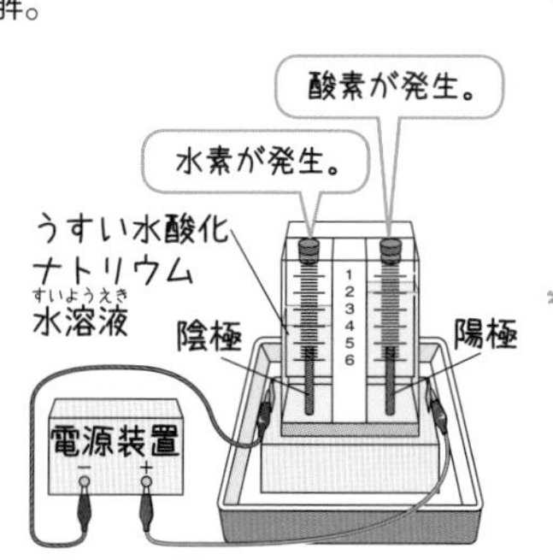

参考
純粋(じゅんすい)な水は電気が流れにくいので、水の電気分解では、少量の水酸化ナトリウムをとかした水を用いる。

参考
水の電気分解では、水素と酸素の体積の比は2:1である。

❸ **塩化銅水溶液の電気分解**

塩化銅→銅＋塩素

・陰極…赤色の銅が付着。
金属光沢が見られる。

・陽極…塩素が発生。
刺激臭(しげきしゅう)がある。
漂白作用(ひょうはくさよう)がある。

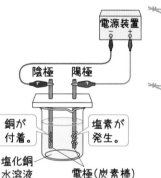

電源装置
陰極　陽極
銅が付着。
塩素が発生。
塩化銅水溶液
電極(炭素棒)

参考
塩化銅水溶液は青色であるが、電気分解が進むと水溶液の色はうすくなる。

参考
陰極の炭素棒に付着した銅は、金属の性質を示す。

基礎力チェック！

次の問いに答えなさい。

(1) もとの物質とは異なる別の物質ができる変化を何というか。

(2) 1種類の物質が2種類以上の物質に分かれる(1)の変化を何というか。

(3) 炭酸水素ナトリウムを加熱すると発生する、石灰水を白くにごらせる気体は何か。

(4) 炭酸水素ナトリウムを加熱すると生じる、青色の塩化コバルト紙を赤色に変える液体は何か。

(5) 炭酸水素ナトリウムを加熱したあとに残った固体は何か。

(6) 酸化銀を加熱したときに発生する気体は何か。

(7) 酸化銀を加熱したあとに残った固体は何か。

(8) 水を電気分解するとき、水に少量加える物質は何か。

(9) 水を電気分解したとき、陽極に発生する気体は何か。

答え

(1) 化学変化 → 1 参照
(2) 分解 → 1 参照
(3) 二酸化炭素 → 2 参照
(4) 水 → 2 参照
(5) 炭酸ナトリウム → 2 参照
(6) 酸素 → 2 参照
(7) 銀 → 2 参照
(8) 水酸化ナトリウム → 3 参照
(9) 酸素 → 3 参照

Science

2 化学 物質の表し方

1 物質の成り立ち

① 原子と元素

・原子…物質をつくっている最小の粒子(りゅうし)。

絶対おさえる！ 原子の性質

☑ 化学変化によって、**それ以上分けることができない。**
☑ 化学変化によって、**新しくできたり、なくなったり、ほかの種類の原子に変わったりしない。**
☑ **種類によって、質量や大きさが決まっている。**

・元素…物質をつくっている原子の種類。

② 分子…いくつかの原子が結びついてできた粒子。物質の性質をもつ最小の粒子である。物質には分子をつくるものとつくらないものがある。

・**分子をつくる物質**…酸素、水素、窒素(ちっそ)、水、二酸化炭素、アンモニア、エタノールなど。

・**分子をつくらない物質**…銀、銅、鉄、塩化ナトリウム、酸化銅、酸化マグネシウムなど。

③ 単体と化合物

・単体…1種類の元素からできている物質。
　例 酸素、水素、窒素、銀、銅、鉄、炭素。

・化合物…2種類以上の元素からできている物質。
　例 水、二酸化炭素、アンモニア、エタノール、塩化ナトリウム、酸化銅、酸化マグネシウム。

④ 純粋(じゅんすい)な物質（純物質）と混合物

・純粋な物質（純物質）…1種類の物質でできているもの。　例 酸素、鉄。
・混合物…複数の物質が混ざり合ったもの。　例 食塩水、空気。

発展
原子は＋の電気をもった原子核(げんしかく)と、－の電気をもった電子からできている。また、原子核は、＋の電気をもった陽子と、電気をもたない中性子からできている。

▶ 原子の構造

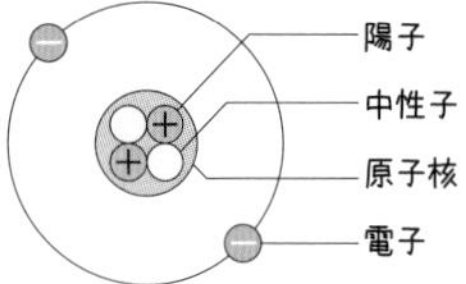

参考
原子説はドルトンが、分子説はアボガドロが発表した。

注意
化合物は分解されるが、単体はそれ以上分解されることはない。

注意
食塩水は水と食塩、空気は窒素、酸素などの気体からできている。

2 物質の表し方

① 元素記号…元素を表すために、その種類ごとにつけた記号。アルファベット1文字または2文字で表す。

非金属

元素	水素	炭素	窒素	酸素	硫黄	塩素
元素記号	H	C	N	O	S	Cl

金属

元素	ナトリウム	マグネシウム	鉄	銅	銀
元素記号	Na	Mg	Fe	Cu	Ag

② 周期表…元素を原子番号の順に並べた表。周期表では縦の列に化学的性質のよく似た元素が並んでいる。

参考
周期表はメンデレーエフによって考案された。

参考
原子番号は、原子の構造にもとづいてつけられた番号である。

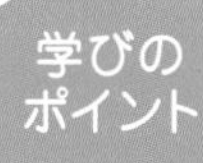

- 元素名と元素記号は代表的なものを必ず覚えておこう！
- 化学変化を化学反応式で表せるように、式のつくり方をおさえておこう！

③ 化学式…物質を元素記号と数字を使って表したもの。

・**分子の化学式**…分子をつくる原子を元素記号で表し、結びついている原子の数を元素記号の右下に小さく書く。

例 水素：H_2（水素原子が２個結びついている）

水：H_2O（水素原子２個と酸素原子１個が結びついている）

・**分子をつくらない物質の化学式**…単体は元素記号をそのまま、化合物は結びついている原子の種類と数の割合がわかるように書く。

例 単体➡銅：Cu、炭素：C

化合物➡塩化ナトリウム：NaCl、酸化銀：Ag_2O

▶ 化学式の表し方

H_2O_1

1は書かない。

⚠注意
化学式で、原子が1個の場合は、1を省略する。

参考
塩化ナトリウムは、ナトリウム原子：塩素原子＝1:1の割合で結びついている。酸化銀は、銀原子：酸素原子＝2:1の割合で結びついている。

3 化学反応式

① 化学反応式…化学変化を化学式を使って表したもの。

絶対おさえる！ 化学反応式のつくり方

1 「→」の左側に反応前の物質を、右側に反応後の物質を書く。
水→水素＋酸素

2 それぞれの物質を化学式で表す。
$H_2O \rightarrow H_2 + O_2$

3 「→」の左側と右側で**原子の種類と数が等しくなるようにする。**
$2H_2O \rightarrow 2H_2 + O_2$

参考
化学反応式の例
・炭酸水素ナトリウムの熱分解
$2NaHCO_3 \rightarrow Na_2CO_3 + CO_2 + H_2O$
・酸化銀の熱分解
$2Ag_2O \rightarrow 4Ag + O_2$

基礎力チェック！

次の問いに答えなさい。

(1) 物質をつくっている最小の粒子を何というか。

(2) 物質をつくっている原子の種類を何というか。

(3) いくつかの原子が結びついてできた、物質の性質をもつ最小の粒子を何というか。

(4) 2種類以上の元素からできている物質を何というか。

(5) 1種類の元素からできている物質を何というか。

(6) 水分子の化学式を書きなさい。

(7) 化学変化を化学式を使って表したものを何というか。

答え

(1) 原子
→ 1 参照
(2) 元素
→ 1 参照
(3) 分子
→ 1 参照
(4) 化合物
→ 1 参照
(5) 単体
→ 1 参照
(6) H_2O
→ 2 参照
(7) 化学反応式
→ 3 参照

3 化学

いろいろな化学変化①

1 物質どうしが結びつく化学変化

❶ **物質どうしが結びつく化学変化**…2種類以上の物質が結びつくと、もとの物質とは**性質が異なる別の物質**ができる。2種類以上の物質が結びつく化学変化によってできる物質は**化合物**である。

絶対おさえる！ 物質どうしが結びつく化学変化

☑ **物質が結びついてできた化合物は、2種類以上の元素からできている。**
☑ **物質が結びついてできた化合物は、分解することができる。**

❷ 鉄と硫黄（いおう）が結びつく化学変化

・鉄と硫黄の混合物を加熱すると、熱や光を出して激しく反応し、加熱をやめても反応が進む。
・反応後は黒色の硫化鉄（りゅうかてつ）ができる。

▶ 鉄と硫黄の反応

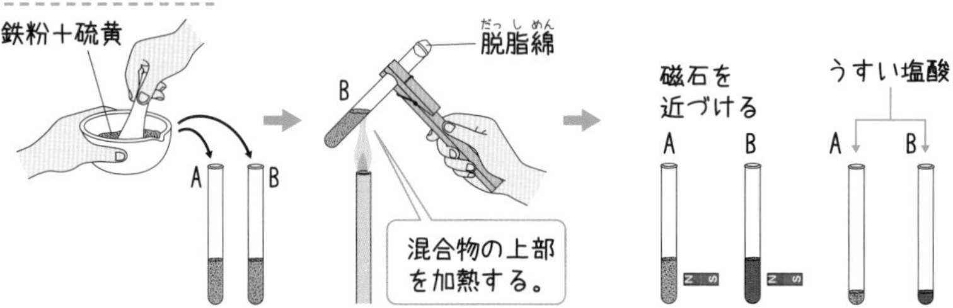

> ⚠ 注意
> 加熱前の物質Aは、鉄と硫黄が混ざっているだけなので、鉄と硫黄の性質がそのまま残っている。

> 📖 参考
> 磁石に引きつけられるのは、鉄がもつ性質である。また、水素が発生するのは、鉄とうすい塩酸が反応したためである。

・加熱前の物質Aと加熱後の物質Bの比較（ひかく）

	加熱前の物質A（鉄と硫黄の混合物）	加熱後の物質B（硫化鉄）
磁石を近づける	引きつけられる。	引きつけられない。
うすい塩酸を加える	水素が発生する。	硫化水素が発生する。

↓

異なる物質である。

> 📖 参考
> 硫化水素は、卵の腐（くさ）ったにおい（腐卵臭（ふらんしゅう））のする有毒な気体である。

・**鉄＋硫黄→硫化鉄**（$Fe + S \rightarrow FeS$）

> 📖 参考
> 硫化鉄は、鉄の原子と硫黄の原子が1:1の割合で結びついた物質である。

❸ 銅と硫黄が結びつく化学変化

・試験管に硫黄を入れて加熱したときに発生する硫黄の蒸気の中に銅線を入れると、銅と硫黄が激しく反応する。
・反応後は黒色の硫化銅ができる。
・**銅＋硫黄→硫化銅**
（$Cu + S \rightarrow CuS$）

▶ 銅と硫黄の反応

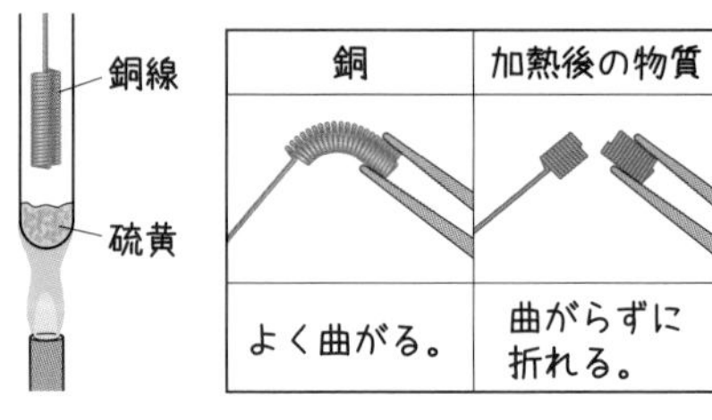

銅	加熱後の物質
よく曲がる。	曲がらずに折れる。

> 📖 参考
> 硫化銅は、銅の原子と硫黄の原子が1:1の割合で結びついた物質である。

- 物質どうしが結びつく化学変化では、物質の性質の変化も確認しておこう！
- 発熱反応、吸熱反応では、まわりの温度の関係も確認しておこう！

2《 熱の出入りをともなう化学変化

❶ 発熱反応…化学変化が起こるとき、熱が発生するためにまわりの温度が上がる反応。

物質A＋物質B → 物質C
↓
熱

▶ 発熱反応

温度計
ガラス棒
食塩水
鉄粉＋活性炭

例 **鉄粉と酸素の反応**

鉄粉と活性炭の混合物に食塩水を数滴（すうてき）たらしてガラス棒でよくかき混ぜると、鉄と酸素が結びつく反応が起き、温度が上がる。

鉄＋酸素→酸化鉄

例 **酸化カルシウムと水の反応**

酸化カルシウムと水が反応すると、熱が発生して温度が上がる。

酸化カルシウム＋水→水酸化カルシウム

> 参考
> 鉄粉と酸素の反応は、化学カイロに利用されている。

> 参考
> 食塩水は、反応を起こしやすくするために入れる。

> 参考
> 酸化カルシウムと水の反応は、火がなくてもあたためることができる弁当に利用されている。

❷ 吸熱反応…化学変化が起こるとき、熱を吸収するためにまわりの温度が下がる反応。

熱
↓
物質A＋物質B → 物質C

▶ 吸熱反応

水酸化バリウム
ガラス棒
水でぬらしたろ紙
塩化アンモニウム

例 **アンモニアの発生**

塩化アンモニウムと水酸化バリウムを混ぜ合わせると、アンモニアが発生して温度が下がる。

塩化アンモニウム＋水酸化バリウム→塩化バリウム＋アンモニア＋水

例 **炭酸水素ナトリウムとクエン酸の反応**

炭酸水素ナトリウムとクエン酸を混ぜ、水を数滴たらすと温度が下がる。

> 注意
> アンモニアの発生の実験では、発生するアンモニアを水でぬらしたろ紙に吸着させ、吸いこまないようにする。

> 参考
> 炭酸水素ナトリウムとクエン酸の反応は、簡易冷却（かんいれいきゃく）パックに利用されている。

基礎力チェック！

次の問いに答えなさい。

(1) 2種類以上の物質が結びつく化学変化でできる物質を何というか。

(2) 鉄と硫黄が結びついてできる物質は何か。

(3) 銅と硫黄が結びついてできる物質は何か。

(4) 化学変化が起こるとき、熱が発生するためにまわりの温度が上がる反応を何というか。

(5) 化学変化が起こるとき、熱を吸収するためにまわりの温度が下がる反応を何というか。

(6) 鉄と硫黄が結びつく反応は、熱が発生する反応、熱を吸収する反応のどちらか。

答え

(1) 化合物
→ 1《 参照

(2) 硫化鉄
→ 1《 参照

(3) 硫化銅
→ 1《 参照

(4) 発熱反応
→ 2《 参照

(5) 吸熱反応
→ 2《 参照

(6) 熱が発生する反応
→ 1《 2《 参照

Science
4

化学

いろいろな化学変化②

1 物質が酸素と結びつく化学変化

❶ **酸化**…物質が酸素と結びつくこと。酸化によってできた化合物を**酸化物**という。 物質 ＋ 酸素 → 酸化物

❷ **燃焼**…物質が熱や光を出しながら激しく酸素と結びつくこと。

❸ **金属が酸素と結びつく化学変化**

例 **鉄の酸化　鉄＋酸素→酸化鉄**

スチールウール（鉄）を加熱すると、スチールウールが熱や光を出しながら激しく酸化され（燃焼）、**酸化鉄**ができる。鉄と酸化鉄は異なる性質をもつ別の物質である。

・加熱前の物質と加熱後の物質の比較（ひかく）

	加熱前の物質（スチールウール）	加熱後の物質（酸化鉄）
電流を流す	流れやすい。	流れにくい。
うすい塩酸を加える	水素が発生する。	気体は発生しない。
色や手ざわり	銀色で金属光沢（きんぞくこうたく）がある。	黒色でもろい。

例 **マグネシウムの酸化**

マグネシウム＋酸素→酸化マグネシウム

（$2Mg + O_2 \rightarrow 2MgO$）

マグネシウムを加熱すると、マグネシウムが熱や光を出しながら激しく酸化され（燃焼）、**酸化マグネシウム**ができる。

▶ マグネシウムの燃焼

マグネシウム

例 **銅の酸化**

銅＋酸素→酸化銅（$2Cu + O_2 \rightarrow 2CuO$）

銅を加熱すると、銅がおだやかに酸化され、**酸化銅**ができる。

❹ **金属以外の物質が酸素と結びつく化学変化**

例 **炭素の酸化　炭素＋酸素→二酸化炭素**（$C + O_2 \rightarrow CO_2$）

木や木炭を加熱すると、炭素が酸化され、**二酸化炭素**が発生する。

例 **水素の酸化**

水素＋酸素→水

（$2H_2 + O_2 \rightarrow 2H_2O$）

水素と酸素の混合気体に点火すると、激しく反応して**水**ができる。

▶ 水素の酸化

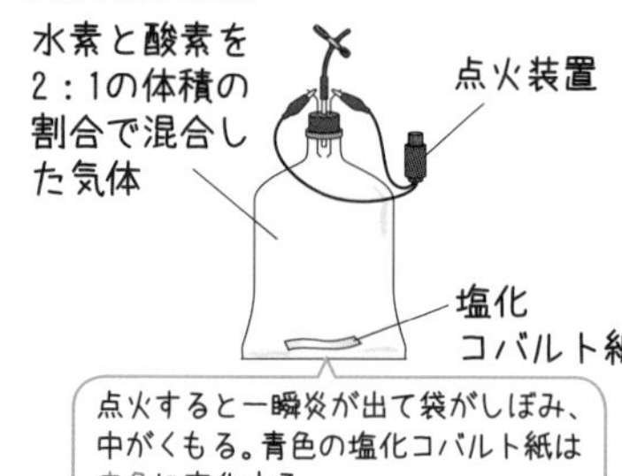
水素と酸素を
2：1の体積の
割合で混合し
た気体
点火装置
塩化
コバルト紙
点火すると一瞬炎が出て袋がしぼみ、中がくもる。青色の塩化コバルト紙は赤色に変化する。

例 **有機物の酸化**

有機物＋酸素→二酸化炭素＋水

ろうやエタノールなどの有機物を燃焼させると、有機物にふくまれている炭素や水素が酸化されて、**二酸化炭素**と**水**ができる。

⚠ 注意

2種類の物質が結びついてできた酸化物も化合物である。

📖 参考

鉄くぎのさびは、鉄が空気中の酸素とゆっくり結びついてできたものである。

📖 参考

金属が酸素と結びつく化学変化では、加熱後の物質の質量は、加熱前の物質の質量より結びついた酸素の分だけ大きくなる。

📖 参考

銅の酸化では、熱や光を出さず、おだやかに反応する。この反応は熱や光を出さないので、燃焼ではない。

📖 参考

炭素が酸素と結びつく化学変化や、有機物が酸素と結びつく化学変化では、加熱後の物質の質量は加熱前の物質の質量よりも小さくなる。これは、炭素が酸化されてできた二酸化炭素や、有機物が酸化されてできた二酸化炭素や水が空気中に出ていったためである。

- 酸素と結びつく反応が「酸化」、酸素がうばわれる反応が「還元」！
- 還元と酸化は同時に起こることに注意しよう！

2 酸化物から酸素をうばう化学変化

❶ **還元**（かんげん）…酸化物から酸素をうばう化学変化。還元は**酸化と同時に起こる**。

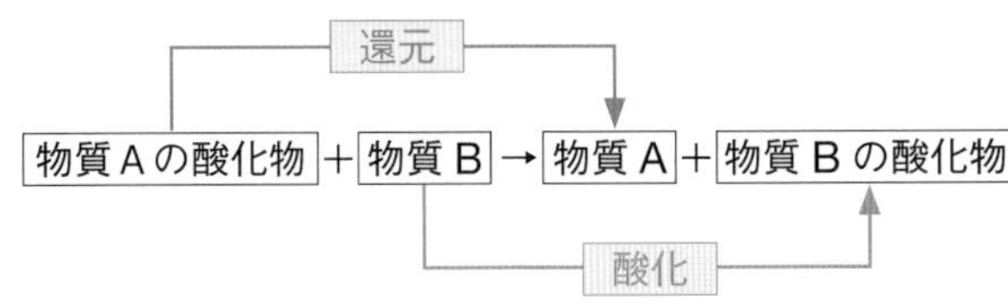

> 📖 参考
> 物質Bは物質Aよりも酸素と結びつきやすい。

例 **酸化銅の炭素による還元**

酸化銅＋炭素→銅＋二酸化炭素

($2CuO + C \rightarrow 2Cu + CO_2$)

酸化銅と炭素の粉末の混合物を試験管に入れて加熱すると、試験管の中に銅が残り、二酸化炭素が発生する。

酸化銅と炭素の粉末の混合物

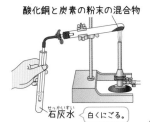

石灰水（せっかいすい）　白くにごる。

> ⚠ 注意
> 酸化銅の炭素による還元の注意点
> ・火を消す前に石灰水からガラス管を出す。
> →石灰水が加熱した試験管に逆流するのを防ぐため。
> ・反応後はゴム管をピンチコックで止める。
> →できた銅が、空気中の酸素で再び酸化されるのを防ぐため。

絶対おさえる！ 酸化銅の炭素による還元

☑ **酸化銅は還元されて、銅に変化する。**
☑ **炭素は酸化されて、二酸化炭素に変化する。**

還元と酸化は同時に起こる！

> ⚠ 注意
> 試験管に残った物質は赤色で、薬品さじなどで強くこすると金属光沢を示すので、銅であることがわかる。

例 **酸化銅の水素による還元**

酸化銅＋水素→銅＋水

($CuO + H_2 \rightarrow Cu + H_2O$)

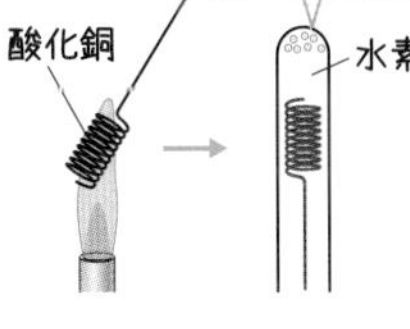

酸化銅を加熱して、水素を入れた試験管に入れると、酸化銅は銅に変化し、試験管に水滴（すいてき）が生じる。

・酸化銅は還元されて、銅に変化する。
・水素は酸化されて、水に変化する。

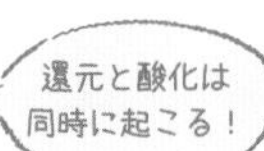

> 📖 参考
> 炭素や水素のほかにも、エタノールや砂糖などでも酸化銅を還元することができる。これらの物質は、銅よりも酸素と結びつきやすい物質である。

基礎カチェック！

次の問いに答えなさい。

(1) 物質が酸素と結びつく化学変化を何というか。

(2) 物質が激しく熱と光を出して酸素と結びつくことを何というか。

(3) 酸化物から酸素をうばう化学変化を何というか。

(4) 酸化銅と炭素の混合物を加熱したとき、酸化される物質は何か。

(5) 酸化銅と炭素の混合物を加熱したとき、発生する気体は何か。

答え

(1) 酸化
→ 1 参照
(2) 燃焼
→ 1 参照
(3) 還元
→ 2 参照
(4) 炭素
→ 2 参照
(5) 二酸化炭素
→ 2 参照

化学

化学変化と物質の質量

1 化学変化の前後での物質の質量

❶ 質量保存の法則

絶対おさえる！ 質量保存の法則

☑ **化学変化の前後で物質全体の質量は変化しない。これを質量保存の法則という。**

・質量保存の法則が成り立つ理由…化学変化の前後で、物質をつくる原子の組み合わせは変化するが、**原子の種類と数は変化しない**から。

> 参考
> 質量保存の法則は、化学変化だけでなく、状態変化など物質の変化すべてで成り立つ。

❷ 沈殿（ちんでん）が生じる反応

例 うすい硫酸（りゅうさん）と水酸化バリウム水溶液（すいようえき）の反応

硫酸＋水酸化バリウム→硫酸バリウム＋水

・硫酸バリウムの沈殿が生じる。

・化学変化の前後で物質全体の質量は変わらない。

> 参考
> うすい硫酸と水酸化バリウム水溶液の反応を化学反応式で表すと、
> $H_2SO_4+Ba(OH)_2 \rightarrow BaSO_4+2H_2O$
> となる。

❸ 気体が発生する反応

例 炭酸水素ナトリウムとうすい塩酸の反応

炭酸水素ナトリウム＋塩酸→塩化ナトリウム＋二酸化炭素＋水

・二酸化炭素が発生する。

・化学変化の前後で物質全体の質量は変わらない。

・**ふたを開ける**

➡発生した二酸化炭素が空気中に出ていくので、質量は小さくなる。

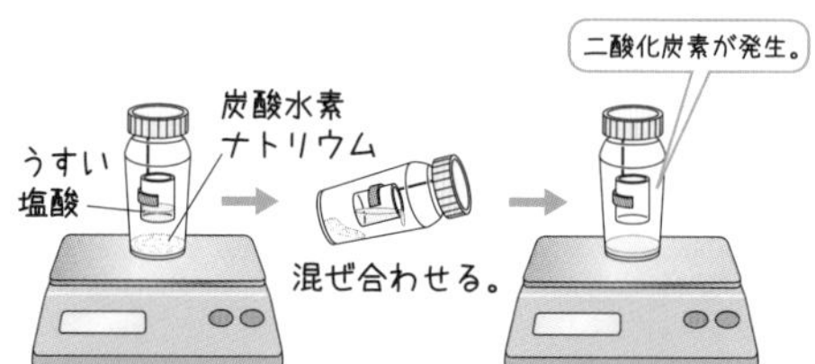

> 参考
> 炭酸水素ナトリウムとうすい塩酸の反応を化学反応式で表すと、
> $NaHCO_3+HCl$
> $\rightarrow NaCl+CO_2+H_2O$
> となる。

❹ 金属が酸素と結びつく反応

例 銅と酸素の反応

銅＋酸素→酸化銅

・酸化銅ができる。

・化学変化の前後で物質全体の質量は変わらない。

ピンチコック
酸素
銅の粉末
加熱する。
酸化銅ができる。

・**ピンチコックを開く**

➡丸底フラスコの中に空気が入ってくるので、質量は大きくなる。

> 参考
> 銅と酸素の反応を化学反応式で表すと、
> $2Cu+O_2 \rightarrow 2CuO$
> となる。

学びのポイント

- 質量保存の法則は、比例式を活用して問題を解くのがオススメ！
- 銅やマグネシウムの酸化前後の質量比は、覚えてしまおう！

2《 化学変化と物質の質量の割合

❶ **金属を加熱したときの酸化物の質量**…結びついた酸素の質量の分だけ増加する。➡結びついた酸素の質量＝酸化物の質量－金属の質量

❷ **化学変化における物質の質量の割合**

絶対おさえる！　化学変化における物質の質量の割合

☑ 化学変化に関係する物質の質量の比は**つねに一定**である。

例 銅の酸化　銅＋酸素→酸化銅　($2Cu + O_2 \rightarrow 2CuO$)

▶ 銅の質量と酸化銅の質量との関係

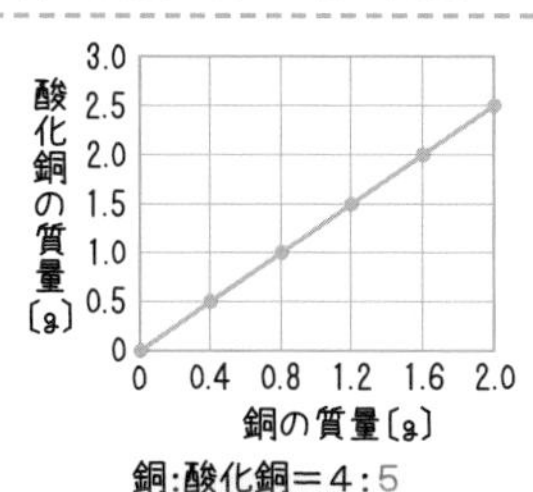

銅:酸化銅＝4:5

▶ 銅の質量と酸素の質量との関係

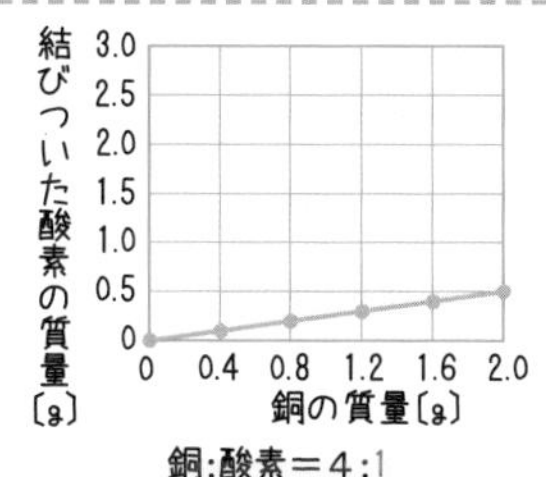

銅:酸素＝4:1

例 マグネシウムの酸化

マグネシウム＋酸素→酸化マグネシウム　($2Mg + O_2 \rightarrow 2MgO$)

▶ マグネシウムの質量と酸化マグネシウムの質量との関係

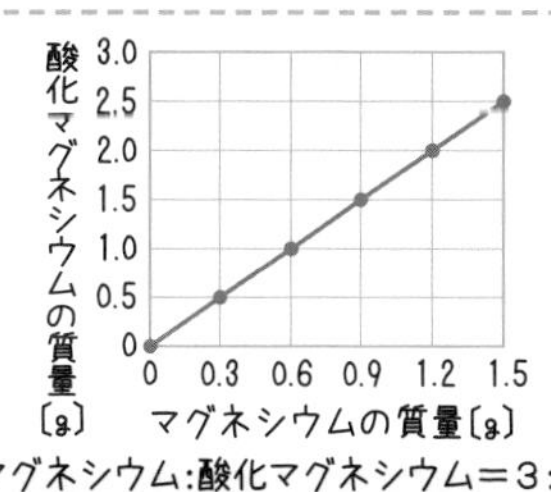

マグネシウム:酸化マグネシウム＝3:5

▶ マグネシウムの質量と酸素の質量との関係

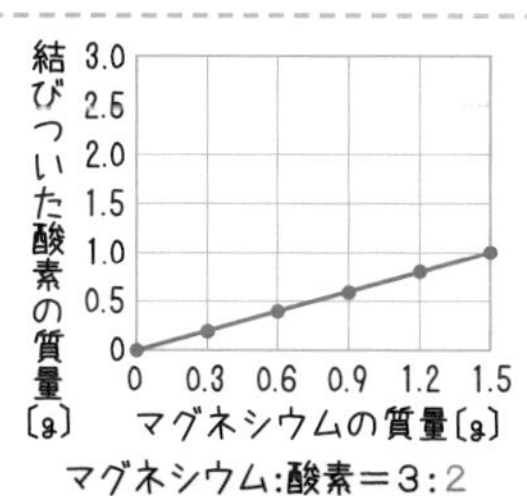

マグネシウム:酸素＝3:2

参考

金属を加熱した回数と質量変化

加熱後の物質の質量〔g〕　マグネシウム　銅　加熱した回数〔回〕

参考

酸化物の質量や結びついた酸素の質量は、加熱した金属の質量に比例する。

基礎力チェック！

次の問いに答えなさい。

(1) 化学変化の前後で物質全体の質量が変化しないことを何の法則というか。

(2) 密閉容器内で炭酸水素ナトリウムとうすい塩酸を反応させると、反応後の物質全体の質量は、反応前の質量と比べてどうなるか。

(3) 0.8 gの銅をじゅうぶんに加熱したところ、1.0 gの酸化銅ができた。このとき、銅と結びついた酸素の質量は何gか。

(4) 0.6 gのマグネシウムと結びつくことができる酸素の質量は何gか。ただし、マグネシウムと酸素は3：2の質量の割合で結びつくものとする。

答え

(1) 質量保存の法則
→ 1《 参照

(2) 変わらない。
→ 1《 参照

(3) 0.2 g
→ 2《 参照

(4) 0.4 g
→ 2《 参照

Science

6 生物 生物の体をつくる細胞

1 顕微鏡の使い方

❶ 操作手順

①最も低倍率の対物レンズにし、反射鏡としぼりで視野を明るくする。

②プレパラートをステージにのせ、対物レンズとプレパラートをできるだけ近づける。

③接眼レンズをのぞき、対物レンズとプレパラートを遠ざけながらピントを合わせる。

④レボルバーを回して高倍率の対物レンズにかえる。

⑤しぼりを調節し、見やすい明るさにしてくわしく観察する。

▶ステージ上下式顕微鏡

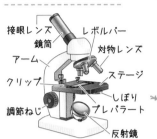

接眼レンズ
鏡筒
アーム
クリップ
調節ねじ
レボルバー
対物レンズ
ステージ
しぼり
プレパラート
反射鏡

> 📖 参考
> プレパラートは、観察するものをスライドガラスにのせ、水や染色液をたらした上からカバーガラスをかけたものである。

> 📖 参考
> 対物レンズを倍率の高いものにかえると、対物レンズとプレパラートの距離が近くなる。

❷ 顕微鏡の拡大倍率

拡大倍率＝接眼レンズの倍率×対物レンズの倍率

> 📖 参考
> 高倍率にすると、見える範囲はせまくなり、明るさは暗くなる。

❸ 顕微鏡の視野とプレパラートの動かし方

上下左右が逆に見える顕微鏡で見ているものを動かすときは、動かしたい向きと**逆向き**にプレパラートを動かす。

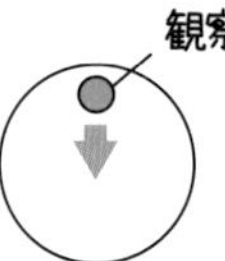

顕微鏡の視野

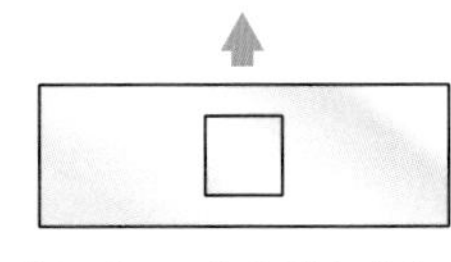
プレパラートを動かす向き

> ⚠ 注意
> 顕微鏡で見える像は、上下左右が逆になっている。

2 生物の体をつくるもの

❶ **細胞**…生物の体をつくっている、たくさんの小さな部屋のようなもの。

❷ 細胞のつくり

〈植物の細胞と動物の細胞に共通のつくり〉

- 核…染色液によく染まる丸い粒。ふつう、1個の細胞に1個ある。
- 細胞質…核のまわりの部分。
- 細胞膜…細胞質のいちばん外側のうすい膜。

〈植物の細胞に特徴的なつくり〉

- 細胞壁…細胞膜の外側を囲んでいるじょうぶなしきり。
- 葉緑体…たくさんの緑色の粒。
- 液胞…水分や活動でできた不要物などがふくまれている袋。

▶植物の細胞　▶動物の細胞

細胞壁
細胞膜
核
葉緑体
液胞

> 📖 参考
> 核は、酢酸オルセイン溶液、酢酸カーミン溶液などの染色液によく染まる。

> ⚠ 注意
> 細胞膜、葉緑体、液胞は、細胞質の一部である。

> 📖 参考
> 細胞壁は、細胞を保護し、植物の体の形を保つのに役立っている。

絶対おさえる！ 細胞のつくり

☑ 植物の細胞と動物の細胞に共通のつくりは、核、細胞質、細胞膜。
☑ 植物の細胞に特徴的なつくりは、細胞壁、葉緑体、液胞。

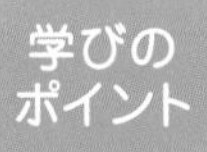

- 顕微鏡の視野とプレパラートの動かし方の関係に注意！
- 動物の細胞と植物の細胞のつくりの共通点とちがいをおさえよう！

3 単細胞生物と多細胞生物

❶ **単細胞生物**…体が１つの細胞でできている生物。
　例 ゾウリムシ、ミカヅキモ、アメーバ。

❷ **多細胞生物**…体がたくさんの細胞でできている生物。　例 ミジンコ、ヒト。

❸ **多細胞生物の体の成り立ち**

・組織…形やはたらきが同じ細胞が集まってできたもの。
　例 表皮組織、葉肉組織、上皮組織、筋組織。

・器官…いくつかの種類の組織が集まってできたもの。器官は特定のはたらきをする。
　例 葉、茎（くき）、胃、小腸。

・個体…いくつかの器官が集まってできたもの。
　例 アブラナ、ヒト。

▶ 多細胞生物の体の成り立ち

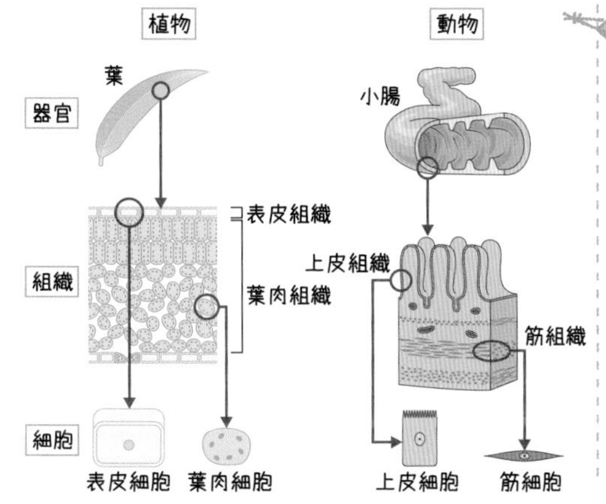

参考
単細胞生物は、1つの細胞で動いたり、栄養分をとり入れたり、なかまをふやしたりしている。

参考
多細胞生物の細胞は、体の部分によって形や大きさが異なっている。

4 細胞による呼吸

❶ **細胞による呼吸（細胞呼吸）**

細胞が酸素を使い、栄養分を分解することで活動するための**エネルギーをとり出す**はたらき。

絶対おさえる！　細胞による呼吸

☑ 栄養分 ＋ 酸素 ➡ 二酸化炭素 ＋ 水 ＋ エネルギー

参考
栄養分は有機物で炭素と水素をふくむので、分解すると二酸化炭素と水が発生する。

参考
細胞による呼吸を内呼吸、動物が肺やえら、皮膚（ひふ）で行う呼吸を外呼吸という。

基礎力チェック！

次の問いに答えなさい。

(1) 顕微鏡の拡大倍率は、接眼レンズの倍率と何の積で表されるか。

(2) ふつう１つの細胞に１個ある染色液によく染まる丸い粒を何というか。

(3) 体が１つの細胞でできている生物を何というか。

(4) 組織が集まってできた、特定のはたらきをするものを何というか。

(5) 細胞が栄養分を分解することで活動のためのエネルギーをとり出すはたらきを何というか。

答え

(1) 対物レンズの倍率
→ 1 参照
(2) 核
→ 2 参照
(3) 単細胞生物
→ 3 参照
(4) 器官
→ 3 参照
(5) 細胞による呼吸（細胞呼吸）
→ 4 参照

生物

植物の体のつくりとはたらき①

1 光合成

❶ 光合成…植物が光を受けて、デンプンなどの栄養分をつくり出すはたらき。おもに葉の細胞(さいぼう)にある葉緑体で、水と二酸化炭素を原料とし、太陽などの光のエネルギーを受けて行われる。

参考
葉でつくられた栄養分は、水にとけやすい物質に変化して、師管を通って体全体に運ばれる。

絶対おさえる！ 光合成

光のエネルギー
↓
☑ 水 ＋ 二酸化炭素 ➡ デンプンなど ＋ 酸素

❷ 光合成が行われる場所を調べる実験

①ふ入りの葉の一部をアルミニウムはくでおおい、一晩おく。
②①の葉を日光に当てる。
③葉をエタノールにつけて脱色(だっしょく)したあとヨウ素液につけて色の変化を調べる。

・光が当たり、葉緑体がある。
➡青むらさき色に変化
・光が当たらない。➡変化なし
・葉緑体がない。➡変化なし

➡**光合成には、光と葉緑体が必要である。**

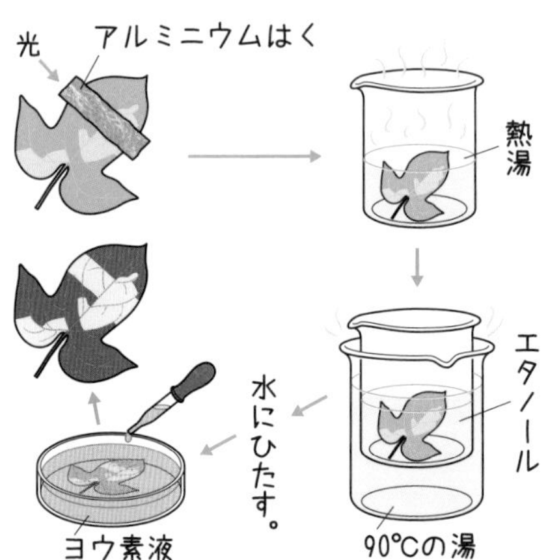

注意
光合成の実験
・アルミニウムはくでおおった部分→光が当たらない。
・葉のふの部分→葉緑体がない。
・葉を一晩おくのは、葉に残ったデンプンをなくすため。

注意
ヨウ素液につけたとき、青むらさき色に変化したところには、デンプンがある。

2 呼吸

❶ 呼吸…植物も動物と同じように呼吸を行い、酸素をとり入れて二酸化炭素を出している。

❷ 光合成と呼吸

…日光が当たる昼間は光合成と呼吸の両方を行うが、呼吸によって出入りする気体の量より、**光合成によって出入りする気体の量のほうが多い**ため、光合成だけ行っているように見える。

昼

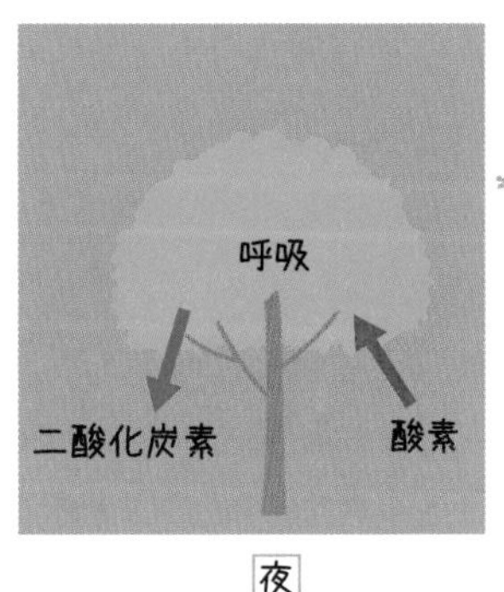

夜

注意
光合成と呼吸は、気体の出入りが逆である。

注意
夜は光合成を行わず、呼吸のみ行っている。

- 光合成に必要な条件や、光合成の前後の物質の変化を覚えておこう！
- 光合成や蒸散に関する実験は試験によく出るので、確認しておこう！

3 蒸散

❶ **蒸散**…植物の体の中の水が、気孔(きこう)から水蒸気となって出ていくこと。

❷ **吸水と蒸散の関係を調べる実験**

①同じように葉がついた４本の枝を用意し、葉に処理をする。

A：何もしない。

B：葉の裏側にワセリンをぬる。

C：葉の表側にワセリンをぬる。

D：葉をすべてとる。

②茎に水の入ったシリコンチューブをつけて置いておく。

③水の量の変化を調べる。

葉の吸水量は多いものから A、C、B、D となる。

➡葉の裏側でさかんに蒸散が起こり、吸水量が多くなる。

▶ 植物の吸水量を調べる実験

❸ **吸水と蒸散の関係**…蒸散が起こることによって、植物の**吸水**がさかんに行われる。吸水が起こることで、水や、水にとけた養分が体全体にいきわたるようになる。

❹ **気孔**…２つの三日月形をした細胞（孔辺細胞）に囲まれたすきま。蒸散量は、気孔の開閉によって調節される。気孔の数はふつう葉の裏側に多いため、葉の裏側からの蒸散量が多い。

▶ 気孔の開閉

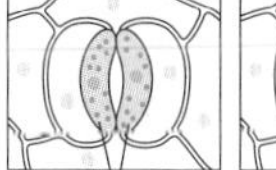

⚠注意

吸水と蒸散の関係を調べる実験

- ワセリンをぬる。→気孔がふさがれ、蒸散がおさえられる。
- 水の入ったシリコンチューブを茎につけるときは、空気が入らないようにする。

参考

多くの植物は、昼に気孔が開き、夜に気孔が閉じる。

⚠注意

孔辺細胞には葉緑体がある。

基礎力チェック！

次の問いに答えなさい。

(1)　植物が光を受けて、栄養分をつくり出すはたらきを何というか。

(2)　(1)は、細胞内の何という部分で行われるか。

(3)　(1)を行うときに吸収する気体は何か。

(4)　植物や動物が、酸素をとり入れて二酸化炭素を出すはたらきを何というか。

(5)　光が当たっている日中、植物から多く放出される気体は何か。

(6)　植物の体の中の水が、植物の体の表面から水蒸気となって出ていくことを何というか。

(7)　(6)が起こるとき、水蒸気は植物の体の表面の何という部分から出ていくか。

答え

(1)　光合成
→ 1 参照

(2)　葉緑体
→ 1 参照

(3)　二酸化炭素
→ 1 参照

(4)　呼吸
→ 2 参照

(5)　酸素
→ 2 参照

(6)　蒸散
→ 3 参照

(7)　気孔
→ 3 参照

Science 8

生物

植物の体のつくりとはたらき②

1 植物の根・茎・葉のつくり

❶ 水や栄養分の通り道

- 道管…根で吸収した水や水にとけた養分などの通り道。
- 師管…葉でつくられた栄養分の通り道。
- 維管束…道管と師管が集まった束状の部分。根から茎、葉へとつながっている。

❷ 根のつくりとはたらき

- 根毛…根の先端付近にある毛のようなもの。
- 根のはたらき…植物の体を支えることや、水や水にとけた養分を吸収することなどがある。

▶ 根の断面

師管
道管
根毛

参考
どの根にも、先端近くに、根毛とよばれる小さな毛のようなものがある。根毛によって、根と土のふれ合う面積が大きくなり、水や水にとけた養分を吸収しやすくなっている。

注意
根では中心に近いほうに道管がある。

❸ 茎のつくり

- 維管束の並び方…植物によって決まっている。
- 双子葉類の茎のつくり…維管束が輪のように並んでいる。
- 単子葉類の茎のつくり…維管束が全体に散らばっている。
- 維管束の中で、道管は茎の中心側、師管は茎の外側にある。

▶ 双子葉類　▶ 単子葉類

維管束
道管
師管

絶対おさえる！　茎と根のつくり

☑ **双子葉類の茎の維管束は輪のように並んでいる。**
☑ **単子葉類の茎の維管束は全体に散らばっている。**

❹ 葉のつくり

- 葉の内部…細胞が集まってできている。細胞内には多くの葉緑体が見られる。
- 表皮…1層の細胞がすきまなく並んでいて、葉の内部を保護している。ふつう表皮の細胞は葉緑体がない。ところどころに気孔がある。
- 葉脈…葉にあるすじ。葉の維管束である。葉の表側に近いほうに道管、裏側に近いほうに師管がある。
- 気孔…**酸素や二酸化炭素の出入り口、水蒸気の出口**になっている。

▶ 葉の断面

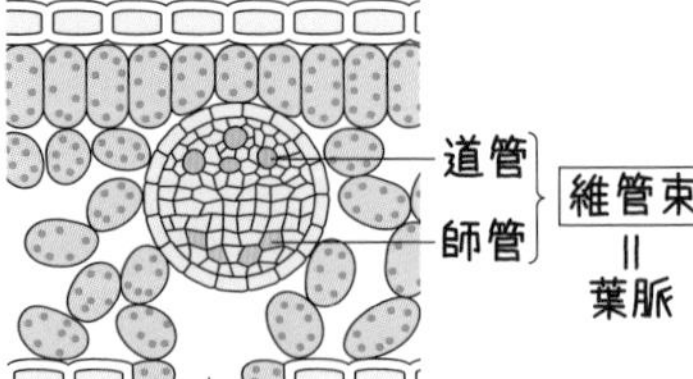

注意
気孔からの酸素や二酸化炭素の出入りは呼吸や光合成によるもの、水蒸気が出ていくのは蒸散によるものである。

● 植物のつくりは断面のようすも確認しておこう！
とくに、「単子葉類」と「双子葉類」の茎の維管束のちがいに注意しよう！

社会
理科
数学
英語
国語

2 植物の分類

❶ 維管束による植物の分類

・被子植物（ひししょくぶつ）の双子葉類と単子葉類…茎の維管束が輪のように並んでいるのが双子葉類、全体に散らばっているのが単子葉類。

・シダ植物とコケ植物…維管束があるのがシダ植物、維管束がないのがコケ植物。

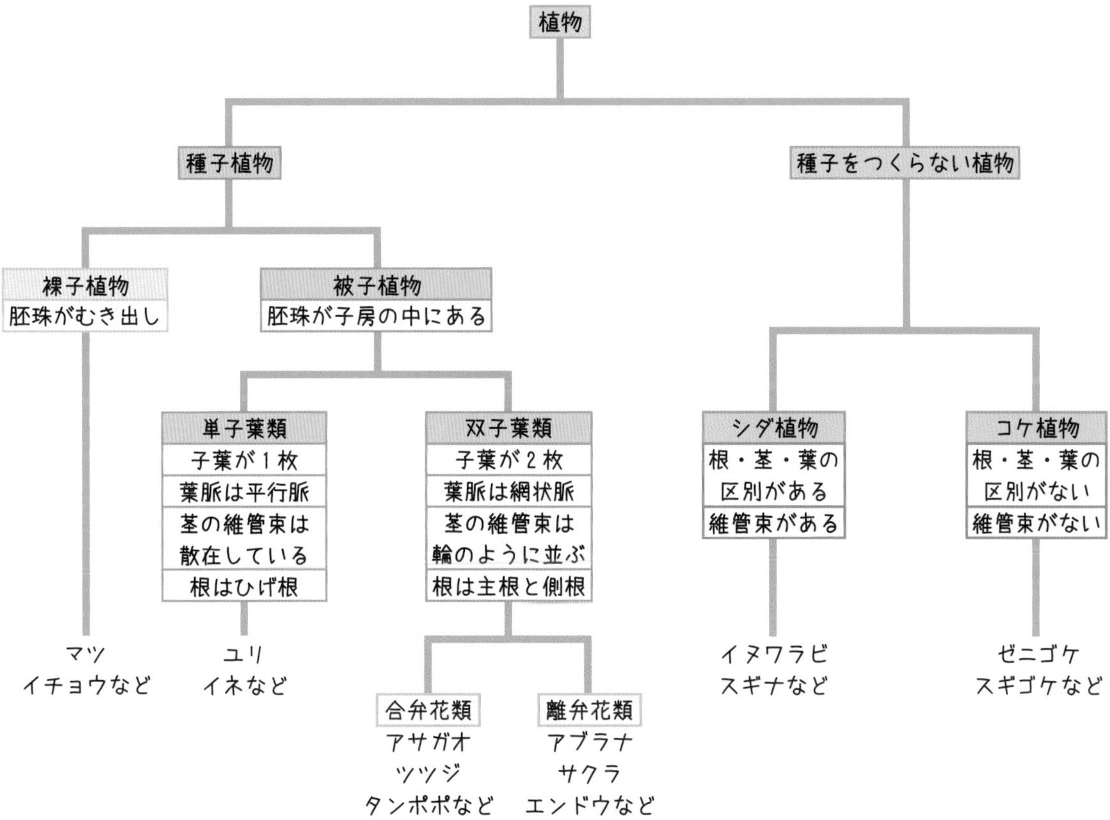

- 植物
  - 種子植物
    - 裸子植物（胚珠がむき出し）
      - マツ、イチョウなど
    - 被子植物（胚珠が子房の中にある）
      - 単子葉類（子葉が1枚／葉脈は平行脈／茎の維管束は散在している／根はひげ根）
        - ユリ、イネなど
      - 双子葉類（子葉が2枚／葉脈は網状脈／茎の維管束は輪のように並ぶ／根は主根と側根）
        - 合弁花類：アサガオ、ツツジ、タンポポなど
        - 離弁花類：アブラナ、サクラ、エンドウなど
  - 種子をつくらない植物
    - シダ植物（根・茎・葉の区別がある／維管束がある）
      - イヌワラビ、スギナなど
    - コケ植物（根・茎・葉の区別がない／維管束がない）
      - ゼニゴケ、スギゴケなど

基礎力チェック！

次の問いに答えなさい。

(1) 植物の体にある、葉でつくられた栄養分が通る管を何というか。

(2) 植物の体にある、水や水にとけた養分が通る管を何というか。

(3) 根の先端付近にある毛のようなものを何というか。

(4) ユリの茎の維管束は、輪のように並んでいるか、全体に散らばっているか。

(5) イヌワラビとゼニゴケで、維管束があるのはどちらか。

答え

(1) 師管 → 1《 参照

(2) 道管 → 1《 参照

(3) 根毛 → 1《 参照

(4) 全体に散らばっている。→ 2《 参照

(5) イヌワラビ → 2《 参照

生物

動物の体のつくりとはたらき①

1 消化

❶ **消化**…食物にふくまれる栄養分を分解し、体内に吸収されやすい状態に変えるはたらき。

❷ **消化管**…口➡食道➡胃➡小腸➡大腸➡肛門(こうもん)とつながった、食物の通り道。

❸ **消化液**…食物を消化するはたらきをもつ液。

❹ **消化酵素**(しょうかこうそ)…消化液にふくまれていて、食物を分解して吸収されやすい養分に変える物質。消化酵素は、それぞれ決まった物質にはたらく。

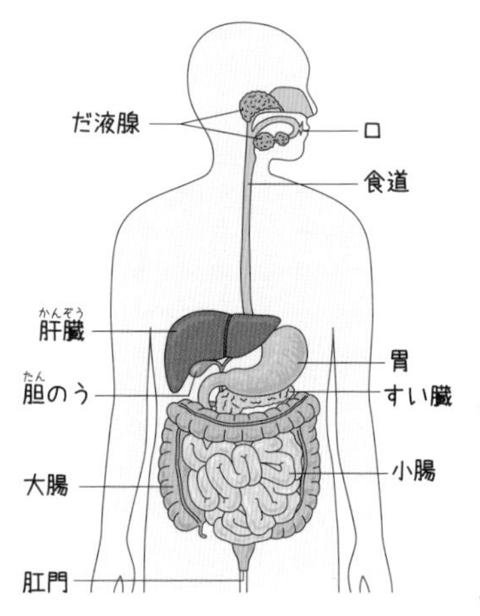

参考
消化酵素はヒトの体温に近い温度で最もよくはたらき、消化酵素自体は変化しない。

参考
胆汁(たんじゅう)には消化酵素はふくまれていないが、脂肪の分解を助けるはたらきがある。胆汁は肝臓でつくられて、胆のうにたくわえられている。

消化酵素	消化液	はたらき
アミラーゼ	だ液、すい液	デンプンを分解する。
ペプシン	胃液	タンパク質を分解する。
トリプシン	すい液	タンパク質を分解する。
リパーゼ	すい液	脂肪(しぼう)を分解する。

❺ **消化によってできる物質**

絶対おさえる！ 消化によってできる物質

☑ 消化によって、デンプンは**ブドウ糖**に、タンパク質は**アミノ酸**に、脂肪は**脂肪酸**と**モノグリセリド**に分解される。

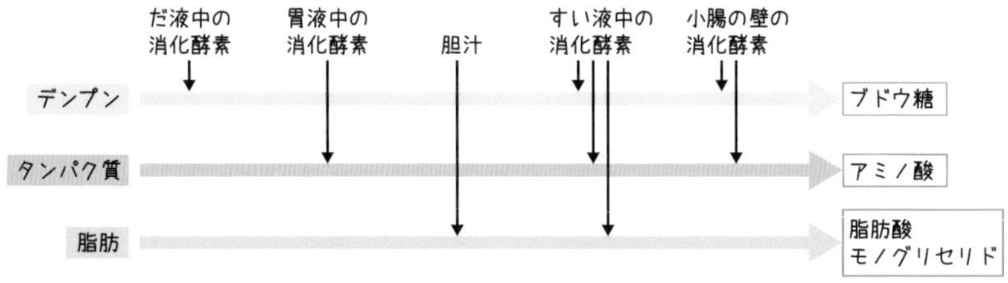

2 吸収

❶ **吸収**…消化された養分が、**小腸の柔毛**(じゅうもう)から体内にとり入れられるはたらき。

❷ **柔毛**…小腸の壁(かべ)のひだの表面にある小さな突起(とっき)。**表面積が大きくなり、効率よく養分を吸収**することができる。

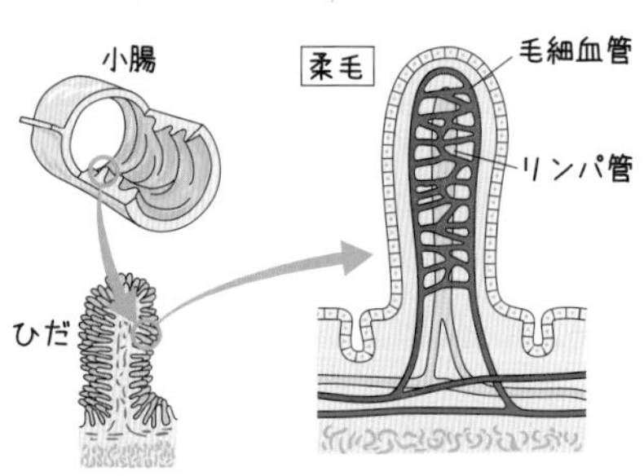

● 柔毛と肺胞は「表面積」というキーワードに注目！
養分の吸収や気体の交換を効率よく行っていることを覚えておこう！

③ **吸収されたあとの物質のゆくえ**…柔毛から吸収されたあと、血管にとり入れられて全身に運ばれる。

・**ブドウ糖**…柔毛から吸収されたあと毛細血管に入り、肝臓に運ばれ、一部は**グリコーゲンに合成**されてたくわえられる。必要なときに再びブドウ糖に分解されて、全身の細胞（さいぼう）に運ばれる。

・**アミノ酸**…柔毛から吸収されたあと毛細血管に入り、肝臓に運ばれ、一部はタンパク質に合成されて全身の細胞に運ばれる。

・**脂肪酸とモノグリセリド**…柔毛から吸収されたあと**再び脂肪になり**、リンパ管を通って血管に入り、全身の細胞に運ばれる。

参考
リンパ管はやがて首の下で静脈と合流する。

3 呼吸

① **肺による呼吸**…鼻や口から吸いこまれた酸素と、全身から送られてきた二酸化炭素を肺で交換（こうかん）すること。

② **肺胞**（はいほう）…気管支の先にあるたくさんの小さな袋（ふくろ）。**表面積が大きくなり、酸素と二酸化炭素の交換を効率よく行うことができる。**

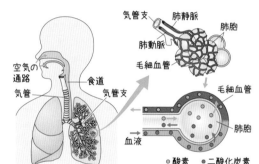

参考
酸素は赤血球中のヘモグロビンによって運ばれ、二酸化炭素は血しょうにとけこんで運ばれる。

③ **呼吸のしかた**…肺による呼吸では、**ろっ骨**と**横隔膜**（おうかくまく）を使って空気を吸ったりはいたりする。

・息を吸うとき…横隔膜が下がり、ろっ骨が上がる。

・息をはくとき…横隔膜が上がり、ろっ骨が下がる。

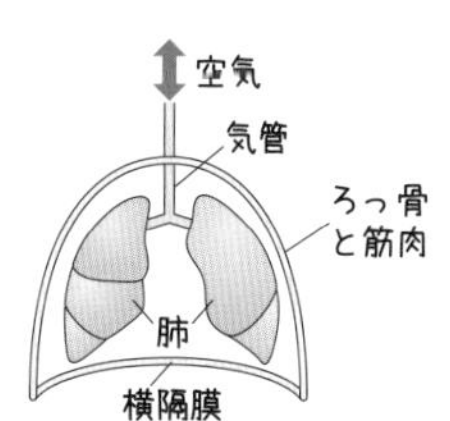

基礎力チェック！

次の問いに答えなさい。

(1) だ液にふくまれる消化酵素を何というか。

(2) タンパク質は、消化によって、最終的に何に分解されるか。

(3) 小腸の壁のひだの表面にある小さな突起を何というか。

(4) 気管支の先にある小さな袋を何というか。

(5) 肺による呼吸で使われる体のつくりは、ろっ骨ともう1つは何か。

答え

(1) アミラーゼ
→ 1 参照

(2) アミノ酸
→ 1 参照

(3) 柔毛
→ 2 参照

(4) 肺胞
→ 3 参照

(5) 横隔膜
→ 3 参照

生物

動物の体のつくりとはたらき②

1 血液の成分とはたらき

❶ 血液の成分とはたらき

	はたらき
赤血球	ヘモグロビンという物質によって酸素を運ぶ。
白血球	細菌(さいきん)などを分解する。
血小板	出血したときに、血液を固める。
血しょう	液体で、栄養分や不要な物質を運ぶ。

・ヘモグロビン…酸素の多いところでは酸素と結びつき、酸素の少ないところでは酸素をはなす性質をもつ。

❷ **組織液**…血しょうの一部が毛細血管からしみ出して細胞(さいぼう)のまわりを満たしているもの。組織液を通して細胞に酸素や栄養分を与(あた)え、細胞から二酸化炭素や不要物を受けとる。

▶ 血液と細胞での物質のやりとり

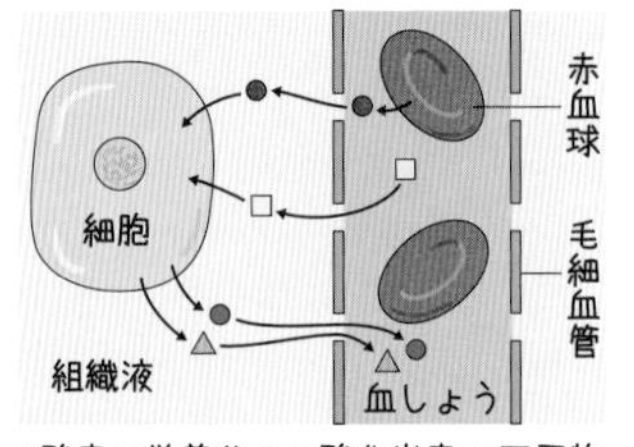

●酸素 □栄養分 ●二酸化炭素 △不要物

参考

赤血球、白血球、血小板は固体成分、血しょうは液体成分である。

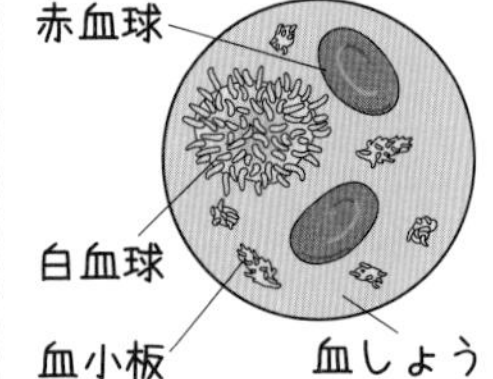

参考

組織液の一部は、リンパ管に入る。リンパ管は集まって太い管になり、首の下で静脈と合流する。

2 血液の循環(じゅんかん)

❶ 動脈と静脈

・動脈…心臓から送り出される血液が流れる血管。

・静脈…心臓にもどってくる血液が流れる血管。

❷ 動脈血と静脈血

・動脈血…酸素を多くふくみ、二酸化炭素が少ない血液。

・静脈血…二酸化炭素を多くふくみ、酸素が少ない血液。

❸ 心臓…血液を送り出すポンプの役割をもち、体中に血液を循環させる。

・右心房(うしんぼう)…全身から静脈血がもどる。

・右心室…肺へ静脈血を送り出す。

・左心房…肺から動脈血がもどる。

・左心室…全身へ動脈血を送り出す。左心室をつくる筋肉の壁(かべ)が最も厚い。

▶ 心臓のつくり

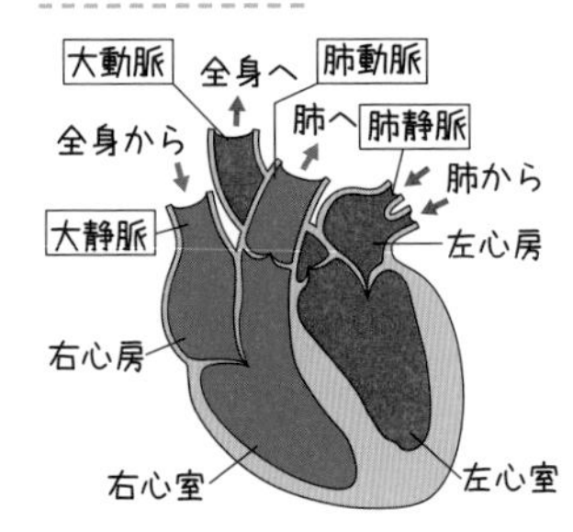

❹ 心臓の動き方

・拍動(はくどう)…周期的な心臓の運動。

・心臓の動き

①心房が広がり静脈から血液が流れこむ。

②心房が収縮し心室に血液が流れこむ。

③心室が収縮し動脈に血液が流れ出す。

▶ 心臓の動き

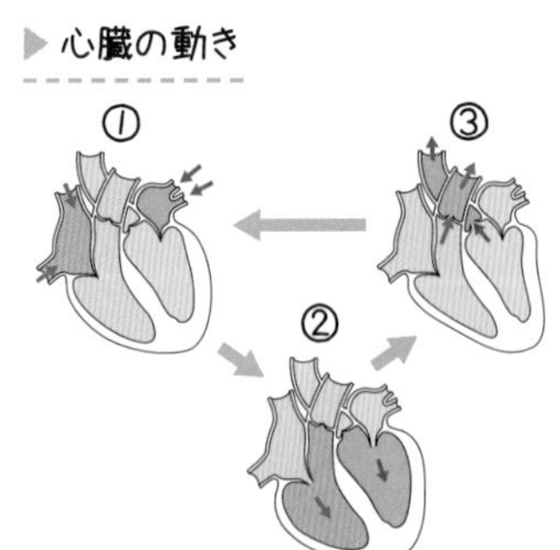

参考

動脈は壁が厚く、弾力(だんりょく)がある。静脈は壁がうすく、ところどころに逆流を防ぐための弁がある。

注意

肺動脈には静脈血が流れ、肺静脈には動脈血が流れる。

参考

心房と心室、心室と血管の間には、血流の逆流を防ぐための弁がある。

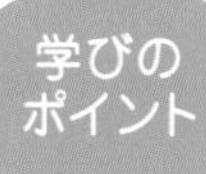

● 肺循環や体循環がどのような順番で循環しているか整理しておこう！
● 「肝臓」と「じん臓」のはたらきを混同しないように注意！

❺ **血液の循環**…心臓から出た血液が心臓にもどってくるまでの道すじ。

絶対おさえる！　血液の循環

☑ **肺循環**　心臓➡肺動脈➡肺➡肺静脈➡心臓
☑ **体循環**　心臓➡動脈➡全身➡静脈➡心臓

・肺循環…肺で二酸化炭素を出し、酸素を受けとる。
・体循環…全身の細胞に酸素や栄養分を与え、二酸化炭素や不要物を受けとる。
・毛細血管…動脈と静脈を結ぶ細い血管で、全身に広がっている。毛細血管の壁は非常にうすい。

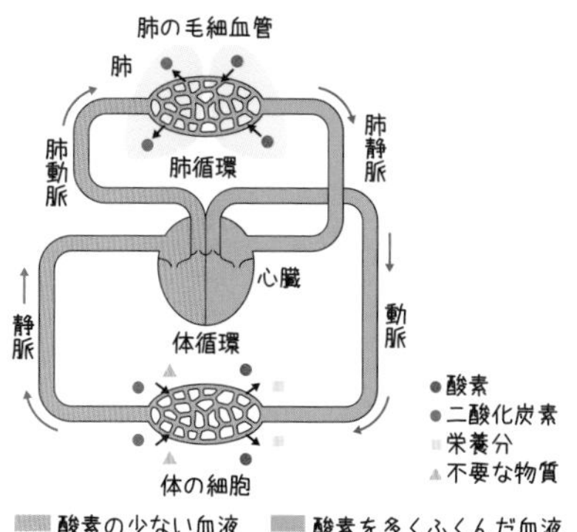

参考
毛細血管からしみ出した組織液により、細胞と血液の間で、物質のやりとりが行われている。

3 排出（はいしゅつ）

❶ **排出**…二酸化炭素やアンモニアなど、不要な物質を体外に出すはたらき。

❷ **肝臓（かんぞう）のはたらき**…運ばれてきた有害なアンモニアを、害の少ない尿素（にょうそ）に変える。

❸ **じん臓のはたらき**…肝臓から運ばれてきた血液中の尿素をこし出して、尿に変える。尿は輸尿管（ゆにょうかん）を通ってぼうこうに一時的にためられ、体外に排出される。

❹ **汗腺（かんせん）のはたらき**…血液中の不要な物質の一部は、皮膚（ひふ）にある汗腺で水とともにこし出され、汗（あせ）として体外に排出される。

▶ 排出のしくみ

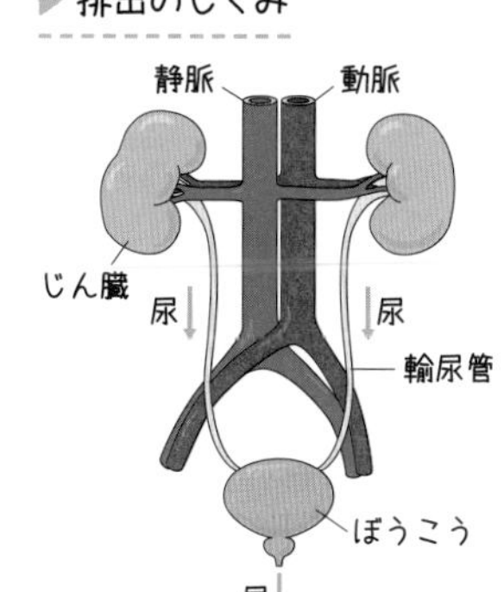

参考
ブドウ糖や脂肪（しぼう）が分解されると二酸化炭素と水が、アミノ酸が分解されると二酸化炭素と水のほかにアンモニアができる。

参考
肝臓は、アンモニアを尿素に変えるほか、胆汁（たんじゅう）をつくる、栄養分をたくわえる、栄養分を別の物質につくり変えるなど多くのはたらきをもつ。

基礎力チェック！

次の問いに答えなさい。

(1)　ヘモグロビンをふくみ、酸素を運ぶ血液成分を何というか。
(2)　心臓から送り出される血液が流れる血管を何というか。
(3)　二酸化炭素を多くふくみ、酸素が少ない血液を何というか。
(4)　心臓から出た血液が肺を通って心臓にもどる血液の経路を何というか。
(5)　血液中の尿素をこし出して、尿に変える器官はどこか。

答え

(1)　赤血球
→ 1 参照
(2)　動脈
→ 2 参照
(3)　静脈血
→ 2 参照
(4)　肺循環
→ 2 参照
(5)　じん臓
→ 3 参照

Science

11 生物 刺激と反応

1 感覚器官

❶ **感覚器官**…外界からの**刺激**(しげき)を受けとる器官。

感覚器官	受けとる刺激	感覚
目	光	視覚
耳	音（空気の振動(しんどう)）	聴覚(ちょうかく)
鼻	においのもとになる刺激	嗅覚(きゅうかく)
舌	味のもとになる刺激	味覚
皮膚(ひふ)	圧力、痛み、温度などの刺激	触覚(しょっかく)

> 参考
> 刺激とは、生物にはたらきかけて反応を起こさせる要因になるものである。

❷ **感覚細胞**(かんかくさいぼう)…感覚器官に集まっている、それぞれの刺激を受けとる細胞(さいぼう)。目は網膜(もうまく)に、耳はうずまき管に、鼻は鼻の奥に、舌は舌の表面に、皮膚は皮膚の中にある。

> 参考
> 感覚細胞で受けとった刺激は、信号に変えられて神経を通って脳に送られる。

❸ **目のつくりとはたらき**

・**虹彩**(こうさい)…ひとみの大きさを変えて水晶体(すいしょうたい)（レンズ）に入る光の量を調節する。

・**水晶体（レンズ）**…筋肉のはたらきで厚みを変え、光を屈折(くっせつ)させて**網膜上に像を結ばせる**。

・**網膜**…細胞が光の刺激を受けとる。

・**光の刺激の伝わり方**…**光➡水晶体（レンズ）➡網膜➡視神経➡脳**

▶ 目のつくり

虹彩
網膜
ひとみ
水晶体（レンズ）
視神経

> 参考
> ヒトの目は、顔の正面に2つあることで、前方の物体を立体的に見たり、物体との距離を正確にとらえたりすることができる。

❹ **耳のつくりとはたらき**

・**鼓膜**(こまく)…音（空気の振動）をとらえて振動する。

・**耳小骨**…鼓膜の振動をうずまき管に伝える。

・**うずまき管**…内部の液体の振動を聴神経に伝える。

・**音の刺激の伝わり方**…**音➡鼓膜➡耳小骨➡うずまき管➡聴神経➡脳**

▶ 耳のつくり

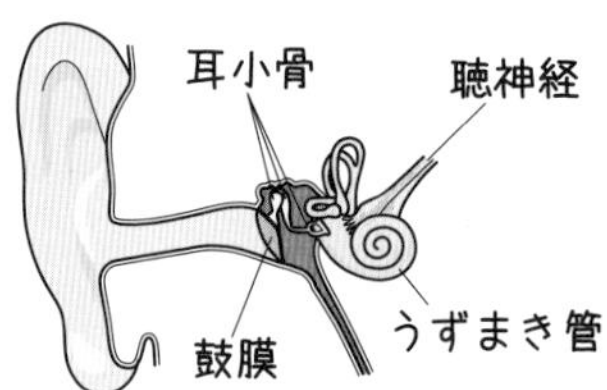

> 参考
> ヒトの耳は、顔の左右に1つずつあることで、音のする方向を知ることができる。

2 神経系

❶ **神経系**…刺激の伝達や命令にかかわる器官。

❷ **中枢神経**(ちゅうすうしんけい)…判断や命令などを行う神経。脳とせきずい。

❸ **末しょう神経**…中枢神経から枝分かれして全身に広がり、刺激の信号を伝える神経。

・感覚神経…感覚器官からの刺激の信号を中枢神経へ伝える神経。

・運動神経…中枢神経からの命令の信号を運動器官へ伝える神経。

▶ 神経系のようす

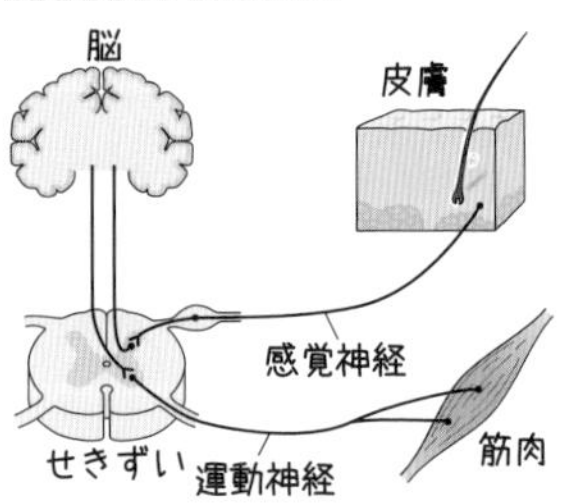

> 参考
> 脳やせきずいは、骨によって守られている。

- 神経系は中枢神経と末しょう神経に分けて、はたらきを理解しておこう！
- 刺激に対する反応は、伝わり方の順番をおさえておこう！

④ 刺激に対する反応

絶対おさえる！ 刺激や命令の信号の伝わり方

☑ **意識して起こす反応**
感覚器官➡感覚神経➡せきずい➡脳➡せきずい➡運動神経➡運動器官

☑ **無意識に起こる反応（反射）**
感覚器官➡感覚神経➡せきずい➡運動神経➡運動器官

- **意識して起こす反応**…刺激の信号を受けとった脳が反応の命令を出すことで起こる反応。刺激を受けてから反応が起こるまでに**時間がかかる**。
  例 とんできたボールをキャッチした。
- **反射**…刺激に対して無意識に起こる反応。刺激を受けてから反応が起こるまでの**時間が短い**。
  例 熱いものに手がふれて思わず手を引っこめた。

注意
意識して起こす反応において、目や耳や鼻などで受けとった刺激は、感覚器官から感覚神経を通して直接脳に伝わり、命令は脳からせきずい、運動神経を通して運動器官に伝えられる。

注意
反射は、危険から体を守ったり、体のはたらきを調節したりするのに役立つ。

3 運動のしくみ

① 運動器官…体を動かすための器官。

- **骨格**…多くの骨が結合してできた骨組み。体を支え、体を動かす。
- **筋肉**…骨とけんでつながり、ゆるんだり縮んだりして骨格を動かす。
- **けん**…筋肉の両端（りょうたん）。関節をへだてた２つの骨についている。

② 運動のしくみ

- **関節**…骨と骨がつながっている部分。
- **うでの曲げのばし**…筋肉は関節をへだてて２つの骨についていて、**一方の筋肉が縮み、もう一方の筋肉がゆるむ**ことでうでの曲げのばしができる。

▶ うでをのばすとき

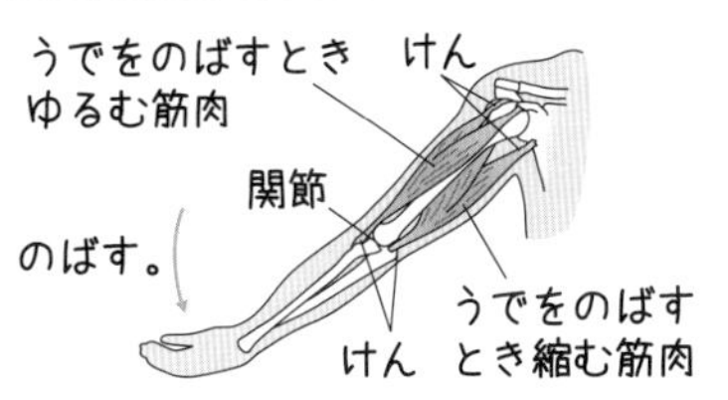

▶ うでを曲げるとき

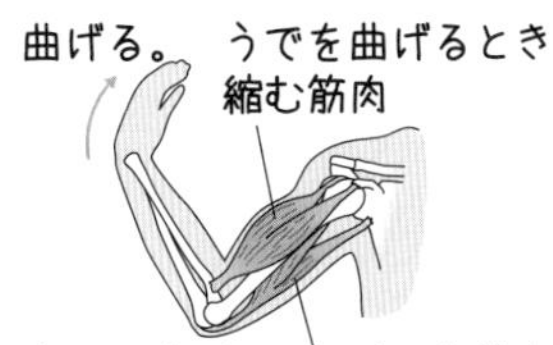

参考
ヒトの骨格のように、体の内部にある骨格を内骨格という。

参考
筋肉には、骨格を動かすはたらきをするもののほか、心臓の筋肉のように、意識しないで動くものもある。

注意
筋肉は縮むことはできるが、のびることはできない。

基礎力チェック！

次の問いに答えなさい。

(1) 外からの刺激を受けとる器官を何というか。

(2) 脳やせきずいのような、判断や命令を行う神経をまとめて何というか。

(3) 骨と骨がつながっている部分を何というか。

答え

(1) 感覚器官
→ 1 参照

(2) 中枢神経
→ 2 参照

(3) 関節 → 3 参照

Science

12 地学 圧力、気象観測

1 圧力

❶ **圧力**…一定面積あたりの面を垂直に押(お)す力の大きさ。単位はパスカル（記号：Pa）やニュートン毎平方メートル（記号：N/m^2）。$1Pa = 1N/m^2$。

絶対おさえる！ 圧力の求め方

☑ 圧力〔Pa〕＝ 力の大きさ〔N〕／力がはたらく面積〔m^2〕

❷ **圧力の性質**

・力がはたらく面積が同じとき、圧力は力の大きさが大きいほど大きい。

・力の大きさが同じとき、圧力は力がはたらく面積が小さいほど大きい。

❸ **大気圧（気圧）**…大気の重さによって生じる圧力。

・**大気圧の大きさ**…上空へいくほど小さくなる。

・**大気圧の向き**…同じ高さでは**あらゆる向き**に同じ大きさではたらく。

▶ 圧力の性質

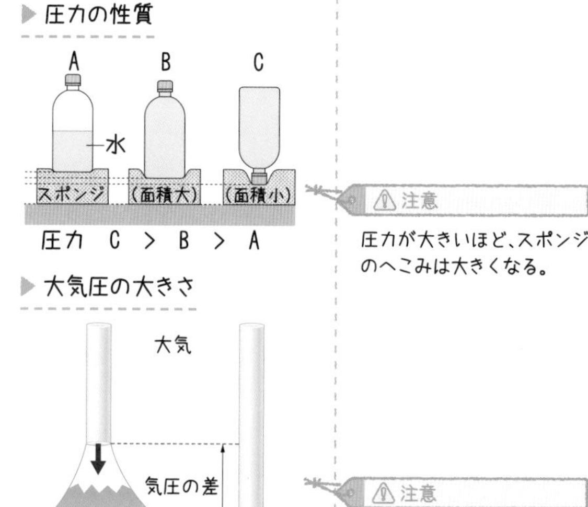

⚠ 注意

圧力が大きいほど、スポンジのへこみは大きくなる。

⚠ 注意

上空へいくほど、その上にある大気の重さが小さくなるので大気圧が小さくなる。

2 気象観測

❶ **気象要素**…気圧や気温、湿度(しつど)、風向、風速、風力、雲量、雨量などの、大気のようすを表すもの。

・**気圧**…気圧計を用いて測定する。単位はヘクトパスカル（記号：hPa）。
1気圧＝約1013hPa。

・**気温**…地上から約1.5mの高さで、温度計の球部に直射日光が当たらないようにしてはかる。乾(かん)湿計(しつけい)では、乾球温度計の示度が気温である。

・**湿度**…乾湿計の乾球温度計の示度と湿球温度計の示度の差から、**湿度表**を使って求める。

・**風向**…風がふいてくる方向。16方位で表す。

・**風力**…風速計や0～12の13段階に分けられた風力階級表で調べる。

・**雲量**…空全体を10としたとき、雲が空をしめる割合。降水がないとき、天気は雲量で決まる。0～1：快晴、2～8：晴れ、9～10：くもり

▶ 乾湿計

乾球温度計　湿球温度計

50, 40, 30, 20, 10, 0, −10, −20, −30

ガーゼ

水

📖 参考

1hPa＝100Pa。

📖 参考

乾湿計の湿球温度計の球部は、水でぬらしたガーゼでおおわれている。水が蒸発するときにうばう熱を利用して湿度を求めている。

📖 参考

雨量は、地面にしみこまない状態でたまる水の量で、雨量計にたまった水の量で表す。

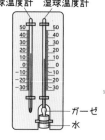

▶ 湿度表

乾球の示度〔℃〕	乾球と湿球の示度の差〔℃〕				
	0	0.5	1.0	1.5	2.0
20	100	95	91	86	81
19	100	95	90	85	81
18	100	95	90	85	80
17	100	95	90	85	80
16	100	95	89	84	79

乾球の示度：17.0℃
湿球の示度：15.0℃
のときの湿度

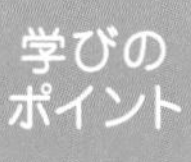

- 圧力を求める公式は正確に覚えよう！
- 天気図記号から、天気・風向・風力を読みとれるようになっておこう！

❷ 天気図記号…天気、風向、風力を表したもの。

▶ 天気記号

天気	快晴	晴れ	くもり	雨	雪
天気記号	○	⦶	◎	●	⊗

▶ 天気図記号

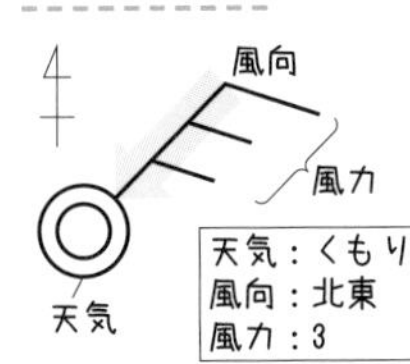

⚠注意
天気図記号の矢は、風がふいてくる方向に向ける。また矢羽根の数で風力を表す。

3 気象要素と天気の関係

❶ 天気と気象要素

・晴れの日…ふつう朝と夜に気温が低く、14時ごろ気温が最も高くなる。気圧は高く、湿度は低いことが多い。

・くもりや雨の日…ふつう1日を通して気温の変化が小さい。気圧は低く、湿度は高いことが多い。

⚠注意
晴れの日は、気温と湿度の変化が逆になり、気圧が高くなると、晴れることが多い。

▶ 天気と気温・湿度・気圧の関係

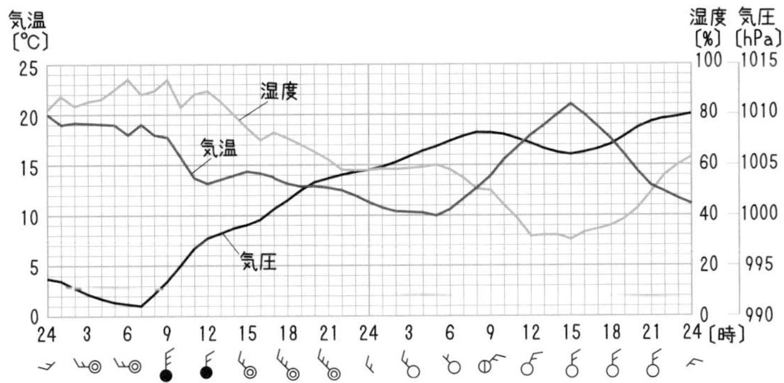

基礎力チェック！

次の問いに答えなさい。

(1) 一定面積あたりの面を垂直に押す力を何というか。

(2) 力の大きさが同じとき、力がはたらく面積が大きいほど(1)の大きさは大きくなるか、小さくなるか。

(3) 大気の重さによって生じる圧力を何というか。

(4) 風向は風がふいてくる方向、風がふいていく方向のどちらで表すか。

(5) 風力は何段階に分けられているか。

(6) 雨や雪が降っていないとき、雲量が8のときの天気は何か。

(7) 天気記号◎で表される天気は何か。

(8) 1日を通して気温の変化が小さいことが多いのは晴れの日か、雨の日か。

答え

(1) 圧力
→ 1《 参照

(2) 小さくなる。
→ 1《 参照

(3) 大気圧(気圧)
→ 1《 参照

(4) 風がふいてくる方向
→ 2《 参照

(5) 13段階
→ 2《 参照

(6) 晴れ
→ 2《 参照

(7) くもり
→ 2《 参照

(8) 雨の日
→ 3《 参照

Science

13 地学 大気中の水の変化

1 大気中の水蒸気

❶ **飽和水蒸気量**…空気 $1m^3$ 中にふくむことができる水蒸気の最大量。単位はグラム毎立方メートル（記号：g/m^3）。**気温が高いほど、飽和水蒸気量は大きくなる。**

❷ **湿度**…空気 $1m^3$ 中にふくまれる水蒸気量の、その温度での飽和水蒸気量に対する割合を百分率で示したもの。

絶対おさえる！ 湿度の求め方

☑ 湿度〔%〕$=\dfrac{\text{空気 }1\,m^3\text{ 中にふくまれる水蒸気量〔}g/m^3\text{〕}}{\text{その温度での飽和水蒸気量〔}g/m^3\text{〕}}\times 100$

❸ **露点**…空気中の水蒸気が冷やされて水滴に変わり始めるときの温度。露点を測定することによって、**空気 $1m^3$ 中にふくまれる水蒸気量がわかる。**露点に達したときの湿度は100%である。

▶ 露点と飽和水蒸気量の関係

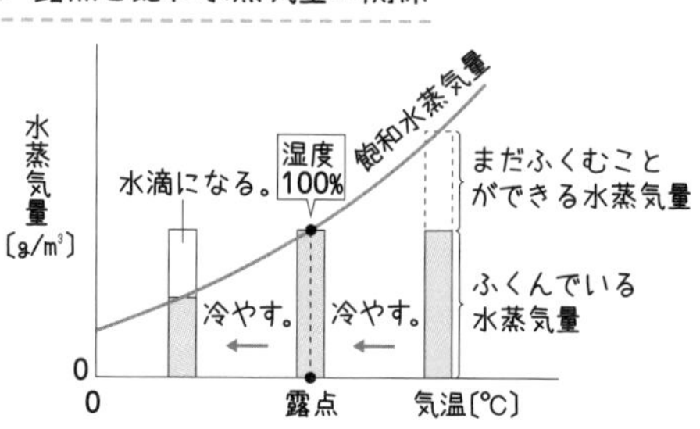

注意
空気中にふくまれる水蒸気量が変わらないとき、温度が高いほど飽和水蒸気量が大きくなるため、湿度は低くなる。

参考
水蒸気が水滴に変化することを凝結という。

注意
気温が下がると、飽和水蒸気量が小さくなるため、空気中にふくむことができなくなった水蒸気が水滴となって出てくる。

2 雲のでき方

❶ **雲のでき方**

①上昇気流などで、空気のかたまりが上昇する。

②まわりの気圧が下がり、空気が膨張して温度が下がる。

③温度が露点に達すると水滴ができ始める（雲ができる）。

④さらに空気が上昇して0℃以下になると、氷の結晶ができ始める。

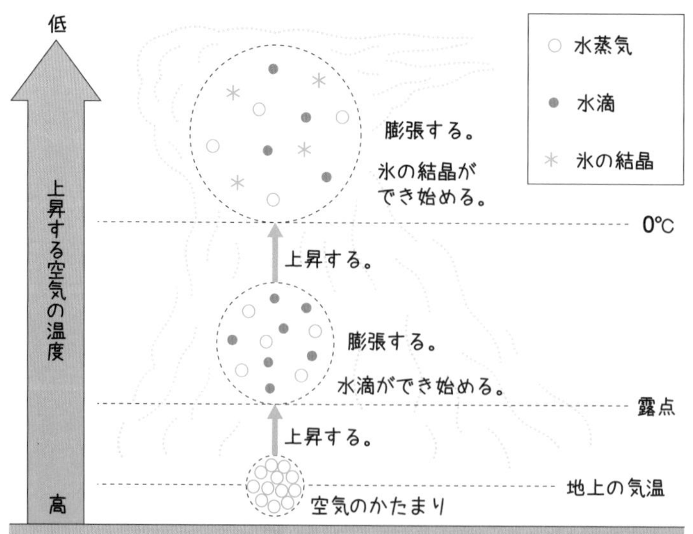

参考
空気のかたまりが上昇すると膨張するのは、高いところほど上空の大気の質量が小さくなり、気圧が低くなるためである。菓子袋を持って山のような高いところに登ると、まわりの気圧が低くなるので、中の気体が膨張して菓子袋がふくらむことでこの現象を確かめることができる。

参考
水蒸気は空気中の小さなちりを芯として、細かい水滴や氷の粒になる。このときの芯となる微粒子を凝結核という。

学びのポイント
- 湿度の計算は表やグラフの問題が試験によく出るので、繰り返し練習しておこう！
- 雲のでき方は正確に説明できるようになっておこう！

❷ 上昇気流のできる場所

空気が山の斜面に沿って上昇する。

あたたかい空気が冷たい空気の上にはい上がる。

太陽の光によって地面の一部があたためられる。

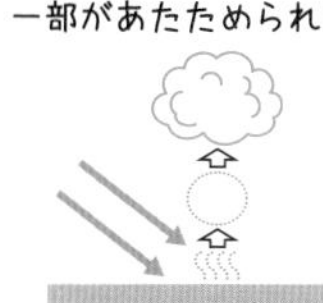

❸ 降水…雲をつくる水滴や氷の結晶が大きくなると支えきれなくなって地上に落ちてくる。雨は水滴がそのまま落ちてきたもの、雪は氷の結晶がとけずに落ちてきたものである。

❹ 霧（きり）…地表付近で空気が冷やされて露点に達し、空気中の水蒸気の一部が細かい水滴となって地表付近に浮かんだもの。

参考
雲をつくる水滴や氷の結晶は、上昇気流によって支えられ浮かんでいるが、粒が大きくなって支えきれなくなると地上に落ちてくる。

参考
霧は夜や明け方に見られることが多く、日中気温が上がると水滴が水蒸気に変わり、消える。

3 水の循環（じゅんかん）

❶ 水の循環

①水は**太陽のエネルギー**によって蒸発して水蒸気となる。

②水蒸気の一部が雲をつくる。

③雨や雪などの降水となって地上にもどる。

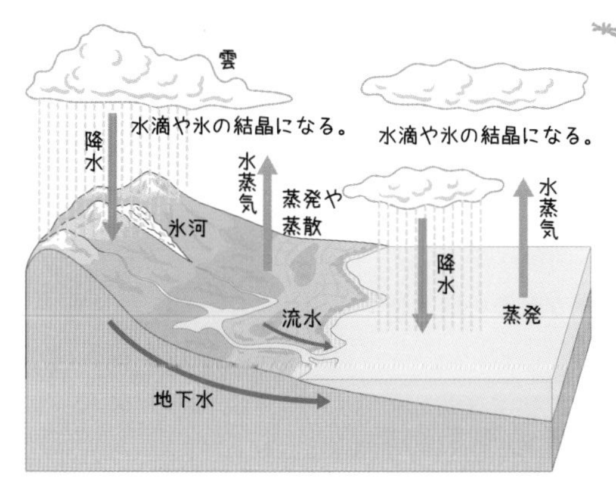

注意
地球上の水は、固体(氷)、液体、気体(水蒸気)と状態変化しながら循環している。

基礎力チェック！

次の問いに答えなさい。

(1) 空気1m³中にふくむことができる水蒸気の最大量を何というか。

(2) 空気1m³中にふくまれる水蒸気量の、その温度での飽和水蒸気量に対する割合を百分率で示したものを何というか。

(3) 水蒸気が冷やされて水滴に変わり始めるときの温度を何というか。

(4) 空気が膨張すると、温度はどのように変化するか。

(5) 雲はどのような空気の流れができたところに発生するか。

(6) 雲をつくる粒が大きくなり、地上に落ちてきた雨や雪をまとめて何というか。

答え

(1) 飽和水蒸気量
→ 1 参照

(2) 湿度
→ 1 参照

(3) 露点
→ 1 参照

(4) 下がる。
→ 2 参照

(5) 上昇気流
→ 2 参照

(6) 降水
→ 2 参照

地学

天気の変化

1 気圧と風

❶ **等圧線**…気圧が等しいところを結んだなめらかな曲線。

・**等圧線の書き方**…1000hPaを基準として、4hPaごとに細い線、20hPaごとに太い線で結ぶ。

・**等圧線の読み方**

A：1016hPa	B：1014hPa
C：1011hPa	

▶ 等圧線の読み方

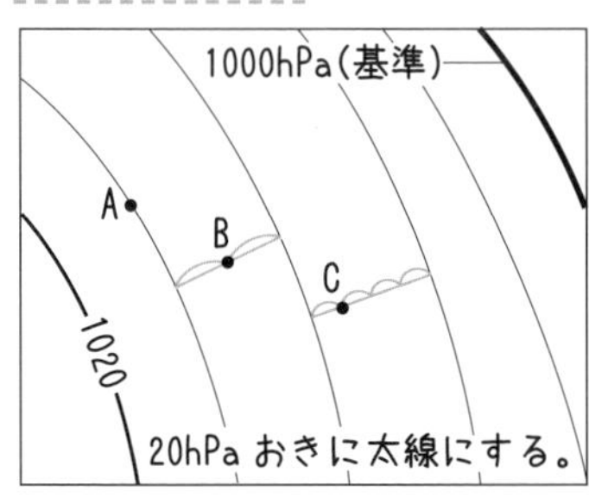

⚠注意
等圧線の間の地点の気圧は、前後の等圧線を等分し、おおよその気圧を読みとる。

❷ **高気圧と低気圧**…等圧線が閉じていて、まわりより気圧が高いところを高気圧、低いところを低気圧という。

⚠注意
天気図上では、高は高気圧、低は低気圧を表す。

❸ **天気図**…高気圧や低気圧などの気圧の分布のようす（気圧配置）を表した地図に、各地で観測した気象要素を、天気図記号を用いて記入したもの。

▶ 風がふく向き

❹ **気圧と風**

・風のふく向き…気圧の**高いところから低いところに向かってふく。**

・風の強さ…等圧線の間隔（かんかく）が**せまいほど強く**なる。

📖参考
気圧の差が大きいところでは、等圧線の間隔がせまくなる。同じ距離間の気圧の差が大きいほど、空気の流れが速くなり、風が強くなる。

↗発展
地球は1日に1回転しているため、風は等圧線に対して垂直にふかず、北半球では右にそれる。

2 高気圧・低気圧付近の天気の特徴（とくちょう）

❶ **上昇気流（じょうしょうきりゅう）と下降気流**…上昇する空気の流れを上昇気流、下降する空気の流れを下降気流という。

❷ **高気圧・低気圧付近の天気**

絶対おさえる！ 高気圧・低気圧の風と天気

☑ 高気圧…**中心付近で下降気流が生じ、時計回りに風がふき出す。中心付近では雲ができにくく、晴れることが多い。**

☑ 低気圧…**中心付近では上昇気流が生じ、反時計回りに風がふきこむ。中心付近では雲ができやすく、くもりや雨になることが多い。**

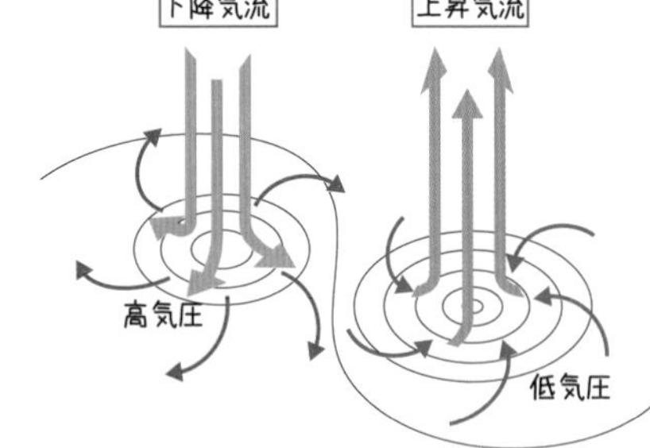

・上空では低気圧から高気圧へ向かって風がふき、大気が循環（じゅんかん）している。

⚠注意
上昇気流ができるところでは、雲ができる。

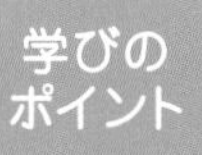

- 高気圧と低気圧について、気流と回転の向きを正確に覚えておこう！
- 海よりも陸があたたまりやすく冷めやすいことに注目して、海陸風や季節風を理解しよう！

3《 陸と海の間の大気の動き

❶ **海陸風**…海と陸のあたたまり方や冷え方のちがいによってふく風。

・海風…昼間にあたためられた陸で上昇気流が起こることによって、**海から陸に向かってふく風**。

▶ 海風

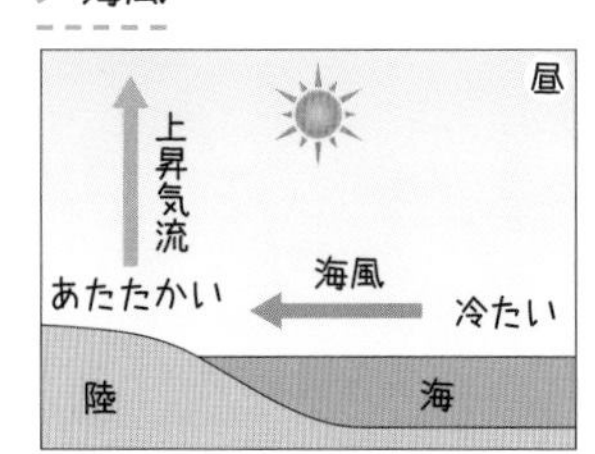

▶ 陸風

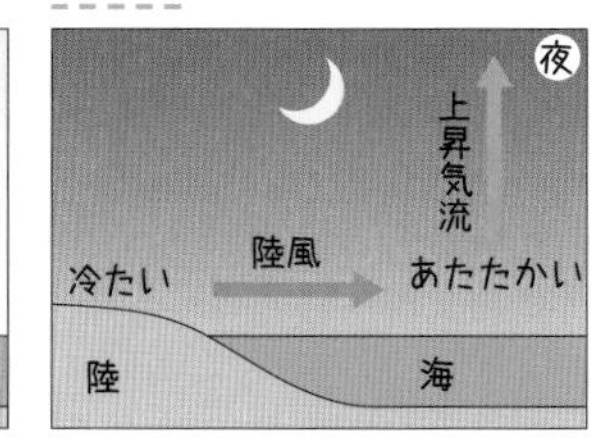

・陸風…夜間に冷めにくい海で上昇気流が起こることによって、**陸から海に向かってふく風**。

❷ **季節風**…大陸と海洋のあたたまり方や冷え方のちがいによってふく、季節に特有な風。

・**冬の季節風**…太平洋上で上昇気流、大陸で下降気流が起こることによって、大陸から太平洋に向かってふく**北西の風**。

▶ 冬の季節風

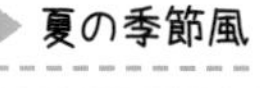

▶ 夏の季節風

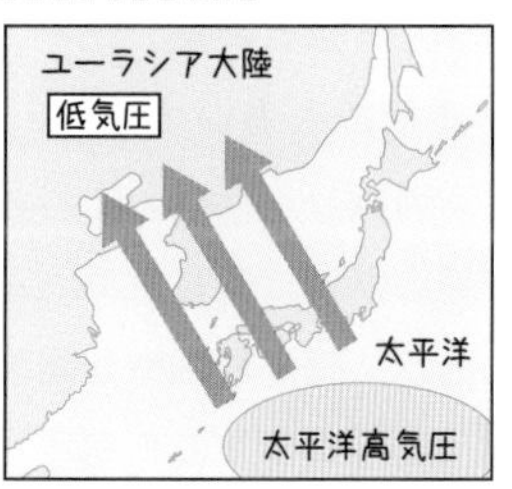

・**夏の季節風**…大陸で上昇気流、太平洋上で下降気流が起こることによって、太平洋から大陸に向かってふく**南東の風**。

> 📖 参考
> 水はあたたまりにくく冷めにくい。陸（岩石）はあたたまりやすく冷めやすい。そのため、陸と海で温度差が生じ、あたたかいほうでは上昇気流が生じる。

> 📖 参考
> 朝や夕方に、陸上と海上の温度差が小さくなるため風がやむ。これをなぎという。

> 📖 参考
> 日本列島は、ユーラシア大陸と太平洋の境界に位置するため、季節風の影響（えいきょう）を受ける。

基礎力チェック！

次の問いに答えなさい。

(1) 気圧が等しいところを結んだなめらかな曲線を何というか。

(2) (1)は何hPaごとにひかれているか。

(3) 等圧線が閉じていて、まわりより気圧が高いところを何というか。

(4) 風が強くふいているところでは、等圧線の間隔はどのようになっているか。

(5) 高気圧の中心付近ではどのような気流が生じているか。

(6) 中心付近に雲ができやすいのは、高気圧、低気圧のどちらか。

(7) 日中、あたためられた陸の温度が高くなり、上昇気流ができることで海から陸へ向かってふく風を何というか。

(8) 大陸と海洋のあたたまり方のちがいでふく、季節に特有の風を何というか。

答え

(1) 等圧線
→ 1《 参照

(2) 4hPa
→ 1《 参照

(3) 高気圧
→ 1《 参照

(4) せまくなっている。
→ 1《 参照

(5) 下降気流
→ 2《 参照

(6) 低気圧
→ 2《 参照

(7) 海風
→ 3《 参照

(8) 季節風
→ 3《 参照

Science

15 地学 大気の動き

1 前線と気団

❶ **気団**…気温や湿度などの性質が一様な空気のかたまり。

・**寒気（寒気団）**…冷たい空気をもつ気団。

・**暖気（暖気団）**…あたたかい空気をもつ気団。

❷ **前線と前線面**…冷たい空気とあたたかい空気が接したときにできる気団の境界を前線面といい、前線面と地表面が接したところを前線という。

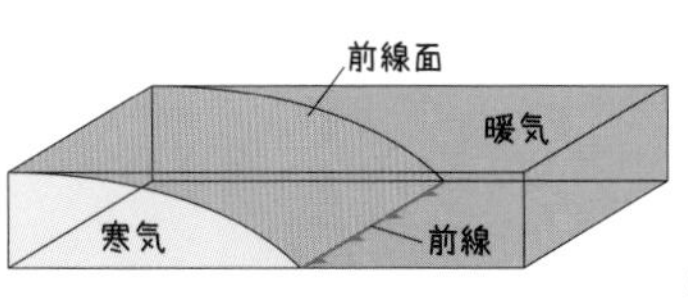

❸ **いろいろな前線**

・温暖前線…暖気が寒気の上をはい上がり、寒気を押しながら進む前線。

・寒冷前線…寒気が暖気の下にもぐりこみ、暖気を押し上げながら進む前線。

・閉塞前線…寒冷前線が温暖前線に追いついたときにできる前線。

・停滞前線…寒気と暖気の勢力がほぼ同じため、ぶつかり合ったときにほとんど移動しない前線。梅雨前線や秋雨前線がある。

▶ 前線の記号

（⇒は移動方向）

温暖前線 ⇧

寒冷前線 ⇩

閉塞前線 ⇩

停滞前線

❹ **温帯低気圧と前線**…中緯度帯で発生する低気圧を温帯低気圧といい、日本列島付近では、**南東側に温暖前線**、**南西側に寒冷前線**をともなうことが多い。

> 📖 参考
> 暖気は寒気に比べて同じ質量で比べたときの体積が大きく、密度が小さい。そのため、暖気は寒気の上に、寒気は暖気の下に移動する。

> 📖 参考
> 寒冷前線は温暖前線より移動する速さが速い。寒冷前線が温暖前線に追いついて重なったとき、閉塞前線ができる。閉塞前線ができると、地表付近は寒気におおわれ、低気圧は消滅することが多い。

> 📖 参考
> 停滞前線付近では、長時間雨が降り続くことが多い。

> 📖 参考
> 北緯および南緯30°～60°の間の地域を中緯度帯という。

2 前線と天気の変化

❶ **前線が通過するときの天気の変化**…前線面で上昇気流が生じて雲ができるので、天気が大きく変化する。

> ⚠ 注意
> 温暖前線付近では前線面のかたむきがゆるやかで、広い範囲に層状の雲ができる。寒冷前線付近では前線面のかたむきが急で強い上昇気流が生じ、上空へ向けて積乱雲ができる。

絶対おさえる！ 温暖前線・寒冷前線の通過による天気の変化

☑ **温暖前線…長時間、広い範囲におだやかな雨が降る。通過後、風向は南寄りに変わり、暖気におおわれ気温が上がる。**

☑ **寒冷前線…短時間、せまい範囲に強い雨が降る。通過後、風向きは北寄りに変わり、寒気におおわれ気温が急に下がる。**

❷ **前線付近の雲**

・温暖前線付近…暖気が寒気の上にはい上がり、乱層雲など層状の雲ができる。

・寒冷前線付近…暖気が急激に押し上げられ積乱雲が発達する。

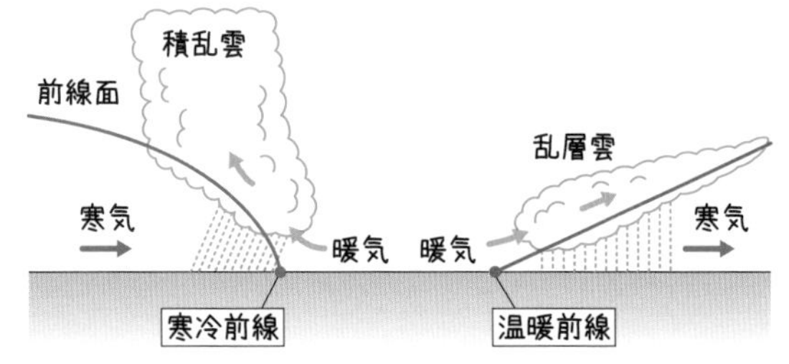

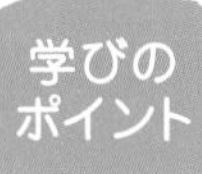

● 温暖前線と寒冷前線のでき方と特徴をまとめておこう！
それぞれの前線が通過したあとの天気の変化まで理解できていれば完璧！

社会
理科
数学
英語
国語

❸ 気象要素から見る前線の通過…風向の変化、気温の変化、雨の降り方や降り続ける時間などから、前線が通過した時間を読みとることができる。

▶ 前線の通過と天気の変化

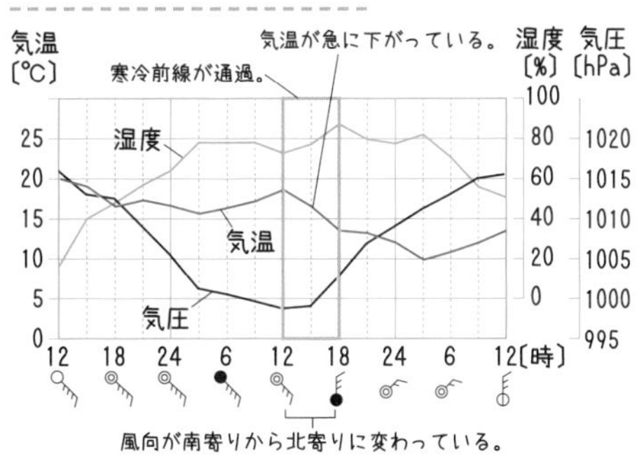

📖 参考

寒冷前線の通過
・寒気におおわれるため気温が下がる。
・風向が南寄りから北寄りに変わる。
・雨が降る時間は比較的短い。

3 地球規模での大気の動き

❶ 地球規模の大気の循環（じゅんかん）…地球全体の大気の動きは、おもに**太陽の光のエネルギー**によって生じる。

・**赤道付近**…あたたかいため、上昇気流が生じる。
・**北極・南極付近**…冷たいため、下降気流が生じる。

❷ 偏西風（へんせいふう）…中緯度帯の上空で、1年を通して西から東に向かってふく風。偏西風の影響（えいきょう）で、日本付近の**天気は西から東**へ移り変わっていく。

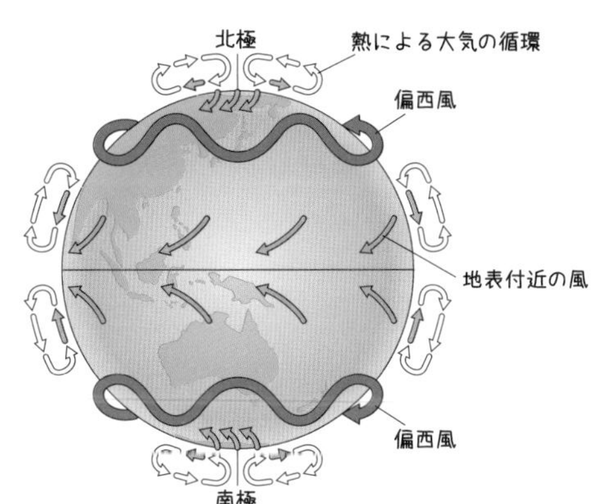

📖 参考

地表が太陽から受けとる光の量は、同じ面積の場合、赤道付近のほうが極付近よりも多くなる。そのため、気温のちがいが生じて、大気の動きが起こる。

基礎力チェック！

次の問いに答えなさい。

(1) 気温や湿度などの性質が一様な空気のかたまりを何というか。
(2) 寒気が暖気の下にもぐりこみ、暖気を押し上げながら進む前線を何というか。
(3) 寒気と暖気がぶつかり合ってほとんど移動しない前線を何というか。
(4) 温暖前線の通過後、風向はどのように変わるか。
(5) 寒冷前線付近で発達する雲を何というか。
(6) 寒冷前線が通過した直後の気温は、通過前より高いか、低いか。
(7) 日本の上空で、1年を通して西から東へふく風を何というか。

答え

(1) 気団
→ 1《 参照
(2) 寒冷前線
→ 1《 参照
(3) 停滞前線
→ 1《 参照
(4) 南寄りに変わる。
→ 2《 参照
(5) 積乱雲
→ 2《 参照
(6) 低い。
→ 2《 参照
(7) 偏西風
→ 3《 参照

Science

16 地学 日本の天気

1 日本の天気

❶ 日本の天気に影響を与える気団

・シベリア気団…冷たく乾いている。

・小笠原気団…あたたかく湿っている。

・オホーツク海気団…冷たく湿っている。

❷ 日本の冬の天気…シベリア気団が発達し、西高東低の気圧配置となることが多い。

・冷たい北西の季節風がふく。

・日本海側の各地では雪が降り、太平洋側の各地では乾燥した晴れの日が続くことが多い。

▶ 日本海側と太平洋側の冬の天気

▶ 冬の天気図

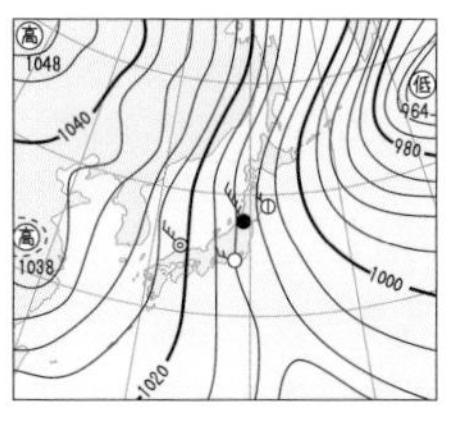

❸ 日本の春の天気…移動性高気圧と低気圧が交互に発生し、西から東へ移動するため、**周期的に天気が変化する**ことが多い。

▶ 春の天気図

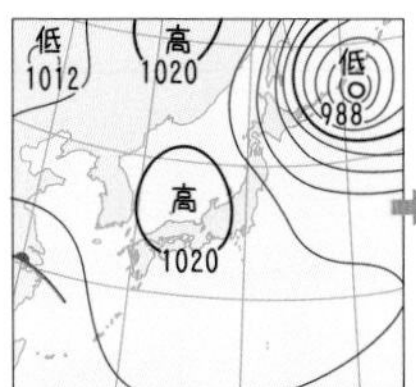

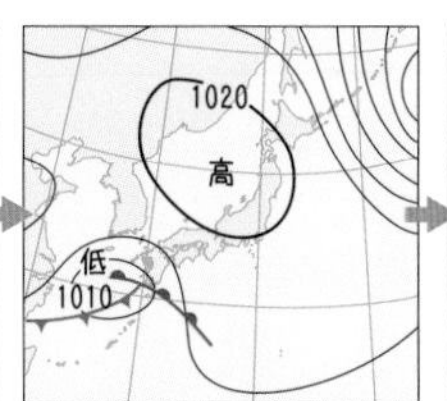

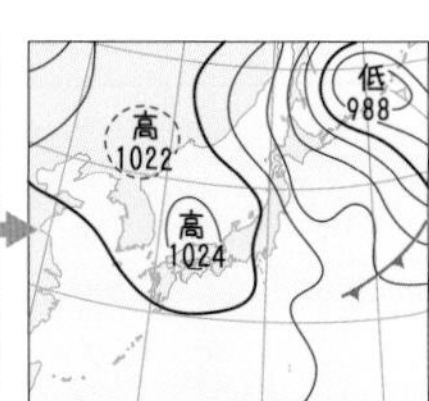

❹ 梅雨の天気…勢力がほぼ同じ**オホーツク海気団**と**小笠原気団**の間にできた停滞前線（梅雨前線）の影響で、雨の多い日が続くことが多い。

▶ 梅雨の天気図

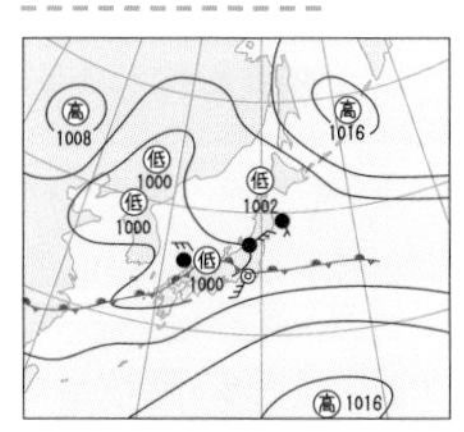

❺ 日本の夏の天気…**小笠原気団**が発達し、南高北低の気圧配置となることが多い。

・あたたかく湿った南東の季節風がふく。

・蒸し暑い日が続くことが多い。

❻ 日本の秋の天気…梅雨の時期に似た気圧配置となり、停滞前線（秋雨前線）がのびてくもりや雨の日が続く。前線が南下すると、移動性高気圧と低気圧が交互に通過して天気が周期的に変化することが多い。

▶ 夏の天気図

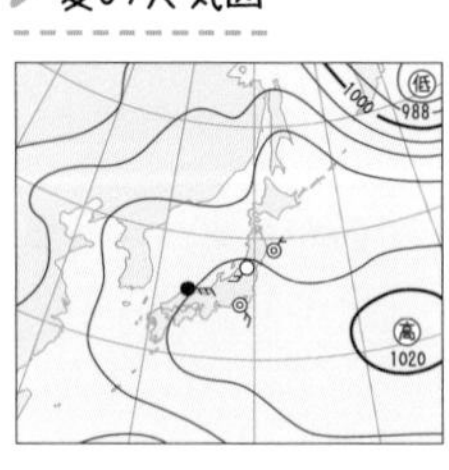

参考
大陸上の気団は乾燥し、海洋上の気団は湿っている。また、北にある気団は冷たく、南にある気団はあたたかい。

発展
山を越えるときに雪や雨を降らせた空気は、山を下るときに温度が上がる。このとき、風上側の同じ高さの地点よりも気温が高くなっている。この現象をフェーン現象という。

注意
移動性高気圧は、ほとんど位置を変えない気団から分かれて、移動する高気圧である。

注意
移動性高気圧や低気圧が西から東へ移動するのは、偏西風の影響である。

参考
梅雨前線は、小笠原気団の勢力が強くなると北上して消滅する。

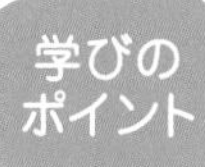

● 日本の天気に影響を与える代表的な気団は名前まで覚えておこう！
● 天気図を見てどの季節かを判断できるようにしておこう！

⑦ **台風**…熱帯低気圧が発達して最大風速が17.2m/s以上になったもの。前線はともなわず、間隔（かんかく）がせまい同心円状の等圧線で表される。最初は北西に進み、そのあと小笠原気団のふちに沿って北東に進むことが多い。大量の雨が降り、強い風がふくことが多い。

▶ 台風発生時の天気図

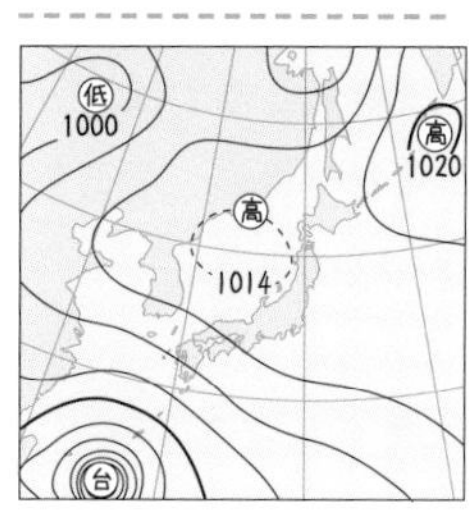

▶ 日本付近での台風の進路

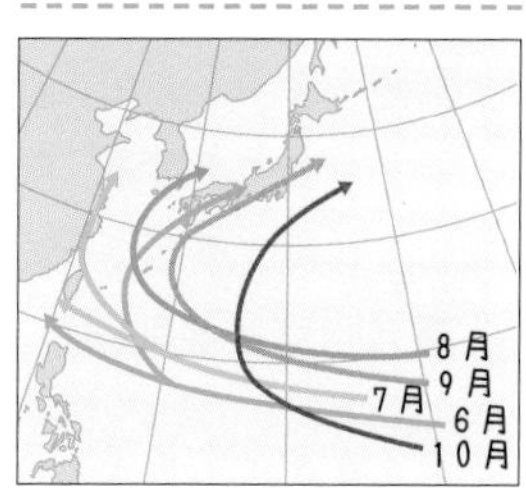

絶対おさえる！ 冬と夏の天気

☑ 冬の天気…**西高東低**の気圧配置、**北西**の季節風。
日本海側では雪、太平洋側では晴れになることが多い。
☑ 夏の天気…**南高北低**の気圧配置、**南東**の季節風。
蒸し暑い日が続くことが多い。

参考
台風の中心には「目」とよばれる部分があり、下降気流が生じていて雲はほとんどない。

2《 天気の変化がもたらす恵（めぐ）みと災害

① 天気の変化がもたらす恵み

・日本は年間を通して降水量が多く、豊富な水を生活用水、工業用水、農業用水のほか水力発電にも利用している。
・1年を通して変化に富む気象は四季の変化をもたらし、季節によって変わる景観を楽しむことができる。

② 天気の変化がもたらす災害

・台風による大雨、強風、高潮（たかしお）・高波。
・豪雨（ごうう）による洪水（こうずい）、土砂災害。
・異常な高温、低温、日照などによる農作物への被害（ひがい）など。

③ **災害への対応**…雨量や風の強さを予測し、災害の発生に備える。また、**ハザードマップ**を利用し、住んでいるところのリスクや、災害が起きたときの行動を考える。

参考
気象庁は、災害が起こるおそれがあるときに、考えられる災害の程度に合わせて注意報、警報、特別警報を発表する。

参考
ハザードマップは、予想される災害による被害の程度や、被害の範囲、避難場所（ひなんばしょ）、避難経路などを地図上に表したものである。

基礎力チェック！

次の問いに答えなさい。

(1) 初夏、停滞前線ができ、くもりや雨の日が続く時期を何というか。
(2) 日本の夏に影響を与える、あたたかく湿った気団を何というか。
(3) 熱帯低気圧が発達して最大風速が17.2m/s以上になったものを何というか。
(4) 予想される災害による被害や、避難場所、避難経路などを記した地図を何というか。

答え
(1) 梅雨（つゆ）
→ 1《 参照
(2) 小笠原気団
→ 1《 参照
(3) 台風
→ 1《 参照
(4) ハザードマップ
→ 2《 参照

Science

17 物理 電流の性質①

1 電流が流れる道すじ

❶ **回路**…電流が流れる道すじ。電流を流すはたらきをする**電源**、電流が流れる**導線**、電気を利用するところによって成り立つ。

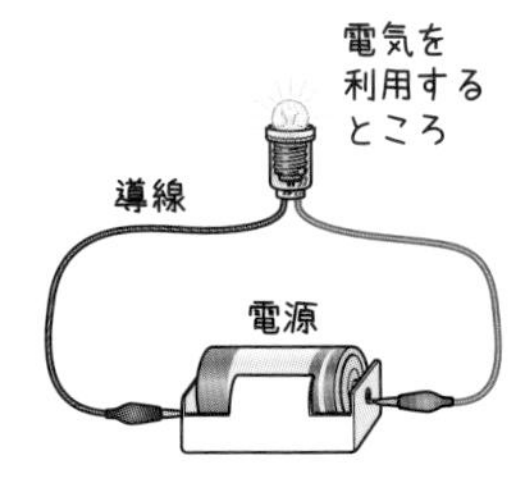

❷ **直列回路と並列回路**

・直列回路…電流の流れる道すじが１本でつながっている回路。

・並列回路…電流の流れる道すじが枝分かれしている回路。

❸ **回路図**…電気用図記号を使って回路を表した図。

⚠注意

・豆電球2個の直列回路…一方の豆電球をはずすと、電流が流れる道すじが切れて、もう一方の豆電球の明かりは消える。

・豆電球2個の並列回路…一方の豆電球をはずしても、電流が流れる道すじは途中（とちゅう）で枝分かれしてつながっているので、もう一方の豆電球の明かりはついたままである。

▶ 回路

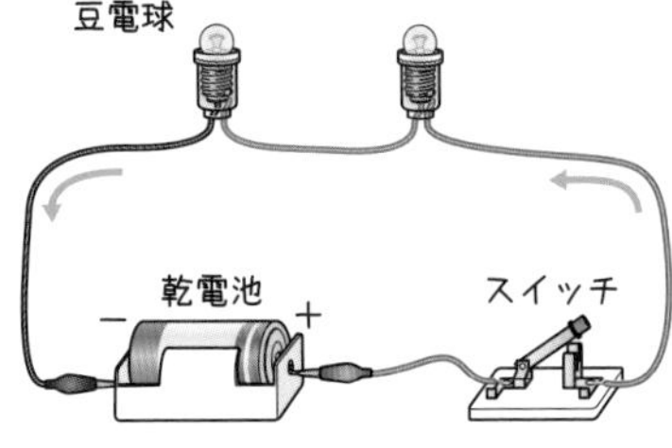

▶ 回路図

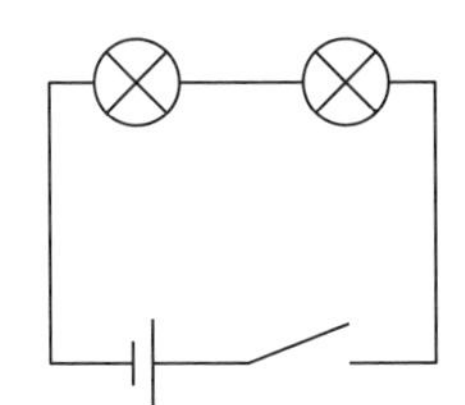

▶ 電気用図記号

電源	スイッチ	抵抗器
(−極) (+極)		
電球	電流計	電圧計
⊗	Ⓐ	Ⓥ

2 電流と電圧

❶ **電流と電圧**

・**電流**…回路を流れる電気の流れ。電源の＋極から出て、−極へ入る。単位はアンペア（記号：A）やミリアンペア（記号：mA）。1A＝1000mA。

・**電圧**…回路に電流を流そうとするはたらき。単位はボルト（記号：V）。

⚠注意

電流や電圧の大きさが予想できないときは、いちばん大きい値（あたい）がはかれる−端子につなぐ。

❷ **電流計と電圧計の使い方**

・**電流計**…はかりたい部分に**直列**につなぐ。電源（電池）の＋極側を電流計の＋端子（たんし）、電源の−極側を電流計の−端子に接続する。

・**電圧計**…はかりたい部分に**並列**につなぐ。電源（電池）の＋極側を電圧計の＋端子、電源の−極側を電圧計の−端子に接続する。

▶ 電流計の使い方

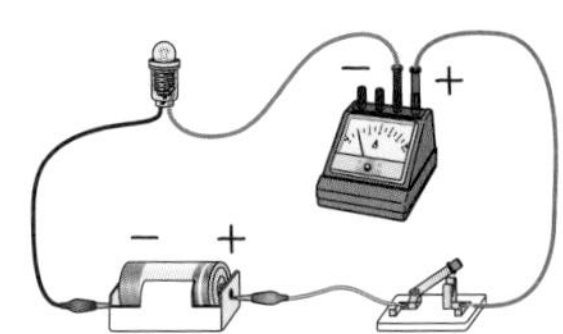

▶ 電圧計の使い方

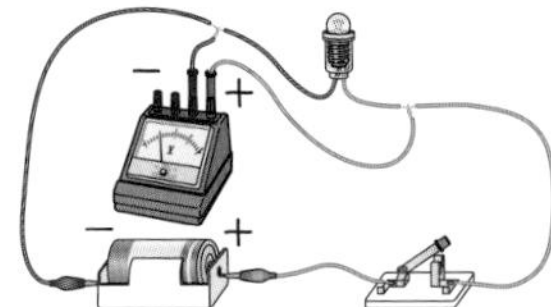

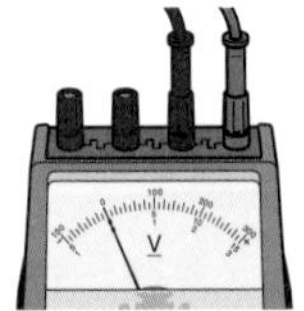

⚠注意

電流計、電圧計の目盛りは、最小目盛りの $\frac{1}{10}$ まで目分量で読みとる。

絶対おさえる！ 電流計と電圧計のつなぎ方

☑ **電流計…はかりたい部分に直列につなぐ。**

☑ **電圧計…はかりたい部分に並列につなぐ。**

- 電流計と電圧計のつなぎ方を正確に覚えておこう！
- 直列回路では電流が、並列回路では電圧が等しいことに注意！

3 回路の電流・電圧の大きさ

❶ 回路に流れる電流の大きさ

絶対おさえる！ 直列回路・並列回路の電流の大きさ

☑ 直列回路の電流の大きさ…どの点を流れる電流の大きさも等しい。
☑ 並列回路の電流の大きさ…枝分かれした電流の大きさの和は、枝分かれする前の電流の大きさや、合流したあとの電流の大きさに等しい。

▶ 直列回路の電流

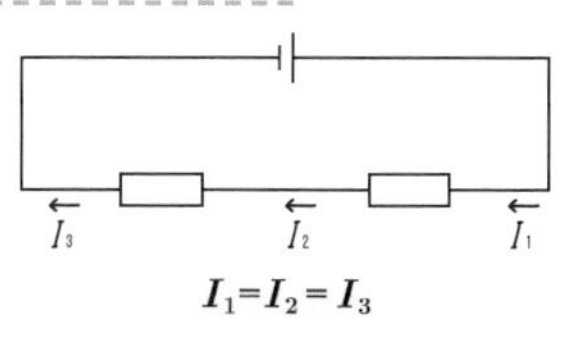

$I_1=I_2=I_3$

（I：電流）

▶ 並列回路の電流

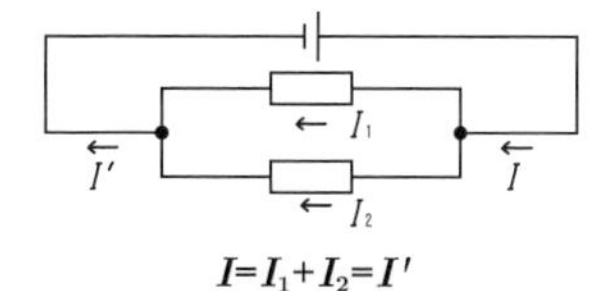

$I=I_1+I_2=I'$

📖 参考
電流を表す記号には、Intensity of an electric currentの I を用いることが多い。

❷ 回路に加わる電圧の大きさ

絶対おさえる！ 直列回路・並列回路の電圧の大きさ

☑ 直列回路の電圧の大きさ…各区間に加わる電圧の和は、電源の電圧に等しい。
☑ 並列回路の電圧の大きさ…各区間に加わる電圧の大きさはどれも同じで、それらは電源の電圧の大きさに等しい。

▶ 直列回路の電圧

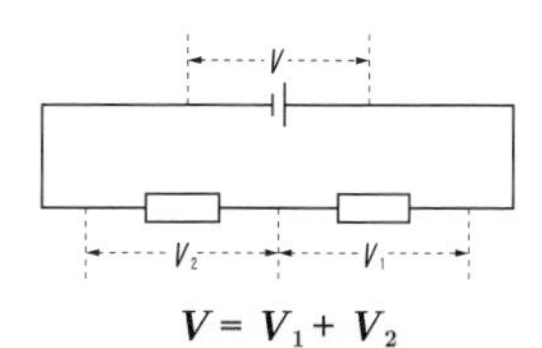

$V=V_1+V_2$

（V：電圧）

▶ 並列回路の電圧

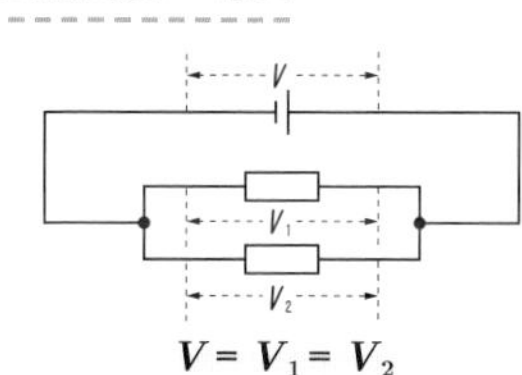

$V=V_1=V_2$

📖 参考
回路の導線部分にもわずかな電圧が加わっているが、0Vと考えてよい。

📖 参考
電圧を表す記号には、Voltageの V を使うことが多い。

⚠ 注意
電圧を表す記号 V と単位の記号Vをまちがえないように注意する。

基礎力チェック！

次の問いに答えなさい。

(1) 電源を表す電気用図記号 ─┤├─ で、＋極を表すのは、長いほう、短いほうのどちらか。

(2) 電圧計は電圧の大きさをはかりたい区間に対して、直列、並列のどちらでつなぐか。

(3) 回路の各点の電流の大きさがどの点でも等しいのは、直列回路か、並列回路か。

(4) 各区間に加わる電圧の大きさがどれも同じになるのは、直列回路か、並列回路か。

答え

(1) 長いほう
→ 1 参照
(2) 並列
→ 2 参照
(3) 直列回路
→ 3 参照
(4) 並列回路
→ 3 参照

18 物理 電流の性質②

1 電圧と電流の関係

❶ **電気抵抗**（**抵抗**）…電流の流れにくさ。単位はオーム（記号：Ω）。

❷ **電圧と電流の関係**

・抵抗器に流れる電流と抵抗器に加えた電圧の関係をグラフに表すと、**原点を通る直線**になる。➡電流の大きさは、電圧の大きさに比例する。

・グラフのかたむきが大きいほど電流が流れやすい。➡抵抗が小さい。

▶ 電圧と電流の関係

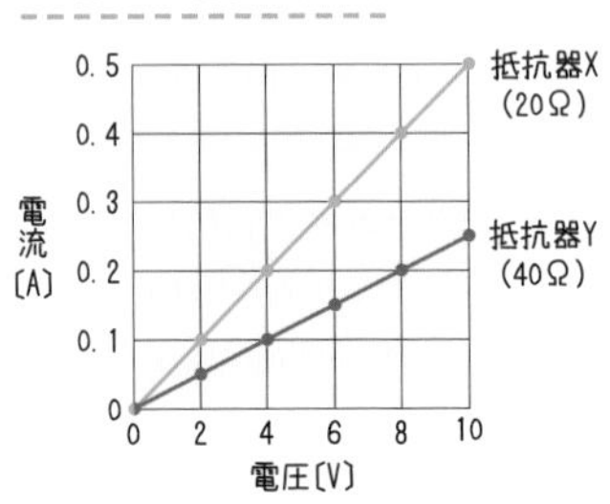

絶対おさえる！ オームの法則

☑ **抵抗器に流れる電流の大きさは、抵抗器に加わる電圧の大きさに比例する。これをオームの法則という。**

抵抗〔Ω〕＝$\frac{電圧〔V〕}{電流〔A〕}$ （$R = \frac{V}{I}$）

電圧〔V〕＝抵抗〔Ω〕× 電流〔A〕（$V = RI$）

電流〔A〕＝$\frac{電圧〔V〕}{抵抗〔Ω〕}$ （$I = \frac{V}{R}$）

※R:抵抗、V:電圧、I:電流

❸ **回路全体の抵抗（合成抵抗）**

・直列回路の全体の抵抗…各抵抗の大きさの和に等しい。

・並列回路の全体の抵抗…各抵抗の大きさより小さくなる。

▶ 直列回路の全体の抵抗　▶ 並列回路の全体の抵抗

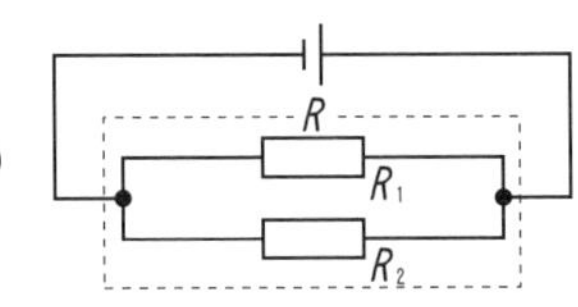

（R:抵抗）

$R=R_1+R_2$　　$R<R_1$　$R<R_2$

❹ **物質の種類と電気抵抗**

・導体…抵抗が小さく、電流が流れやすい物質。

・不導体（絶縁体）…抵抗が非常に大きく、ほとんど電流が流れない物質。

▶ いろいろな物質の電気抵抗

導体	抵抗〔Ω〕	不導体	抵抗〔Ω〕
金	0.021	ガラス	10^{18}
銀	0.015	ゴム	10^{18}～10^{19}
銅	0.016	ポリエチレン	10^{20}以上
鉄	0.089	ポリ塩化ビニル	10^{12}～10^{18}
ニクロム	1.1		

⚠注意

求めたい値をかくすと、求め方がわかる。

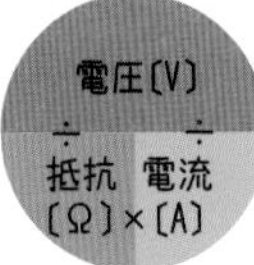

電圧〔V〕＝抵抗〔Ω〕×電流〔A〕

抵抗〔Ω〕＝電圧〔V〕÷電流〔A〕

電流〔A〕＝電圧〔V〕÷抵抗〔Ω〕

参考

並列回路の全体の抵抗は、次のように求めることができる。

$$\frac{1}{R} = \frac{1}{R_1} + \frac{1}{R_2}$$

$$R = \frac{R_1 R_2}{R_1 + R_2}$$

参考

導線には電気抵抗が小さい銅が、抵抗器や電熱線には電気抵抗が大きいニクロムなどが使われる。

発展

電流の流れやすさが導体と不導体の中間程度の物質を半導体といい、コンピュータやスマートフォンなどに利用されている。

● オームの法則は公式をまちがえずに使えるよう何度も練習しておこう！
電流と電圧の関係を表すグラフも試験によく出るので注意！

2 電流のはたらき

❶ **電気エネルギー**…電流がもつ能力。熱や光、音を発生させたり、物体を動かしたりすることができる。

❷ **電力（消費電力）**…1秒間あたりに消費される電気エネルギーの大きさ。
単位はワット（記号：W）。
電力〔W〕＝電圧〔V〕×電流〔A〕

❸ **発熱量**…電流を流したときに発生する熱の量。
単位はジュール（記号：J）。
発熱量〔J〕＝電力〔W〕×時間〔s〕

▶ 電流による発熱量を調べる実験

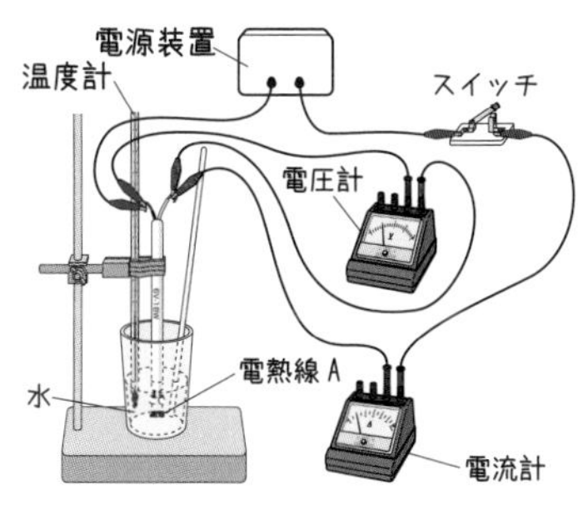

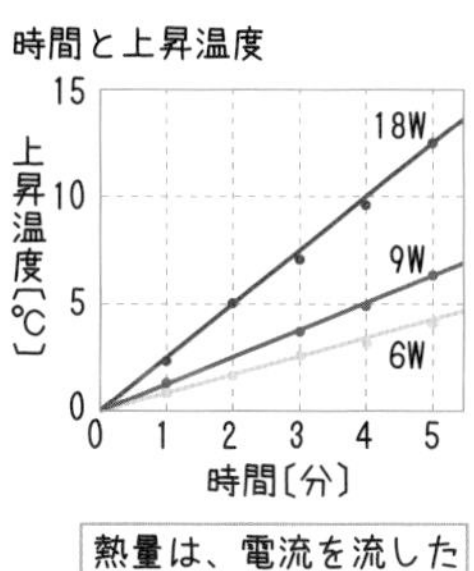

熱量は、電流を流した時間に比例する。

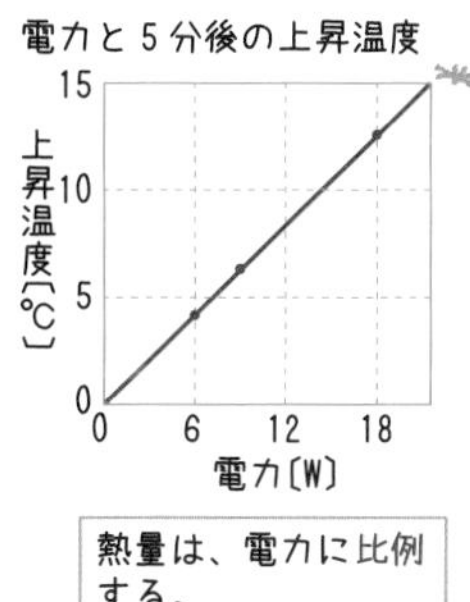

熱量は、電力に比例する。

❹ **電力量**…一定時間電流が流れたときに消費されるエネルギーの総量。
単位はジュール（記号：J）。
電力量〔J〕＝電力〔W〕×時間〔s〕

参考
電気器具の消費電力の表示の「100V、1000W」は、100Vの電源につなぐと1000Wの電力を消費し、10Aの電流が流れることを表す。2つ以上の電気器具を同時に使うと、全体の消費電力は、それぞれの消費電力の和となる。

参考
1gの水を1℃上昇させるのに必要な熱量は、約4.2Jである。

参考
電力量の単位には、ワット時(Wh)やキロワット時(kWh)が使われることもある。

基礎力チェック！

次の問いに答えなさい。

(1) 20Ωの抵抗器に3Vの電圧を加えたとき、抵抗器に流れる電流の大きさは何Aか。

(2) 10Ωと20Ωの抵抗器を直列につないだときの回路全体の抵抗の大きさは何Ωか。

(3) 抵抗が小さく、電流が流れやすい物質を何というか。

(4) 1秒間あたりに消費される電気エネルギーの大きさを何というか。

(5) 電熱線に8Vの電圧を加えたとき0.5Aの電流が流れた。このとき電熱線で消費された電力は何Wか。

(6) 一定時間電流が流れたときに消費されるエネルギーの総量を何というか。

(7) 6Ωの抵抗器に6Vの電圧を加えて5分間電流を流したときの発熱量は何Jか。

答え

(1) 0.15A
→ 1 参照
(2) 30Ω
→ 1 参照
(3) 導体
→ 1 参照
(4) 電力（消費電力）
→ 2 参照
(5) 4W
→ 2 参照
(6) 電力量
→ 2 参照
(7) 1800J
→ 2 参照

Science

19 物理 電流の正体

1 静電気と電気の力

❶ **電気力（電気の力）**…電気には＋の電気と－の電気があり、電気の間で力がはたらく。

絶対おさえる！ 電気力の性質

- ☑ **＋の電気と－の電気がある。**
- ☑ **同じ種類の電気にはしりぞけ合う力がはたらく。**
- ☑ **ちがう種類の電気には引き合う力がはたらく。**
- ☑ **電気の力は離れていてもはたらく。**

> 参考
> 摩擦によって起きた電気を摩擦電気ともいう。

❷ **静電気**…2種類の物質をこすり合わせたときに発生する電気。

❸ **帯電**…－の電気が移動することによって物体が電気を帯びること。

プラスチックのストロー
ティッシュペーパー
物体は＋と－の電気を同量もっている。
こすり合わせると、一方の物体から－の電気が移動する。
－の電気を受けとると－の電気を帯び、失うと＋の電気を帯びる。

> 注意
> こすり合わせたプラスチックのストローとティッシュペーパーは、ちがう種類の電気を帯びているので、引き合う。プラスチックのストローどうしは、同じ電気を帯びているので、しりぞけ合う。

2 電流の正体

❶ **放電**…電気が空間を移動したり、たまっていた電気が流れたりする現象。

> 参考
> 雷は、雲にたまった静電気が放電される自然現象である。

❷ **真空放電**…気体の圧力の低い空間で起こる放電。ガラスなどの容器内の気体の圧力を小さくした放電管に、誘導コイルで大きな電圧を加えると、放電管内で電流が流れる。

❸ **陰極線（電子線）**…真空放電管に大きな電圧を加えたときにできる電子の流れ。

・十字形の金属板が入った放電管に電圧を加えると、十字形のかげができる。

➡**陰極線は－極から出ている。**

十字形の金属板　かげ　－極　発光した部分　＋極

> 注意
> ＋極と－極を入れかえると、十字形のかげはできない。

・直進している陰極線の上下の電極板に電圧を加えると、＋極側に曲がる。

➡**陰極線は－の電気をもつ。**

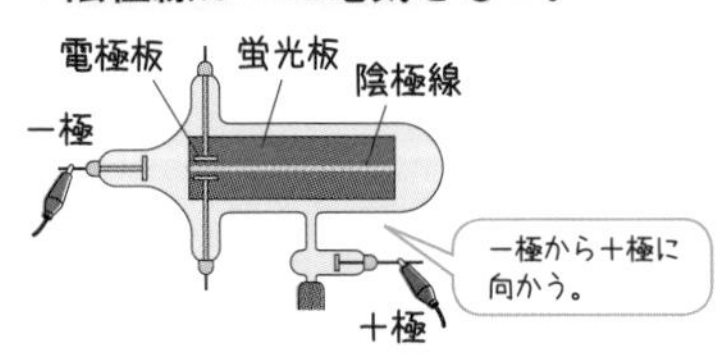

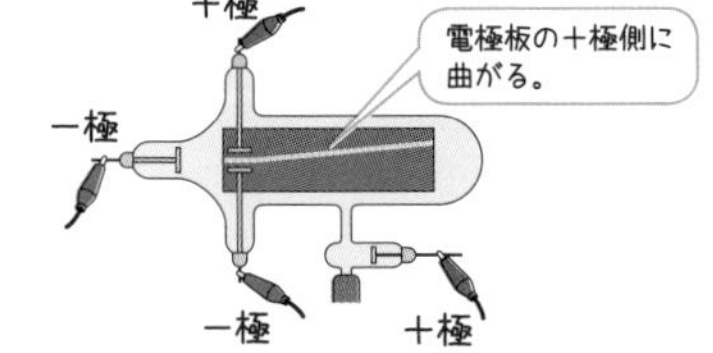

・陰極線に磁石を近づけると曲がる。

❹ **電子**…質量をもつ非常に小さな粒子。**－の電気**を帯びている。

❺ **電流の正体**…電圧を加えたとき、導線の中を**－極から＋極へ移動する**電子の流れ。

> 注意
> 回路を流れる電流の向きと電子の移動する向きは逆である。

月　日

- 電気力は、電気の＋－の組み合わせによって、はたらき方が変わることに注意！
- 陰極線は－極から出ていることをおさえよう！

3 放射線

❶ **放射線**…高いエネルギーをもつ粒子や電磁波。X線、α（アルファ）線、β（ベータ）線、γ（ガンマ）線などがある。

❷ **放射性物質**…放射線を出す物質。ウラン、プルトニウムなど。

▶ 放射線の種類と透過力

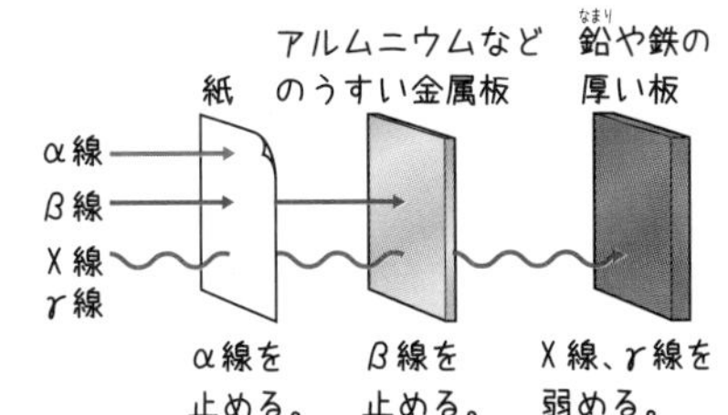

❸ **放射線の性質**
- 目に見えない。
- 物質を通りぬける性質（**透過性**）がある。
- 物質を変質させる性質がある。

❹ **放射線の利用**…レントゲン撮影やCTによる医療診断、工業製品の検査などのほか、農作物の品種改良や工業製品の材料の改良などに使われる。

❺ **放射線の影響**…放射線を浴びる（被曝する）と、人体に影響が出る可能性がある。

参考
放射線を出す能力を放射能という。

注意
レントゲン撮影などは放射線の透過性を、品種改良などは物質を変質させる性質を利用している。

基礎力チェック！

次の問いに答えなさい。

(1) 2種類の物質をこすり合わせたときに発生する電気を何というか。

(2) ちがう種類の電気の間には、どのような力がはたらくか。

(3) 電気が空間を移動したり、たまっていた電気が流れ出したりする現象を何というか。

(4) 真空放電管に大きな電圧を加えたときにできる電子の流れを何というか。

(5) 陰極線は、＋極と－極のどちらから出ているか。

(6) 陰極線は、＋と－のどちらの電気をもっているか。

(7) －の電気を帯びている、質量をもつ非常に小さな粒子を何というか。

(8) 電子は導線の中を、＋極から－極へ、－極から＋極へのどちらの向きに移動するか。

(9) X線、α線、β線、γ線などの高いエネルギーをもつ粒子や電磁波を何というか。

(10) 放射線を出す物質を何というか。

(11) 放射線を出す能力を何というか。

答え

(1) 静電気（摩擦電気）
→ 1《 参照

(2) 引き合う力
→ 1《 参照

(3) 放電
→ 2《 参照

(4) 陰極線（電子線）
→ 2《 参照

(5) －極
→ 2《 参照

(6) －
→ 2《 参照

(7) 電子
→ 2《 参照

(8) －極から＋極へ
→ 2《 参照

(9) 放射線
→ 3《 参照

(10) 放射性物質
→ 3《 参照

(11) 放射能
→ 3《 参照

物理

電流と磁界

1 電流による磁界

❶ **磁界**…**磁力**（磁石による力）がはたらく空間。

・磁界の向き…方位磁針のＮ極がさす向き。

・磁力線…磁界の向きをつなぐ曲線。Ｎ極からＳ極に向かって矢印をつける。磁力線の間隔（かんかく）がせまいところほど磁界が強い。

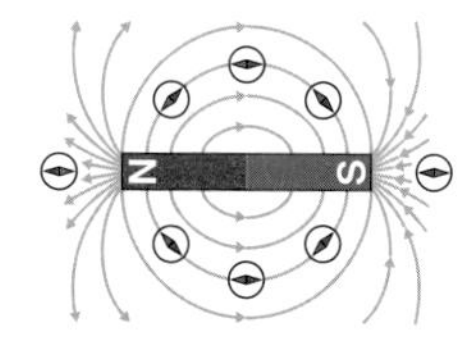

❷ **導線のまわりの磁界**…導線を中心とした同心円状の磁界ができる。

・磁界の向き…電流の向きを逆にすると、逆になる。

・磁界の強さ…電流が大きいほど、導線に近いほど強い。

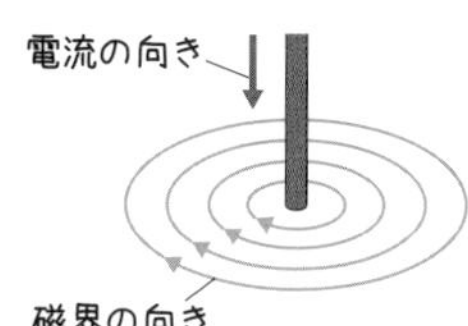

❸ **コイルのまわりの磁界**…

コイルの内側にはコイルの軸（じく）に平行な磁界ができる。コイルの外側は棒磁石のまわりの磁界によく似た磁界ができる。

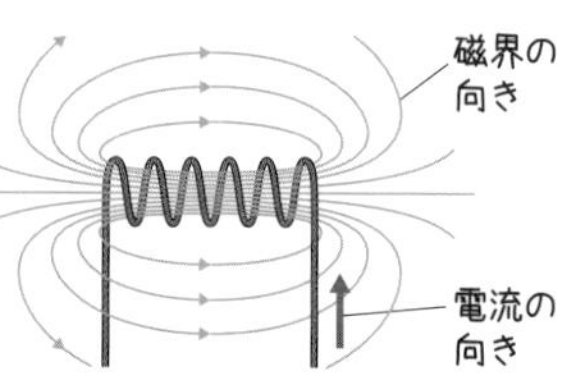

参考

導線のまわりの磁界は、右ねじの進む向きに電流を流すと、右ねじの回る向きにできる。

参考

コイルの内側の磁界は、右手の4本の指先を電流の向きに合わせたとき、親指の向きになる。

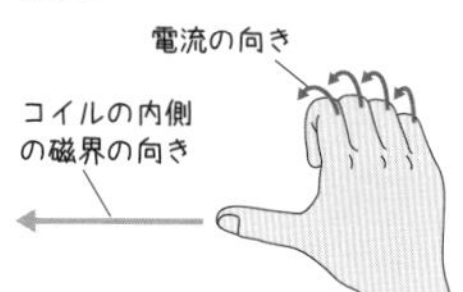

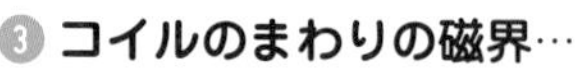

2 電流が磁界から受ける力

❶ **電流が磁界から受ける力**…磁界の中でコイルに電流が流れると、コイルは力を受ける。

絶対おさえる！ 電流が磁界から受ける力

- ☑ 力の向きは、**電流の向きと磁界の向きの両方に垂直になっている。**
- ☑ **電流の向きを逆にすると、力の向きは逆になる。**
- ☑ **磁界の向きを逆にすると、力の向きは逆になる。**
- ☑ **電流が大きいほど、力は大きくなる。**
- ☑ **磁界が強いほど、力は大きくなる。**

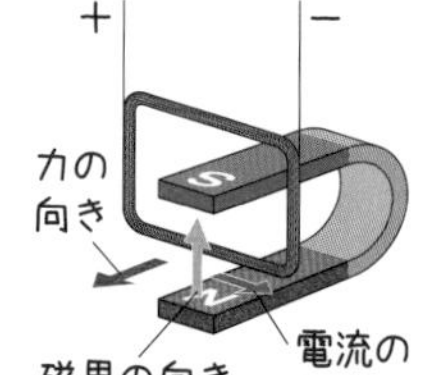

発展

フレミングの左手の法則
左手の親指、人さし指、中指をたがいに直角にして、中指を電流の向き、人さし指を磁界の向きに合わせると、親指が力の向きになる。

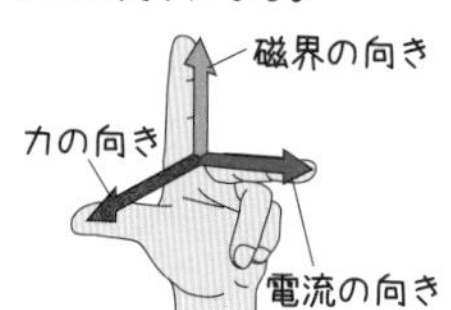

❷ **モーター（電動機）**…電流が磁界から受ける力を利用して、連続的にコイルが回転するようにした装置。ブラシと整流子によって電流の向きは半回転ごとに逆になり、同じ方向に回転が続く。

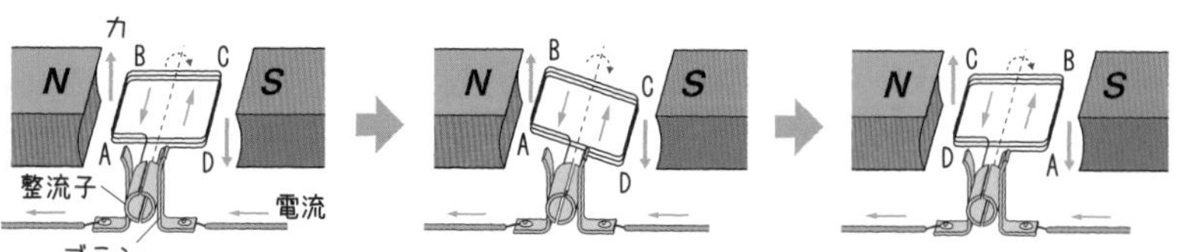

電流がDCBAと流れ、ABは上向きに、CDは下向きに力を受ける。

力を受けて、コイルが半回転する。

電流がABCDと流れ、ABは下向きに、CDは上向きに力を受ける。

- 棒磁石や導線のまわりにできる磁界の向きの考え方を整理しておこう！
- 誘導電流は、強さを変える方法と向きの変化に注意しよう！

3 電磁誘導（でんじゆうどう）

❶ **電磁誘導**…コイルの中の磁界が変化することで、電圧が生じてコイルに電流が流れる現象。

❷ **誘導電流**…電磁誘導によって流れる電流。誘導電流の向きは、コイルに**棒磁石を入れるときと出すとき**で逆になり、コイルに出し入れする**極を逆にする**と逆になる。

絶対おさえる！ 誘導電流の大きさ

- ☑ **棒磁石を速く動かすほど大きい。**
- ☑ **棒磁石の磁力が強いほど大きい。**
- ☑ **コイルの巻き数が多いほど大きい。**

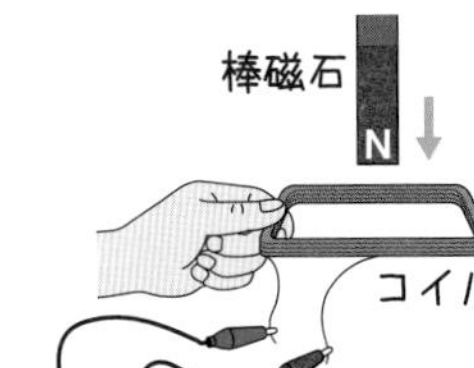

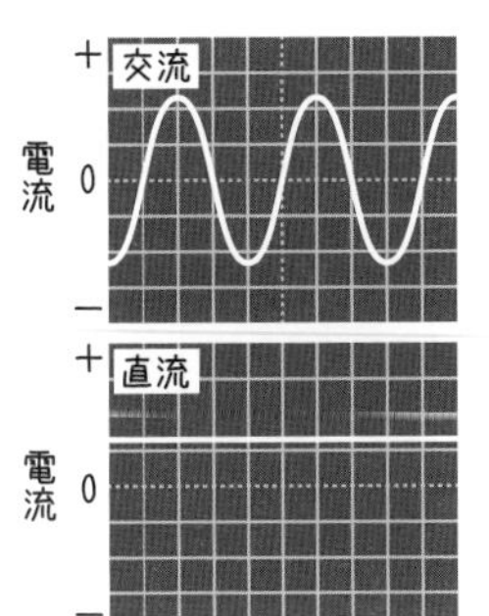

❸ **発電機**…電磁誘導を利用して、電流を発生させる装置。

発展
電磁誘導では、コイルの中の磁界の変化をさまたげるような向きの磁界をつくる誘導電流が流れる。

注意
棒磁石をコイルの中で静止させると誘導電流は流れない。

4 直流と交流

❶ **直流**…一定の向きに流れる電流。

例 乾電池（かんでんち）。

❷ **交流**…電流の向きと大きさが周期的に変化する電流。

例 家庭用コンセント。

・**周波数**…1秒間に電流が変化する回数。単位はヘルツ（記号：Hz）。

交流
電流 ＋ 0 −
直流
電流 ＋ 0 −

参考
家庭に供給されている交流の周波数は、東日本では50Hz、西日本では60Hzである。

基礎力チェック！

次の問いに答えなさい。

(1) 磁界の向きをつないでできる曲線を何というか。

(2) コイルに流す電流を大きくしたとき、生じる磁界の強さはどうなるか。

(3) 電流が磁界から受ける力を利用して、コイルを連続的に回転させる装置を何というか。

(4) コイルの中の磁界が変化して、電圧が生じてコイルに電流が流れる現象を何というか。

(5) (4)のときに流れる電流を何というか。

(6) 電流の向きと大きさが周期的に変化する電流を何というか。

答え

(1) 磁力線
→ 1 参照

(2) 強くなる。
→ 1 参照

(3) モーター（電動機）
→ 2 参照

(4) 電磁誘導
→ 3 参照

(5) 誘導電流
→ 3 参照

(6) 交流
→ 4 参照

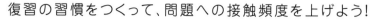

数学のおすすめ勉強法❶

復習の習慣をつくって、問題への接触頻度を上げよう!

復習予約ふせん

「あとから復習しようと思って、忘れていた」ということがないように、いつ復習するのかをふせんで予約します。間違えた問題は、計画的に復習していきましょう。

「復習予約ふせん」のやり方

❶ 問題をノートに解き、答え合わせをしたら、問題集・ワークの番号に「○」「△」「×」をつけて、自分の理解度を分ける。

○…自分で正解できた。

△…間違えたけど、解答を読んで理解できた。次は解ける！

×…間違えたので解答を読んだが、理解できない。

❷「△」の問題を解き直したあと、「復習する日」を書いたふせんを貼る。

❸ 復習日になったら、復習する。正確に答えることができたら、ふせんをはがす。答えられなかったら、復習する日を再設定する。

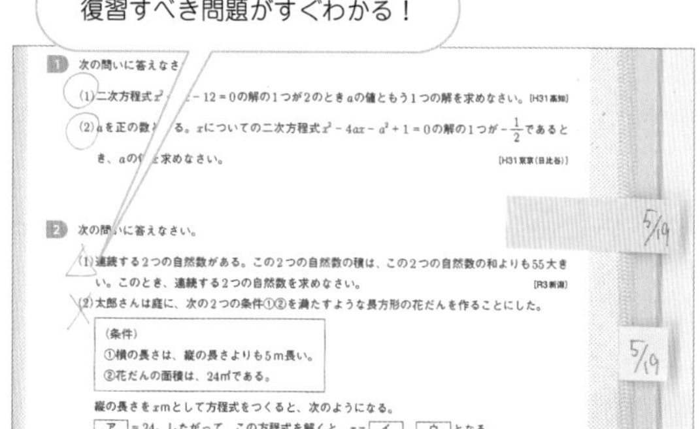

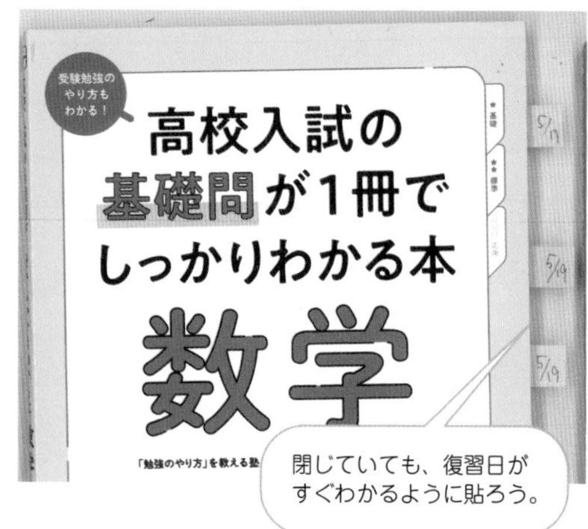

ポイント

☑ 復習日は、「翌日」や「週末」を設定するのがおすすめ！

☑ 慣れてきたら、ふせんの色を変えて、復習の優先順位を明確にするなどのアレンジをしてみよう。

☑ ふせんをはがすときは、自身の成長を実感しながら気持ちよくはがそう！

数学のおすすめ勉強法❷

過去の自分と勝負して、早く・正確に計算しよう!

タイムアタック演習法

計算練習は、過去の自分のタイムと勝負することで、自分に合った制限時間を設けることができます。過去の自分に負けないように、プレッシャーをかけながら演習しましょう！

「タイムアタック演習法」のやり方

❶ タイマーで時間を計りながら計算問題を解く。

❷ 答え合わせ後に「日付、かかった時間、正答率」を問題の上にメモする。

❸ 解答・解説を読み、次のコツを意識して、すぐに解き直す。

〈正確性を上げるコツ〉

字を丁寧に書く／途中式を１行増やす／カッコを省略しない

〈スピードを上げるコツ〉

公式を使う／文字で置き換えずに計算する／よく使う計算（平方数など）は暗記する

❹ 次の日曜日、❶でかかった時間を制限時間に設定して、時間以内に解くことを目標に解いてみる。

❺ かかった時間と正答率を、１回目のメモの下に書く。

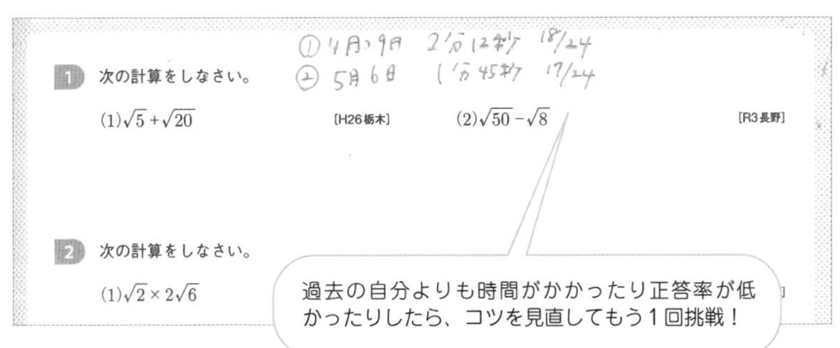

ポイント

☑ どれくらい早くなったか、正答率が上がったかを、友だちと勝負するのもオススメ。

☑ 寝起きや帰宅時など、勉強を開始するタイミングで取り組むとやる気が出て、その後の勉強がスムーズに進む！

数と式

1 式の計算

1 多項式の計算

❶ 多項式の加減…同類項をまとめる。

例 $3x+2y+4x-7y=(3+4)x+(2-7)y=7x-5y$

$2a^2-3a+6a+3a^2=(2+3)a^2+(-3+6)a=5a^2+3a$

> 参考　同類項
> $4x^2+x-2x^2+3x$
> のような式で、
> $4x^2$と$-2x^2$、xと$3x$
> のように、文字の部分が同じ項を同類項という。

❷ 多項式と数の乗除…分配法則を使って計算する。多項式の除法は、**わる数の逆数をかける乗法**になおして計算する。

例 $5(3x-2y)=5\times3x-5\times2y=15x-10y$

$(9a+6b)\div3=(9a+6b)\times\frac{1}{3}=\frac{9a}{3}+\frac{6b}{3}=3a+2b$

> 注意　逆数
> $\frac{3}{4}a$の逆数は、$\frac{4}{3a}$
> ※aの位置に注意する！

❸ 単項式の乗除

①単項式の乗法…**係数の積に文字の積**をかける。

②単項式の除法…**乗法になおして**計算する。

例 $5x\times(-3y)=5\times(-3)\times x\times y=-15xy$

$12a^2\div(-4a)=-\frac{12a^2}{4a}=-3a$

$-\frac{9}{2}xy\div\frac{3}{4}y=-\frac{9\times x\times y\times4}{2\times3\times y}=-6x$

> 参考　次数
> 単項式で、かけあわされている文字の個数を、その式の次数という。
> $3x$、$2y$の次数は1
> $2a^2$の次数は2

> 参考
> $5x\times(-4y)=-20xy$
> 係数の積　文字の積

❹ 等式の変形…等式を変形して、ある文字について解く。

例 $x+3y=5$ をxについて解く。

$x+3y=5$　「$x=$」の形にする

$x=5-3y$

❺ 式の値…式の中の文字に数を代入して計算した結果。

例 $a=4$、$b=-\frac{1}{2}$のとき、次の式の値を求めなさい。

$3(a+2b)+2(3a-b)$

$=3a+6b+6a-2b$

$=9a+4b$

この式に$a=4$、$b=-\frac{1}{2}$を代入すると、

$9a+4b=9\times4+4\times\left(-\frac{1}{2}\right)=36-2=34$

> 注意
> 文字に負の数を代入する場合は、必ず(　)をつける。
> 例 $4x+13$の式に
> $x=-2$を代入
> $4x+13$
> $=4\times(-2)+13$
> $=-8+13$
> $=5$

● わり算(除法)は「分数のかけ算」になおして計算しよう。まずは丁寧にやり方を身につけ、徐々に計算スピードを上げていこう。

例題 1

次の計算をしなさい。

(1) $2(4x-3y)-(7x+2y)$　　(2) $\dfrac{2a+1}{3}-\dfrac{a-3}{2}$

(3) $2a\times(-3a^2)$　　(4) $\dfrac{5}{8}xy\div\dfrac{15}{16}y$

答え

(1) $2(4x-3y)-(7x+2y)$ 　分配法則を使う
$=8x-6y-7x-2y$ 　順番を入れかえる
$=8x-7x-6y-2y$ 　同類項をまとめる
$=x-8y$

(2) $\dfrac{2a+1}{3}-\dfrac{a-3}{2}$ 　通分する
$=\dfrac{2(2a+1)-3(a-3)}{6}$ 　分配法則を使う
$=\dfrac{4a+2-3a+9}{6}$ 　同類項をまとめる
$=\dfrac{a+11}{6}$

(3) $2a\times(-3a^2)$ 　係数と文字に分解する
$=2\times a\times(-3)\times a\times a$ 　係数の積、文字の積をまとめる
$=2\times(-3)\times a\times a\times a$
$=-6a^3$

(4) $\dfrac{5}{8}xy\div\dfrac{15}{16}y=\dfrac{5xy}{8}\div\dfrac{15y}{16}$ 　文字を分子に移す　わる数の逆数をかける
$=\dfrac{\overset{1}{\cancel{5}}x\overset{1}{\cancel{y}}\times\overset{2}{\cancel{16}}}{\underset{1}{\cancel{8}}\times\underset{3}{\cancel{15}}\underset{1}{\cancel{y}}}$
$=\dfrac{2}{3}x$

例題 2

次の問いに答えなさい。

(1) $x=2$、$y=-1$のとき、$6(2x-7y)+2(-4x+5y)$の値を求めなさい。

(2) $c=\dfrac{a+b}{2}$をaについて解きなさい。

答え

(1) $6(2x-7y)+2(-4x+5y)$ 　文字の式を計算してから代入するほうが計算が楽なことが多い
$=12x-42y-8x+10y$
$=4x-32y$ 　式を計算する
$x=2$、$y=-1$を代入して、
$4\times2-32\times(-1)=40$
代入する　負の数を代入するときは、必ず（　）をつける

(2) $c=\dfrac{a+b}{2}$ 　両辺を2倍する　分数の形は計算しにくいので、分母をはらう
$2c=a+b$ 　両辺を入れかえる　aについて解くので、aが左辺にくるようにする
$a+b=2c$ 　bを右辺に移項する　左辺にある「$+b$」を「$-b$」に変えて、右辺に移す
$a=2c-b$

数と式

連立方程式

1 連立方程式

2つ以上の方程式を組み合わせたもの。

例 連立方程式 $\begin{cases} x+y=7 \\ 2x+3y=16 \end{cases}$ の解は　$x=5$、$y=2$

文字はxとyの2種類

解は、どちらの方程式に代入しても成り立つ

📖 参考
2つの文字をふくむ1次方程式のことを、2元1次方程式という。

絶対おさえる！　連立方程式の解き方

☑ 加減法…どちらかの文字の**係数の絶対値をそろえ**、左辺どうし、右辺どうしをたすかひくかする。

☑ 代入法…一方の式を他方の式に代入する。

📖 参考
$A=B=C$の形の連立方程式

$\begin{cases} A=B \\ A=C \end{cases}$、$\begin{cases} A=B \\ B=C \end{cases}$、$\begin{cases} A=C \\ B=C \end{cases}$ のいずれかの連立方程式の形になおして解く。

2 いろいろな連立方程式

❶（　）をふくむ連立方程式

$$\begin{cases} 2(x-5)-3y=2 & \cdots\cdots① \\ 3x+y=4 & \cdots\cdots② \end{cases}$$

のように（　）がある場合は、①の式の（　）をはずす。

①は、$2x-10-3y=2$となるので、左辺の-10を右辺に移項すると

$2x-3y=12$となる。だから、上の連立方程式を

$$\begin{cases} 2x-3y=12 & \cdots\cdots①' \\ 3x+y=4 & \cdots\cdots② \end{cases}$$

として、解けばよい。

📖 参考
xとyの解がわかっている連立方程式から係数a、bを求める問題もある。
このときは、xとyの値を連立方程式に代入すると、aとbの連立方程式になるので、これを解けばよい。

❷ 分数や小数のある連立方程式

1次方程式のときのように、係数が分数のときは、**分母の公倍数**を両辺にかけて整数にする。小数の場合は、**10、100、1000、**…などを両辺にかけて整数にする。

❸ 連立方程式に比例式がふくまれる場合

$$\begin{cases} 2x-3y=2 & \cdots\cdots① \\ x:y=2:1 & \cdots\cdots② \end{cases}$$

②の**比例式を通常の式になおして**、$x=2y$として、

$$\begin{cases} 2x-3y=2 & \cdots\cdots① \\ x=2y & \cdots\cdots②' \end{cases}$$

の連立方程式を解けばよい。

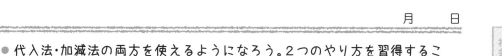

●代入法・加減法の両方を使えるようになろう。2つのやり方を習得することで、より楽な解き方を選択できるようになるよ。

例題 1

次の連立方程式を解きなさい。

(1) $\begin{cases} 3x-2y=7 & \cdots① \\ x+y=9 & \cdots② \end{cases}$

(2) $\begin{cases} 5x-4y=-5 & \cdots① \\ y=2x-1 & \cdots② \end{cases}$

答え

(1)

$$\begin{array}{rll} & 3x-2y=7 & \cdots① \\ +) & 2x+2y=18 & \cdots②\times 2 \\ \hline & 5x\quad\ =25 & \end{array}$$

②の両辺を2倍して、yの係数の絶対値をそろえる

たしてyを消去　$x=5$　…③

③を②に代入して、

$5+y=9$、$y=4$

よって、$x=5$、$y=4$

(2) ②を①に代入すると、

$y=$～の形の式があれば代入法を考えよう

$5x-4(2x-1)=-5$

（　）をつけて代入する

$5x-8x+4=-5$

$-3x=-9$

$x=3$　…③

③を②に代入して、$y=2\times3-1=5$

よって、$x=3$、$y=5$

例題 2

次の連立方程式を解きなさい。

(1) $\begin{cases} x-2(1-3y)=2 & \cdots① \\ 2x+3y=-1 & \cdots② \end{cases}$

(2) $\begin{cases} \dfrac{1}{2}x+\dfrac{2}{3}y=6 & \cdots① \\ 0.2x+0.5y=1 & \cdots② \end{cases}$

答え

(1) ①の（　）をはずすと、

$x-2+6y=2$　符号に注意

よって、$x=-6y+4$…①′

①′を②に代入して、

$2(-6y+4)+3y=-1$

$-9y=-9$

$y=1$

これを①′に代入して、

$x=-6\times1+4=-2$

よって、$x=-2$、$y=1$

(2) ①の両辺に6をかけて、

分母の数2と3の最小公倍数

$3x+4y=36$…①′

②の両辺に10をかけて、

小数点以下が1ケタなので10倍する

$2x+5y=10$…②′

①′×2－②′×3から

$$\begin{array}{rl} & 6x+\ \ 8y=72 \\ -) & 6x+15y=30 \\ \hline & -7y=42 \end{array}$$

$y=-6$

これを②′に代入して、

$2x+5\times(-6)=10$、$x=20$

よって、$x=20$、$y=-6$

Mathematics

3 数と式 連立方程式の利用

1 文章題を解く手順

方程式をたてる ➡ 方程式を解く ➡ 問題が求めている答えを出す

の順序で考える。

2 方程式のたて方

1 文章中の未知数は何かを見極め、xなどの文字をおく。
2 文章にはどんな条件が書いてあるかを読み取る。
3 その条件のもとで、等しくなる量が何になるかを考える。
4 3 の量をxなどの文字を使った式で表す。
5 等しい量の関係を等式で表す。

⚠注意 単位

未知数をxやyとしたときに、単位をつけると意味をとらえやすくなり、間違えにくくなる。

例 1冊x円の本をy冊買う

3 連立方程式の解き方

加減法や代入法を使って、**未知数が1つの方程式**をつくる。

絶対おさえる！ 解の確認

☑ 方程式の解が問題に適しているかどうかの確認

1 **求めた解を方程式に代入して、等式が成り立つか確かめる。**

2 方程式の解がそのまま問題の答えにならない場合もあるので、**答えが問題文に適しているかどうかを確かめる。**

参考

連立方程式の1つの式が、$x+y$=定数や$x-y$=定数の形になっている場合は、y＝定数$-x$や$y=x-$定数と置き換えられるので、連立方程式の形に書かなくても、初めから1次方程式の形に書けることがある。

4 文章題での方程式のたて方の例

❶ 値段が決まっているものの買い方（個数）を変える場合

全体の金額＝（品物Aの値段）×（買う個数）＋（品物Bの値段）×（買う個数）

例 りんご2個とみかん3個では420円、りんご4個とみかん5個では780円になる。

➡りんご1個がx円、みかん1個がy円として、連立方程式をつくる。

$$\begin{cases} 2x+3y=420 \\ 4x+5y=780 \end{cases}$$

❷ 道のりや時間が等しい場合

$$\begin{cases} \text{（道のり1）＋（道のり2）＝（全体の道のり）} \\ \text{（道のり1）÷（速さ1）＋（道のり2）÷（速さ2）＝（全体の時間）} \end{cases}$$

例 A～C地点は9000mあり、A地点からB地点までを分速500mで進み、B地点からC地点までを分速800mで進むと、15分かかった。

➡A～Bをxm、B～Cをymとして、

$x+y=9000$、$\dfrac{x}{500}+\dfrac{y}{800}=15$

A～C地点は9000m

（A～B地点の時間）＋（B～C地点の時間）＝15分

参考

❶、❷以外でも、年齢が等しくなる場合、増えた量（減った量）が等しくなる場合、面積や体積が等しくなる場合、全体の合計が（平均×個数）と等しくなる場合、和や積が等しくなる場合などいろいろなパターンがある。

● 方程式は立式が命！　文章を丁寧に読み、まずは丁寧に立式しよう。
立式ができればそのあとはいつもの方程式を解くだけだよ。

例題 1

りんご1個とみかん1個の重さの合計は230 gである。りんご3個とみかん5個の重さの合計は850 gである。りんごとみかん、それぞれ1個の重さは何gか。

答え

りんごもみかんも重さがわからないので、未知数が2つの連立方程式をつくる。
りんご1個の重さをxg、みかん1個の重さをygとする。それぞれの個数と重さの関係が2つ示されているので、それぞれについて等式をつくると方程式が2つできる。

$$\begin{cases} x + y = 230 \\ 3x + 5y = 850 \end{cases}$$

この連立方程式を解くと、$x = 150$、$y = 80$　　よって、りんごは150g、みかんは80g

例題 2

2600 mあるPQ地点間を、はじめは分速60mでP地点を出発し、途中から分速100mで進んだところ、P地点を出発してから30分後にQ地点に到着した。速さを分速100mに変えたのは、P地点から何m離れた地点か。

答え

分速60mで進んだ時間をx分、分速100mで進んだ時間をy分とする。
かかった時間は全部で30分なので、$x + y = 30$
分速60mでx分、分速100mでy分進んだ道のりをあわせると2600mになるので、
(道のり) = (速さ) × (時間)より、$60x + 100y = 2600$

$$\begin{cases} x + y = 30 \\ 60x + 100y = 2600 \end{cases}$$

この連立方程式を解くと、$x = 10$、$y = 20$
よって、分速60mで進んだ時間は10分なので、進む速さを変えたのは、P地点から、$60 \times 10 = 600$(m)

例題 3

ある商店でおにぎり1個とパン1個を買うと、代金の合計は190円であった。次の日に、同じおにぎり1個とパン1個を買うと、特売日だったので、前日の金額より、おにぎりは10%引き、パンは20%引きになっていて、代金の合計は160円であった。1日目のおにぎり1個とパン1個の値段は何円だったか。

答え

1日目のおにぎり1個の値段をx円、パン1個の値段をy円とすると、代金の合計より、$x + y = 190$…①
2日目はそれぞれ割引があるので、代金の合計より、$0.9x + 0.8y = 160$…②
①、②を連立方程式として解くと、$x = 80$、$y = 110$
よって、1日目のおにぎり1個の値段は80円、パン1個の値段は110円

関数

1次関数

1 1次関数とは

xとyの関係を式で表したときに、$y=ax+b$（a、bは定数で、$a\neq0$）と表せるとき、**yはxの1次関数である**という。この1次関数をグラフにすると、右の図のように直線になる。aはこのグラフの直線の傾きとなり、bはグラフがy軸と交わる点のy座標である。このとき、aを傾き、bを切片という。

参考

グラフ…傾きa、切片bの直線。

$a>0$のとき

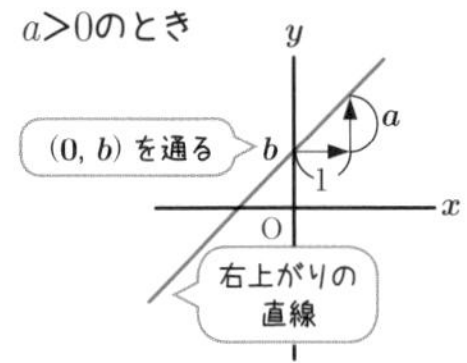

$a<0$のとき

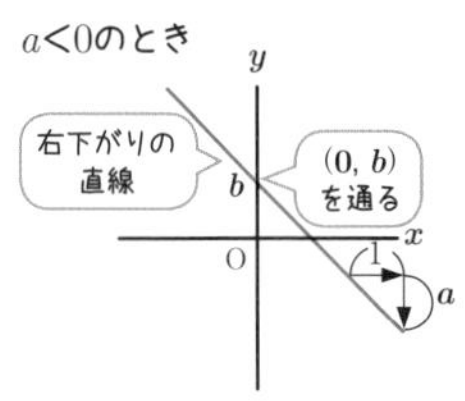

2 変化の割合

yの増加量をxの増加量でわったものを**変化の割合**という。

絶対おさえる！　変化の割合

$$(\text{変化の割合})=\frac{(y\text{の増加量})}{(x\text{の増加量})}$$

例 1次関数$y=2x-1$において、xの値が1から3に増加したとき、

xの増加量は、$3-1=2$

yの値は、$x=1$のとき…$y=2\times1-1=1$

$x=3$のとき…$y=2\times3-1=5$

より、$5-1=4$増加する。

よって、変化の割合は、$\frac{4}{2}=\mathbf{2}$

これは、$y=\mathbf{2}x-1$のxの係数と同じである。

x	…	1	2	3	…
y	…	1	3	5	…

（x：1→3 で 2、y：1→5 で 4）

参考

$a=0$のときは、$y=k$となり、yはxによらず一定の値kとなる。また、$x=h$（hは定数）のときは、xはyによらず一定の値hとなる。

$y=k$のグラフ　$x=h$のグラフ

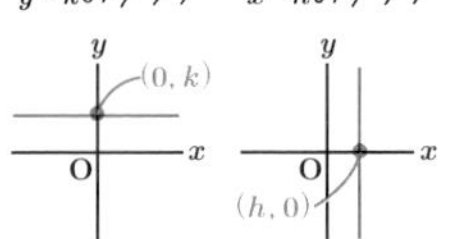

3 1次関数の式の求め方

❶ 1次関数のグラフが通る点と傾きがわかっている場合

例 傾きが2で、点(3, 5)を通る直線の式

$y=2x+b$と書けるので、**$x=3$、$y=5$を代入**すると、

$5=2\times3+b$より$b=5-6=-1$　よって、$y=2x-1$となる。

❷ 1次関数のグラフが通る2点がわかっている場合

例 点(1, 2)、(3, 8)を通る直線の式

$y=ax+b$が点(1, 2)を通ることから、$2=a+b$

また、**点(3, 8)を通る**ことから、$8=3a+b$

これらによる連立方程式、

$\begin{cases}2=a+b\\8=3a+b\end{cases}$　を解いて、$a=3$、$b=-1$

よって、求める直線の式は、$y=3x-1$となる。

重要

連立方程式の解は、2直線の交点の座標を表す。

例

連立方程式

$\begin{cases}y=3x-3 & \cdots①\\y=-x+5 & \cdots②\end{cases}$

の解は、直線①、②の交点の座標である。

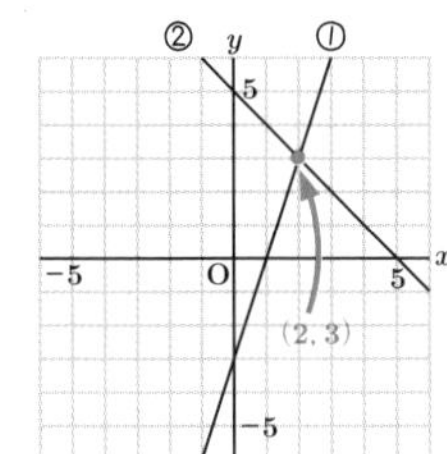

● $y=ax+b$の変化の割合はaになる。変域の問題ではグラフをかいて、関数の動きを目で見て確認してみよう。

例題 1

次のグラフの式を求めなさい。

(1)

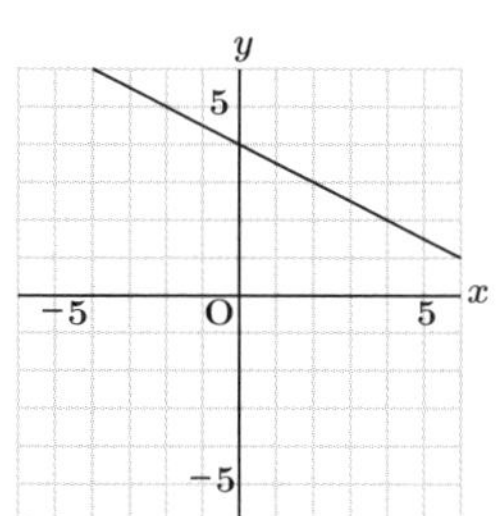

(2)

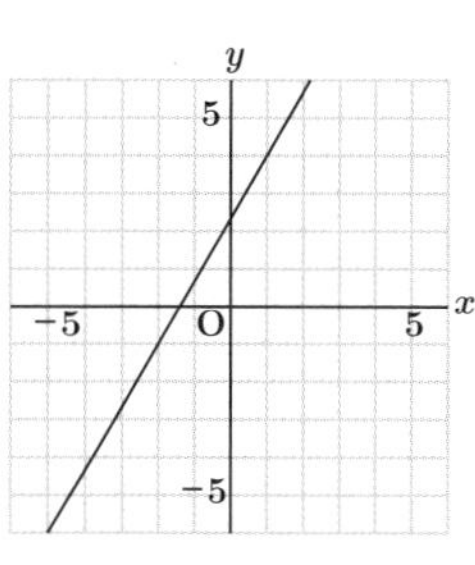

答え

(1) 点(0, 4)を通るから切片は4

右へ2進むと下へ1、

つまり上へ−1進むから、傾きは$-\frac{1}{2}$

1次関数の式は$y=ax+b$ 　$a=-\frac{1}{2}$、$b=4$を代入

よって、$y=-\frac{1}{2}x+4$

(2) 傾きは$\frac{5}{3}$より、$y=\frac{5}{3}x+b$とおく。

点(1, 4)を通るから、

$4=\frac{5}{3}\times1+b$、$b=\frac{7}{3}$

よって、$y=\frac{5}{3}x+\frac{7}{3}$

グラフを見ると、xが3増加したとき、yは5増加している

例題 2

$a>0$の$y=ax+b$においてxの変域が$-1\leqq x\leqq4$のとき、yの変域が$-5\leqq y\leqq5$である。この1次関数の式を求めなさい。

答え

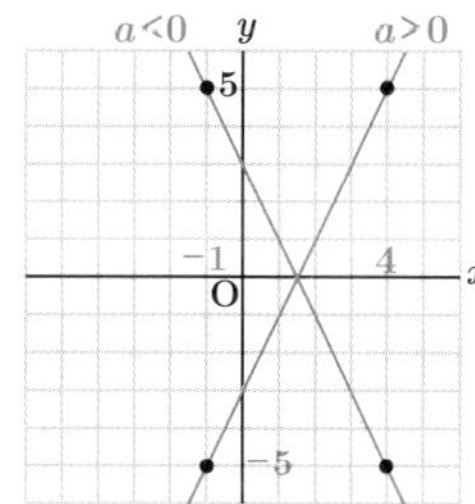

$a>0$なので、xの値が大きくなると、yの値も大きくなる。

よって、$x=-1$のとき$y=-5$、$x=4$のとき$y=5$である。

これらを$y=ax+b$に代入して、次のような連立方程式をつくる。

$$\begin{cases}-a+b=-5 & \cdots① \\ 4a+b=5 & \cdots②\end{cases}$$

②−①から、$5a=10$、$a=2$　①から、$b=-5+2=-3$

したがって、この1次関数の式は、$y=2x-3$

例題 3

2直線$y=2x+8$、$y=-4x-10$の交点の座標を求めなさい。

答え

2直線の交点の座標を求めるときは、2直線の式を連立方程式とみて解けばよい。

$$\begin{cases}y=2x+8 \\ y=-4x-10\end{cases}$$

この連立方程式を解くと、$x=-3$、$y=2$

よって、2直線の交点の座標は、$(-3, 2)$

関数

1次関数の利用

例題 1

右の図で、点Oは原点、直線ℓと直線mは1次関数のグラフで、直線ℓの式は$y=-2x+6$である。直線ℓとy軸との交点をA、x軸との交点をB、直線mとy軸との交点をC、x軸との交点をDとする。また、点Cのy座標は3である。次の(1)〜(3)の問いに答えなさい。ただし、座標軸の単位の長さを1cmとする。

(1) △ABOの面積を求めなさい。

(2) △ABCの面積を求めなさい。

(3) △ABDの面積が、△CBOの面積の3倍となるとき、直線mの式を求めなさい。

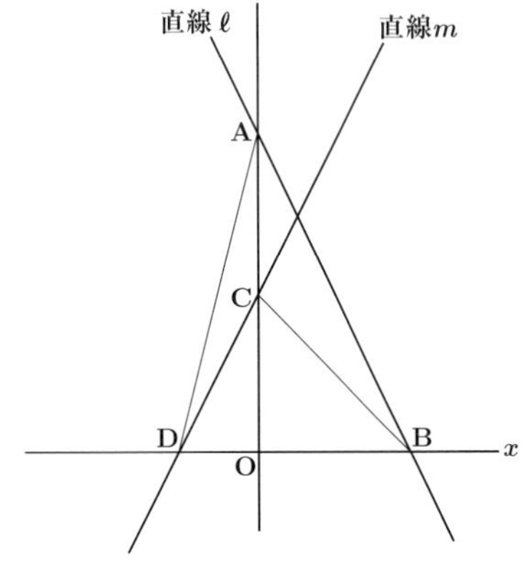

答え

(1) 点Aの座標は(0, 6)である。点Bはy座標が0なので、x座標は

$0=-2x+6$より、$2x=6$、$x=3$

よって、B(3, 0)

したがって、△ABOの面積は、

$\frac{1}{2}\times \mathrm{OB}\times \mathrm{AO}=\frac{1}{2}\times 3\times 6=9$(cm²)

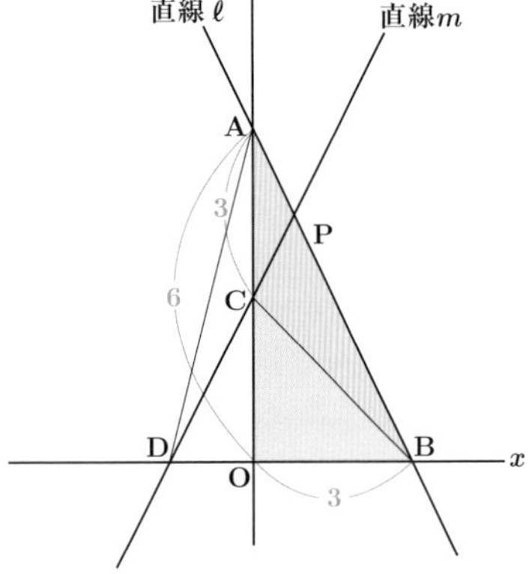

(2) △ABCの底辺をACとみると、高さはBOとなるので、

△ABCの面積は、$\frac{1}{2}\times \mathrm{AC}\times \mathrm{BO}=\frac{1}{2}\times(6-3)\times 3=\frac{9}{2}$(cm²)

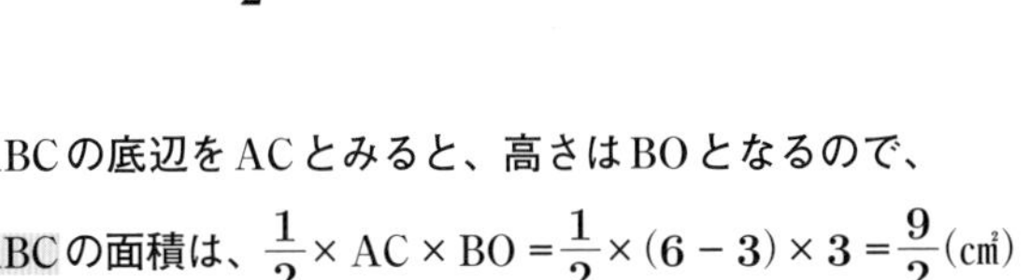

(3) △CBOの面積$=\frac{1}{2}\times \mathrm{CO}\times \mathrm{BO}=\frac{1}{2}\times 3\times 3=\frac{9}{2}$(cm²)である。

Dの座標を$(d, 0)$とすると、BDの長さは$3-d$となる。

△ABDの面積は、△CBOの面積の3倍なので、

$\frac{1}{2}\times(3-d)\times 6=\frac{9}{2}\times 3$、$d=-\frac{3}{2}$

よって、$\mathrm{D}\left(-\frac{3}{2}, 0\right)$

直線mの式を$y=ax+3$とおくと、$x=-\frac{3}{2}$のとき$y=0$だから、

$0=-\frac{3}{2}a+3$、$a=2$

直線mの式は、$y=2x+3$

合格へのヒント

● 面積の問題では状況が変わるごとに図をかこう。
三角形の問題は、底辺をどこにするかがポイントになることが多いよ。

例題 2

Aさんは7時に家を出て、1800m離れた駅まで歩いた。兄は、7時10分に自転車で家から駅へ向かった。そのときのようすを表したものが右の図である。兄がAさんを追いこした時刻を求めなさい。

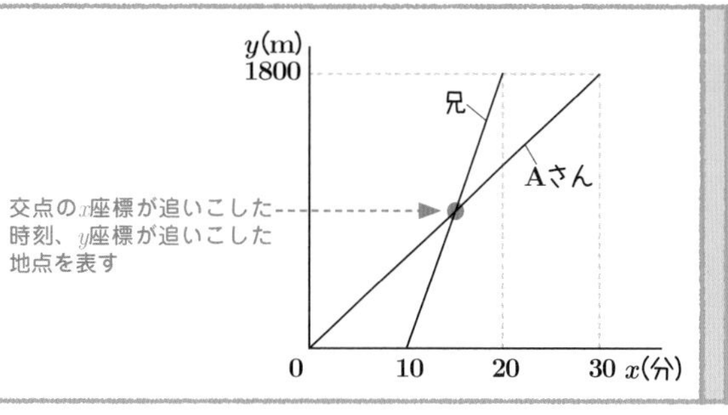

答え

Aさんの式…原点と(30, 1800)を通るから、$y = 60x$　…①
兄の式…2点(10, 0)、(20, 1800)を通るから、$y = 180x - 1800$　…②
①、②を連立方程式とみて解くと、$x = 15$　よって、兄がAさんを追いこしたのは、7時15分

交点の座標は連立方程式の解

例題 3

右の図の長方形ABCDで、点Pは頂点Aを出発して、辺上を頂点B、Cを通って頂点Dまで動く。点Pが頂点Aから$x$cm動いたときの△APDの面積を$y$cm^{2}とする。点Pが次の(1)〜(3)の辺上にあるとき、yをxを用いた式でそれぞれ表しなさい。

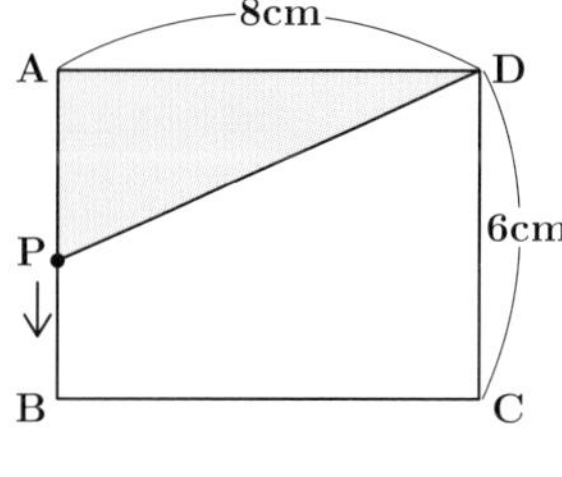

(1)　辺AB
(2)　辺BC
(3)　辺CD

答え

(1)　点Pが辺AB上にあるとき、図1のように、
△APDの底辺は8cm、高さは$x$cmとなるので、
$y = \frac{1}{2} \times 8 \times x$、$y = 4x$

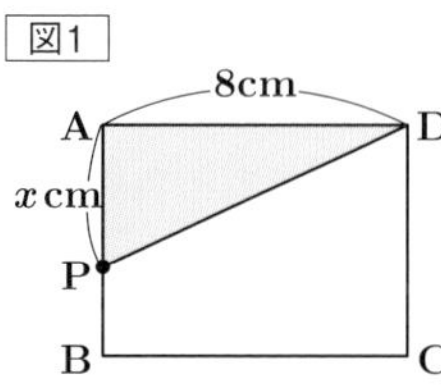

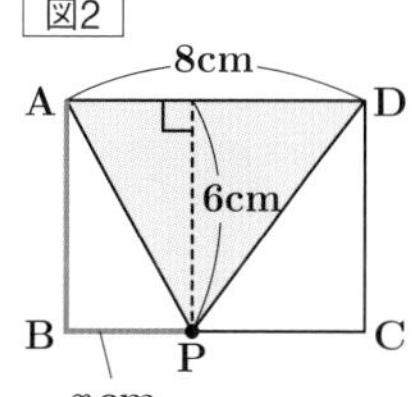

(2)　点Pが辺BC上にあるとき、図2のように、
△APDの底辺は8cm、高さは6cmとなるので、
$y = \frac{1}{2} \times 8 \times 6$、$y = 24$

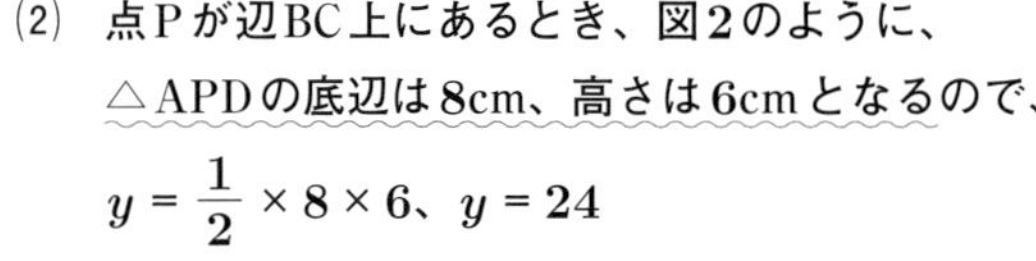

(3)　点Pが辺CD上にあるとき、図3のように、
△APDの底辺は8cm、高さはDPとなる。
DPの長さは、$(AB + BC + CD) - x = (6 + 8 + 6) - x$
$= 20 - x$
よって、$y = \frac{1}{2} \times 8 \times (20 - x)$、$y = -4x + 80$

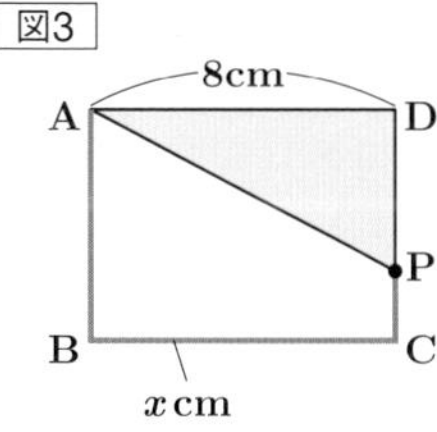

図形

平行と合同

1 平行線と角

❶ 対頂角、同位角、錯角

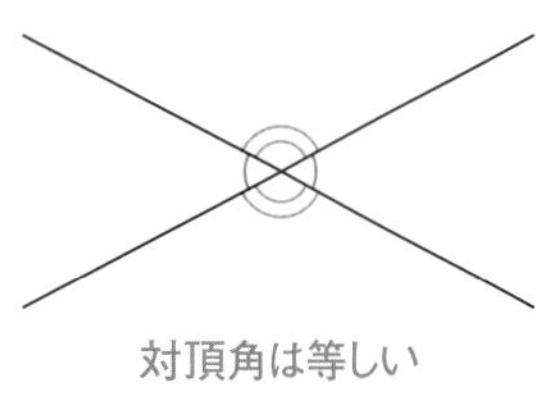

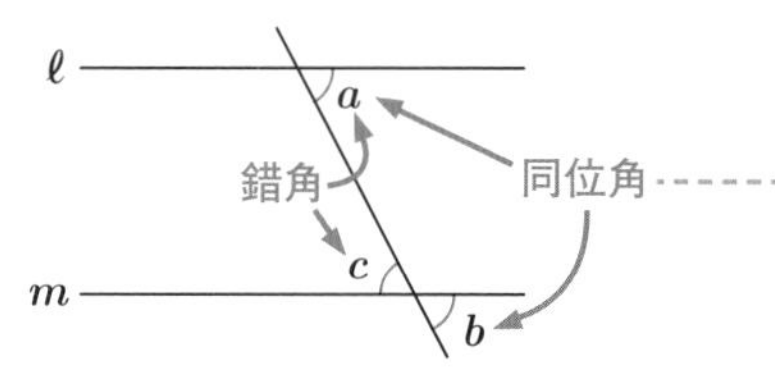

重要

この図で

$\ell /\!/ m$ ならば $\angle a=\angle b$、$\angle a=\angle c$

$\angle a=\angle b$、$\angle a=\angle c$ ならば $\ell /\!/ m$

2 多角形の角

❶ 三角形の角

①三角形の3つの**内角の和は180°**

②三角形の外角は、それととなり合わない2つの内角の和に等しい。

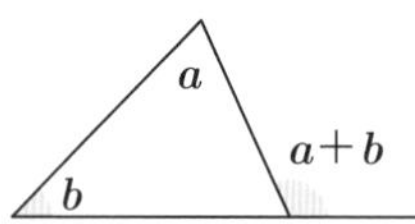

❷ 多角形の角

①n角形の内角の和は$\mathbf{180°\times(n-2)}$

②多角形の外角の和は**360°**

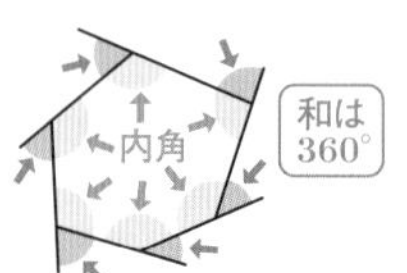

参考

1つの内角が180°より大きい四角形

上の図で、
$\angle d=\angle a+\angle b+\angle c$

3 三角形の合同条件

絶対おさえる！　三角形の合同条件

☑ 三角形の合同条件

1. **3組の辺がそれぞれ等しい。**
2. **2組の辺とその間の角がそれぞれ等しい。**
3. **1組の辺とその両端の角がそれぞれ等しい。**

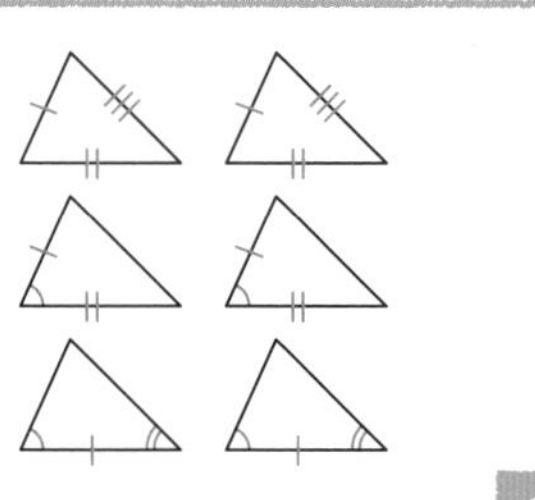

重要

合同な図形の性質

合同な図形では、

①対応する辺の長さは等しい。

②対応する角の大きさは等しい。

例 △ABC≡△DEFのとき

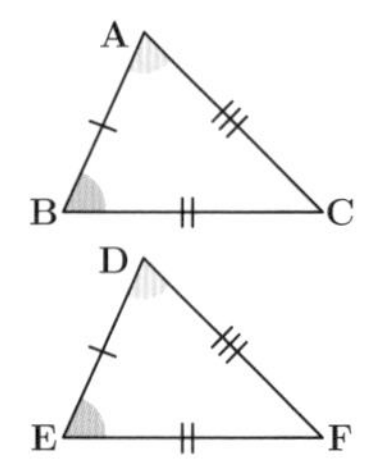

AB=DE、BC=EF、CA=FD
∠A=∠D、∠B=∠E、
∠C=∠F

4 証明

❶ 仮定と結論

図形の性質などで、「●●ならば■■である。」と表されるとき、●●の部分を**仮定**、■■の部分を**結論**という。

❷ 証明

すでに正しいと認められていることがらを根拠にして、仮定から結論を導くことを、**証明**という。

❸ 三角形の合同条件を利用した証明の手順

①証明する三角形を示す。➡②等しい辺や角を、根拠とともに示す。➡③合同条件を示す。➡④結論を書く。

注意

証明する三角形の辺や角は、対応する頂点が同じ順になるように書く。

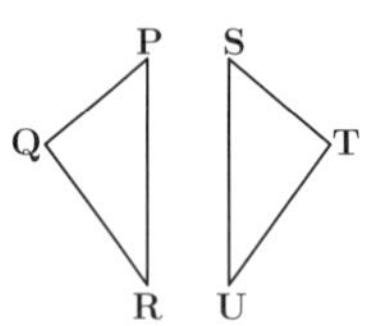

上の図で、頂点PとS、頂点QとT、頂点RとUが対応している。

● 証明問題は“他人に伝わること”が大切。まずは模範解答で型を勉強して、自分でつくった答案を先生に見てもらおう。

例題 1

次の図で、$\angle x$の大きさを求めなさい。

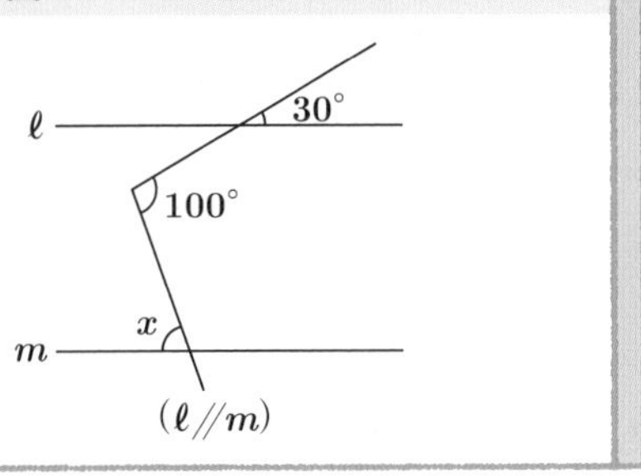

答え

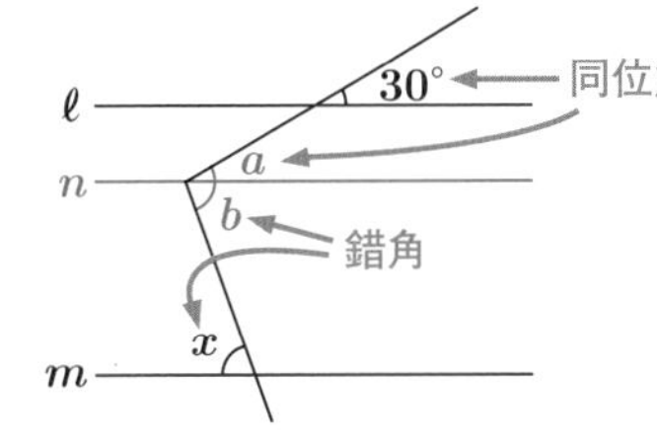

ℓ、mに平行な直線をひいて、平行線の性質を利用する

$\ell /\!/ n$より、$\angle a = 30°$

$\angle b = 100° - \angle a$

$= 100° - 30° = 70°$

$n /\!/ m$より、$\angle x = \angle b$

よって、$\angle x = 70°$

例題 2

次の図で、$\angle x$の大きさを求めなさい。

(1)

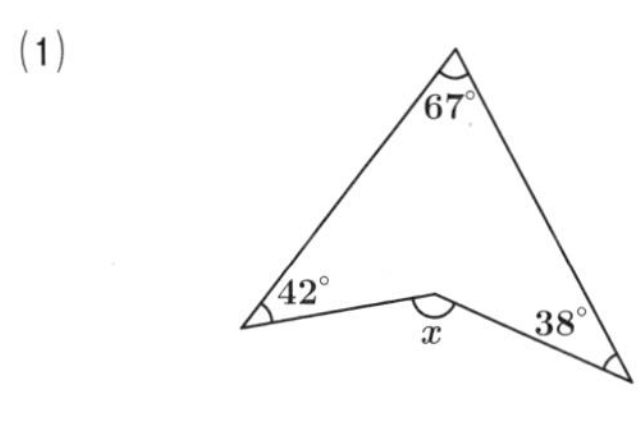

(2)

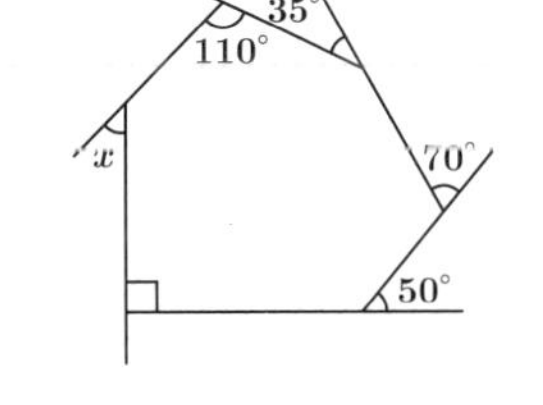

答え

(1)

延長線をひいて、三角形の内角と外角の関係を利用する

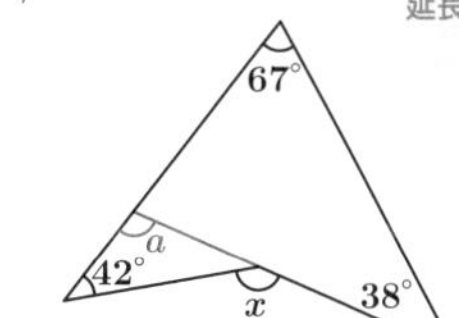

$\angle a = 67° + 38° = 105°$

$\angle x = 105° + 42° = 147°$

1つの内角が180°をこえる四角形で、180°をこえる内角の外側の角は、その他の3つの内角の和となる

(2)

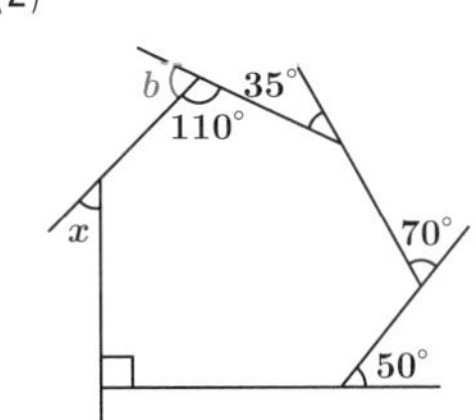

$\angle b = 180° - 110° = 70°$

$\angle x = 360° - (70° + 35° +$

$70° + 50° + 90°)$

$= 45°$

多角形の外角の和は360°

例題 3

次の図で、AB = DC、∠ABC = ∠DCBであるとき、AC = DBであることを証明しなさい。

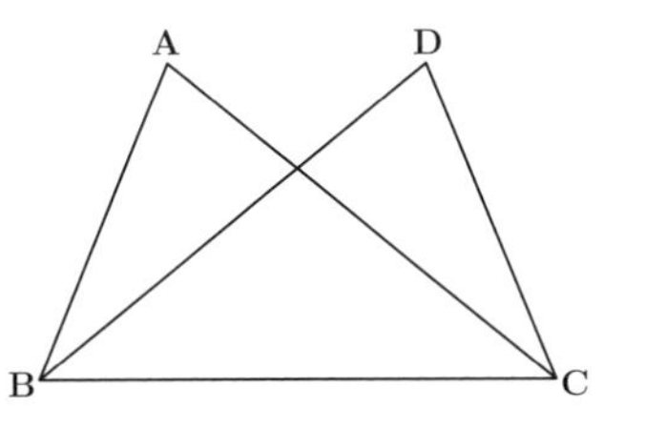

答え

（証明）　△ABCと△DCBにおいて、　証明する三角形を対応する順に注意して書く

仮定より、AB = DC…①　根拠となることがらを書く

∠ABC = ∠DCB…②

共通な辺だから、BC = CB…③　合同条件を書く

①、②、③より2組の辺とその間の角がそれぞれ等しいから、

△ABC ≡ △DCB

合同な図形の対応する辺の長さは等しいから、

AC = DB　結論を書く

図形

いろいろな三角形

1 二等辺三角形

❶ **定義**…2辺が等しい三角形。
等しい2辺の間の角を**頂角**、
頂角に対する辺を**底辺**、
底辺の両端の角を**底角**という。

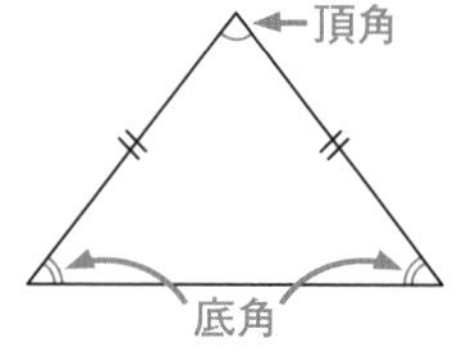
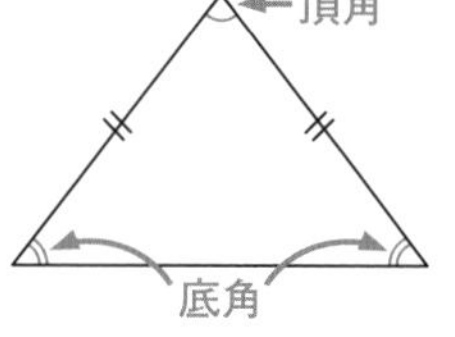

❷ **性質**

定理①…**2つの底角は等しい。**

定理②…**頂角の二等分線は底辺を垂直に2等分する。**

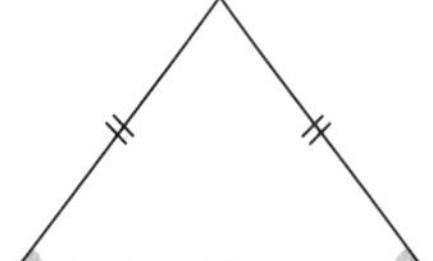

❸ **二等辺三角形になるための条件**

2つの角が等しい三角形は二等辺三角形である。

重要　定義と定理

定義…言葉や記号の意味をはっきりと述べたもの。
定理…証明されたことがらのうち、重要なもの。

参考　中線

頂点と、その向かい合う辺の中点を結んだ線を中線という。

2 正三角形

❶ **定義**…3辺が等しい三角形。

❷ **性質**…3つの内角はすべて等しく、**60°**である。

❸ **正三角形になるための条件**

3つの角が等しい三角形は正三角形である。

3 直角三角形

❶ **定義**…1つの内角が直角である三角形。直角に対する辺を**斜辺**という。

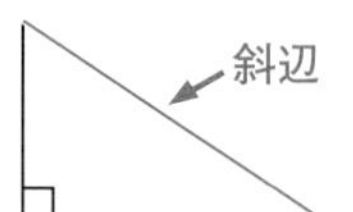

❷ **直角三角形の合同条件**

絶対おさえる！　直角三角形の合同条件

☑ 直角三角形の合同条件

1 **斜辺と1つの鋭角がそれぞれ等しい。**

2 **斜辺と他の1辺がそれぞれ等しい。**

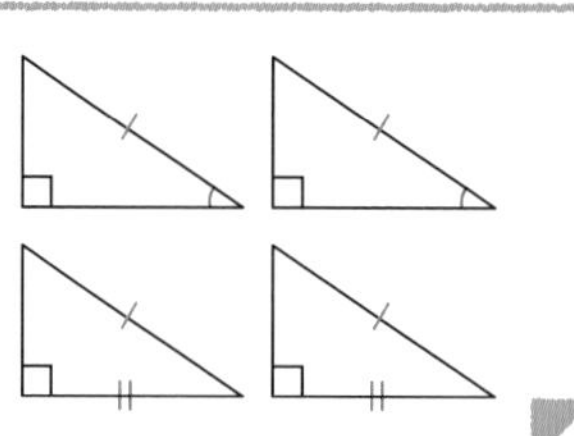

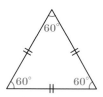

参考　三角形の分類

鋭角…90° より小さい角
直角…90° の角
鈍角…90° より大きい角

鋭角三角形…
3つの内角がすべて鋭角

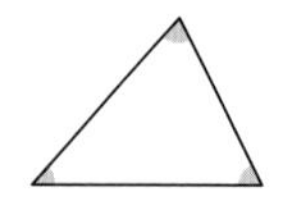

直角三角形…
1つの内角が直角

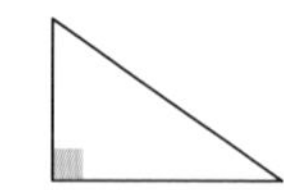

鈍角三角形…
1つの内角が鈍角

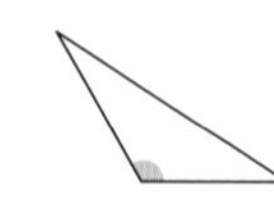

● 角度や辺の長さをどんどん図に書き込もう。いろいろと書き込んでいくうちに、少しずつ答えがわかってくるよ。

例題 1

次の図で、△ABCはAB = BCの二等辺三角形である。$\angle x$の大きさを求めなさい。

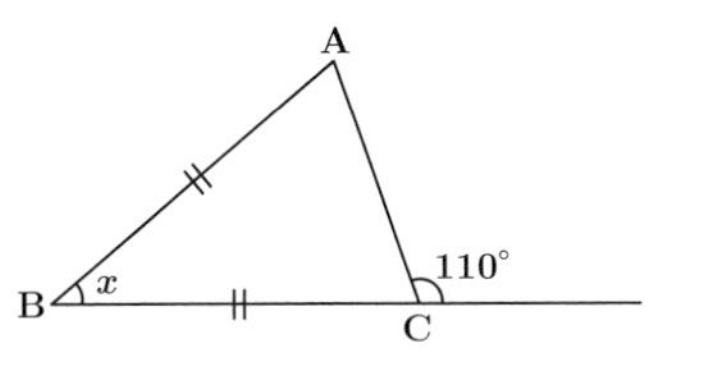

答え

$\angle BAC = \angle ACB$　二等辺三角形の底角は等しい

$= 180° - 110° = 70°$

$\angle x = 110° - 70°$　三角形の内角と外角の関係を利用する

$= 40°$

例題 2

次の図で、△ABCと△ECDは正三角形である。頂点B、C、Dは一直線上にあり、頂点AとD、頂点BとEをそれぞれ結ぶ。このとき、AD = BEとなることを証明しなさい。

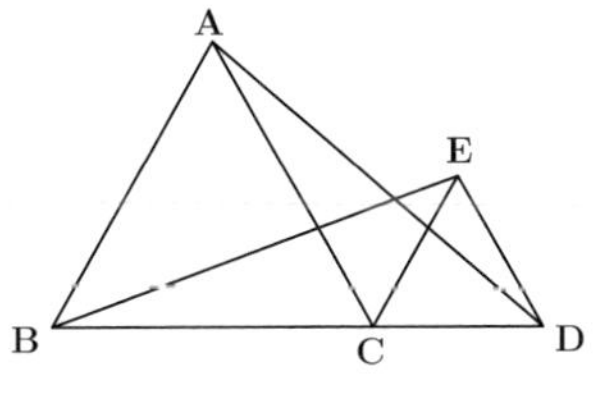

答え

（証明）　△ADCと△BECにおいて、△ABCと△ECDは正三角形だから、

AC = BC …①

CD = CE …②　正三角形だから、3つの辺は等しく、3つの角はすべて60°

$\angle ECD = \angle BCA = 60°$

$\angle ACD = \angle ECD + \angle ACE = 60° + \angle ACE$

$\angle BCE = \angle BCA + \angle ACE = 60° + \angle ACE$

したがって、$\angle ACD = \angle BCE$ …③

①、②、③より、2組の辺とその間の角がそれぞれ等しいから、△ADC ≡ △BEC

対応する辺の長さは等しいから、AD = BE

例題 3

次の図は、AB = ACの二等辺三角形ABCである。頂点Cから辺ABにひいた垂線と辺ABとの交点をD、頂点Bから辺ACにひいた垂線と辺ACとの交点をEとする。このとき、DB = ECとなることを証明しなさい。

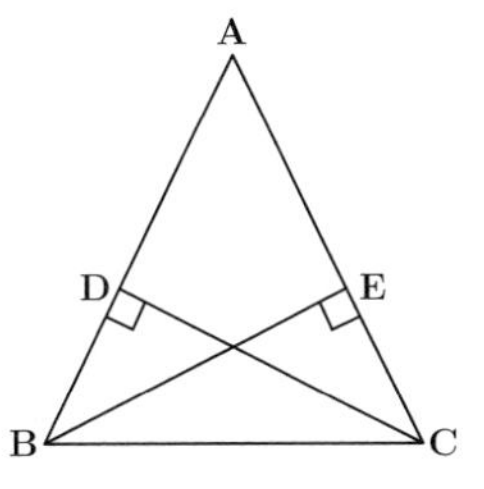

答え

（証明）　△DBCと△ECBにおいて、

仮定より、二等辺三角形の底角は等しいから、

$\angle DBC = \angle ECB$ …①　二等辺三角形の底角は等しい

共通な辺だから、BC = CB …②

仮定より、$\angle BDC = \angle CEB = 90°$ …③

①、②、③より、直角三角形の斜辺と1つの鋭角がそれぞれ等しいから、△DBC ≡ △ECB　直角三角形の合同条件の利用

対応する辺の長さは等しいから、

DB = EC

図形

特別な四角形

1 平行四辺形

❶ **定義**…2組の対辺がそれぞれ平行である四角形。

❷ **平行四辺形になるための条件**

絶対おさえる！　平行四辺形になるための条件

☑ 平行四辺形になるための条件

1 **2組の対辺がそれぞれ平行である。（定義）**
2 **2組の対辺がそれぞれ等しい。**
3 **2組の対角がそれぞれ等しい。**　　性質
4 **対角線がそれぞれの中点で交わる。**
5 **1組の対辺が平行でその長さが等しい。**

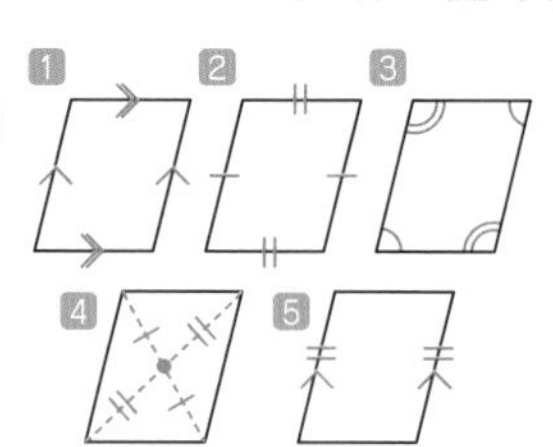

四角形で、向かい合う辺を対辺、向かい合う角を対角という。

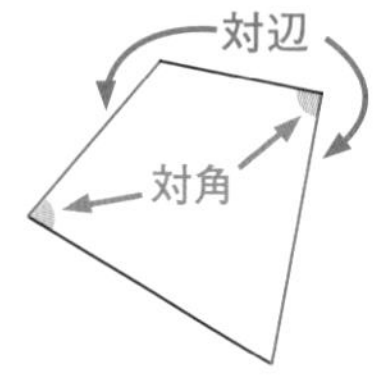

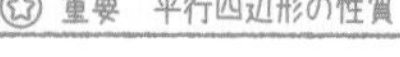

定理
①2組の対辺がそれぞれ等しい。
②2組の対角がそれぞれ等しい。
③対角線がそれぞれの中点で交わる。

2 特別な平行四辺形

❶ **長方形**　定義…4つの角が等しい四角形。
性質…対角線の長さは等しい。

❷ **ひし形**　定義…4つの辺が等しい四角形。
性質…2本の対角線は垂直に交わる。

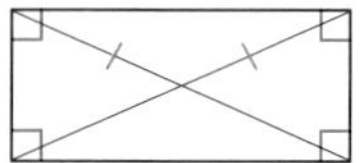

❸ **正方形**　定義…4つの辺が等しく、4つの角が等しい四角形。
性質…2本の対角線の長さは等しく、垂直に交わる。

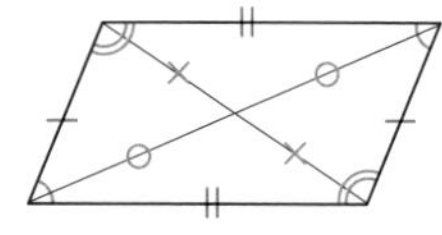

長方形、ひし形、正方形は平行四辺形の特別な場合である。
下の図のような関係になっている。

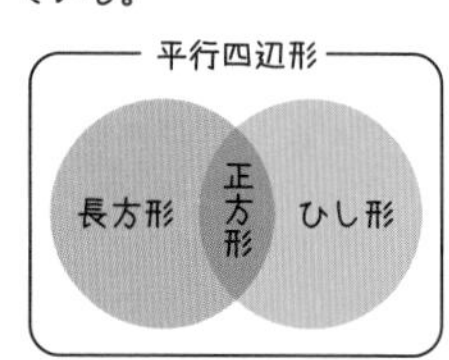

3 平行線と面積

❶ **面積が等しい三角形**

右の図の△ABCと△DBCで、AD//BCのとき、底辺をBCとみると、高さが等しくなるから、△ABC＝△DBC

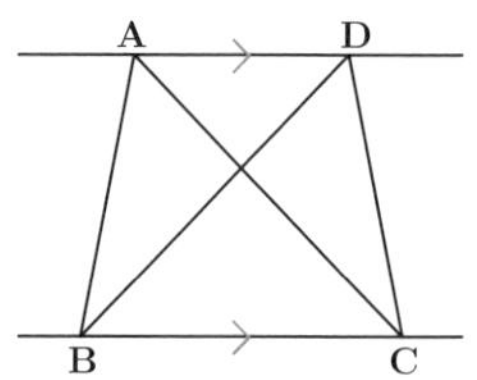

❷ **等積変形**

▶ 四角形ABCDと面積が等しい三角形をかく手順

1 頂点Dを通り、対角線ACに平行な直線 ℓ をひく。

2 直線BCと直線 ℓ との交点をEとし、△ABEをかく。

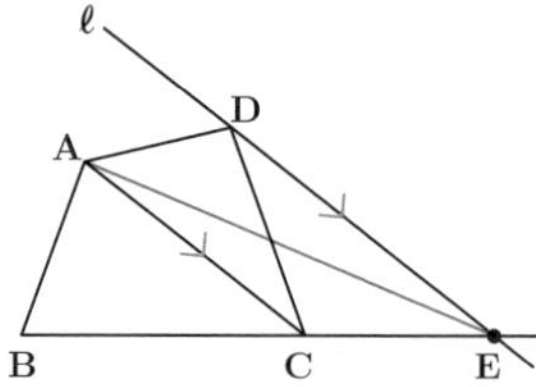

参考　台形

1組の対辺が平行な四角形を台形という。

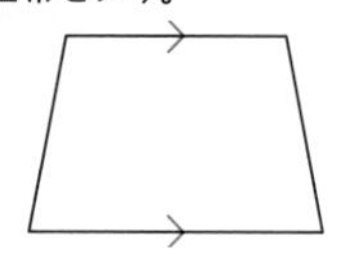

● 平行線の性質は入試に頻出。「平行である」ことと「同位角、錯角が等しい」ことの言い換えと、等積変形の作図をマスターしておこう。

例題 1

次の図の四角形ABCDは平行四辺形で、辺BC、AD上にBE = DFとなる点E、Fをそれぞれとる。このとき、AE = CFであることを証明しなさい。

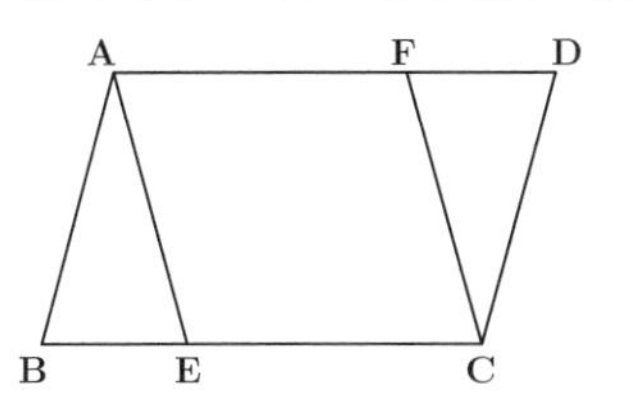

答え

(証明)　△ABEと△CDFにおいて、

仮定より、BE = DF …①

平行四辺形の対辺は等しいから、　平行四辺形の性質

AB = CD …②

平行四辺形の対角は等しいから、∠ABE = ∠CDF …③

①、②、③より、2組の辺とその間の角がそれぞれ等しいから、△ABE ≡ △CDF

合同な図形の対応する辺の長さは等しいから、

AE = CF

例題 2

次の図において、四角形ABCDはひし形で、点Oは2本の対角線の交点である。このとき、x、yの値を求めなさい。

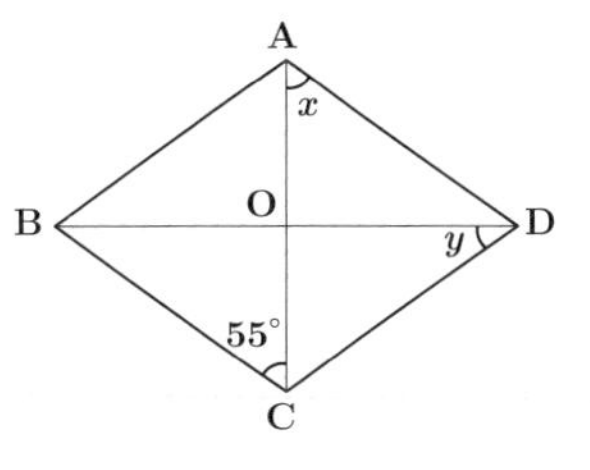

答え

ひし形は平行四辺形でもあるので、　ひし形は平行四辺形の特別な場合である

AD//BCより、錯角は等しいから、

$\angle x = \angle ACB = 55°$

DA = DCより、

$\angle DCO = \angle x = 55°$

ひし形の2本の対角線は垂直に交わるから、　ひし形の性質

$\angle DOC = 90°$

よって、$\angle y = 180° - (55° + 90°) = 35°$

例題 3

次の図で、x軸上の正の部分に点Eをとり、四角形ABCDと面積が等しい△ABEをつくる。点Eの座標を求めなさい。

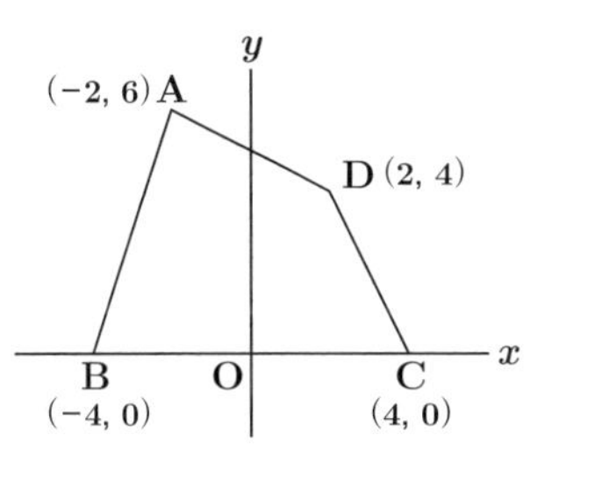

答え

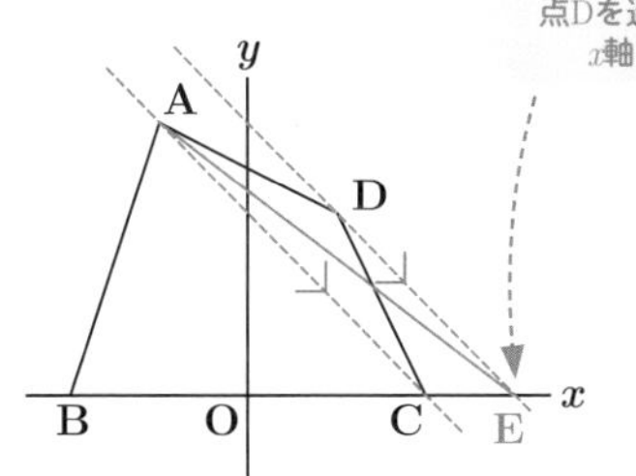

点Dを通り、直線ACと平行な直線とx軸との交点をEとすればよい

四角形ABCD
= △ABC + △ACD
= △ABC + △ACE
= △ABE

直線AC…傾きは-1

直線DE…点(2, 4)を通り、

傾き-1だから、　平行な2直線の傾きは等しい

$y = -x + 6$

点Eの座標…x軸上の点だから、

$0 = -x + 6$、$x = 6$

よって、E(6, 0)

図形

いろいろな証明

1 作図と証明

例 ∠AOBの二等分線の作図の証明

▶ 作図の手順

1 点Oを中心とする円をかき、半直線OA、OBとの交点をそれぞれP、Qとする。

2 P、Qを中心とする半径が等しい円をかき、その交点をRとする。

3 2点O、Rを通る半直線をひく。

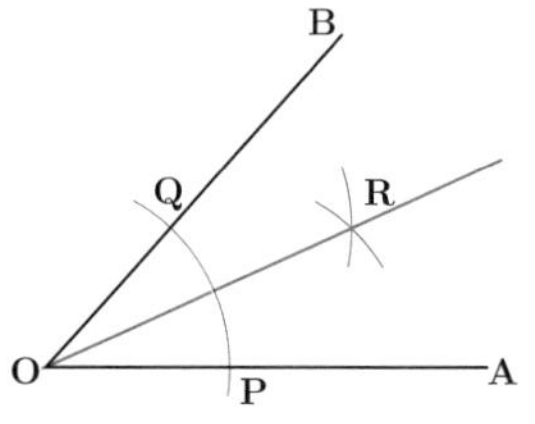

（証明） △OPRと△OQRにおいて、

OP＝OQ …① PR＝QR …② ORは共通 …③

①、②、③より、3組の辺がそれぞれ等しいから、△OPR≡△OQR

合同な図形の対応する角の大きさは等しいから、∠POR＝∠QOR

重要 証明の根拠

証明でよく使う根拠となる性質

①対頂角の性質
②平行線の性質(同位角・錯角)
③三角形の内角と外角の性質
④多角形の内角と外角の性質
⑤三角形の合同条件
⑥合同な図形の性質
⑦二等辺三角形の性質
⑧正三角形の性質
⑨平行四辺形の性質

などがある。

2 折り返した図形と証明

例 右の図の長方形ABCDを点Cが点Aに重なるように折り返すとき、AF＝AEである。

（証明） 折り返した図だから、∠AFE＝∠CFE

AD//BCより錯角は等しいから、∠AEF＝∠CFE

よって、∠AFE＝∠AEFとなるので、

△AFEは二等辺三角形となる。よって、AF＝AE

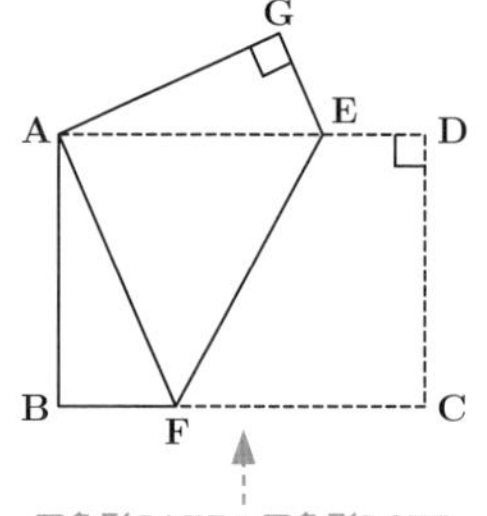

四角形GAFE≡四角形DCFE

重要 折り返した図形と合同

折り返した図形と、折り返す前の元の図形には合同な図形がある。対応する辺の長さや角の大きさが等しいことを利用する。下の図で、△ADE≡△FDE

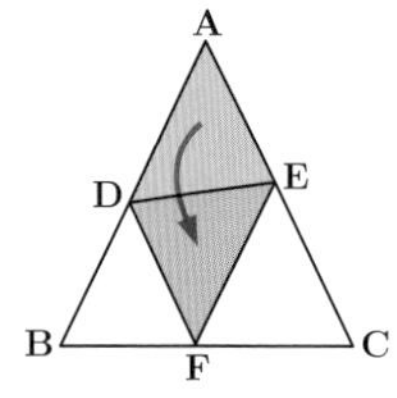

3 いろいろな証明

例 右の図で△ABCが正三角形で、BD＝CEであるとき、∠AFEの大きさを求める。

△ABDと△BCEにおいて、仮定より、BD＝CE …①

△ABCは正三角形だから、AB＝BC …②

∠ABD＝∠BCE＝60° …③

①、②、③より、2組の辺とその間の角がそれぞれ等しいので、△ABD≡△BCE

合同な図形の対応する角の大きさは等しいので、∠BAD＝∠CBE

∠AFE＝∠ABF＋∠BAF＝∠ABF＋∠CBE＝∠ABC＝60°

よって、∠AFE＝60°

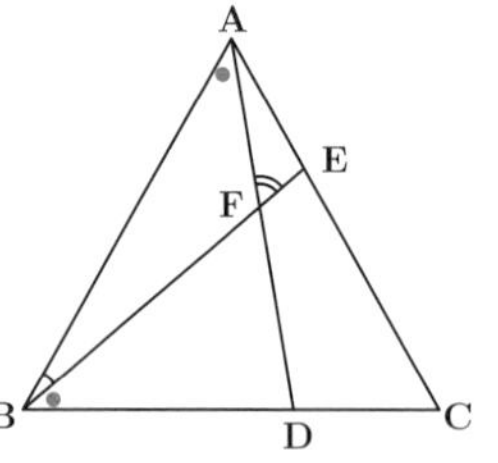

注意

左の例では、△ABFで、内角と外角の性質から、∠ABF+∠BAF=∠AFEであることがわかる。

角や線分の長さなど、直接求めることができない場合、求めたい角や線分の長さと等しくなる角や線分を見つけ出し、合同を利用して導く。

● 証明問題はまず図に情報を書き込んで、証明の見通しを立てよう。
見通しが立ってから答案をつくるのがポイント。

例題 1

次の手順で直線PQを作図するとき、直線PQは直線 ℓ の垂線であることを証明しなさい。

1 直線 ℓ 上の点Pを中心とする円をかき、円と直線 ℓ の交点をそれぞれA、Bとする。
2 A、Bを中心とする半径が等しい円をかき、その交点をQとする。
3 2点P、Qを通る直線をひく。

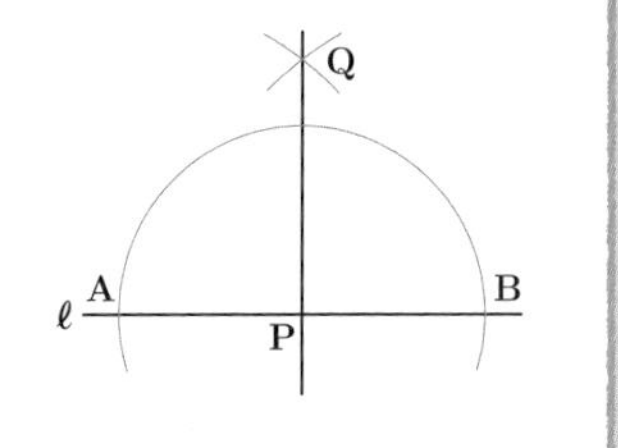

答え （証明）　点Qと点A、Bをそれぞれ結ぶ。△QAPと△QBPにおいて、
AP = BP …①　AQ = BQ …②　QPは共通 …③
①、②、③より、3組の辺がそれぞれ等しいから、△QAP ≡ △QBP
合同な図形の対応する角の大きさは等しいから、∠QPA = ∠QPB
∠QPA + ∠QPB = 180°より、∠QPA = ∠QPB = 90°
したがって、直線PQは ℓ の垂線である。

①は作図の手順1
②は作図の手順2
③は図から読みとれる

例題 2

右の図の長方形ABCDを対角線BDで折り返すとき、点Cが移った点をE、辺ADと線分BEの交点をFとするとき、△FBDは二等辺三角形になることを証明しなさい。

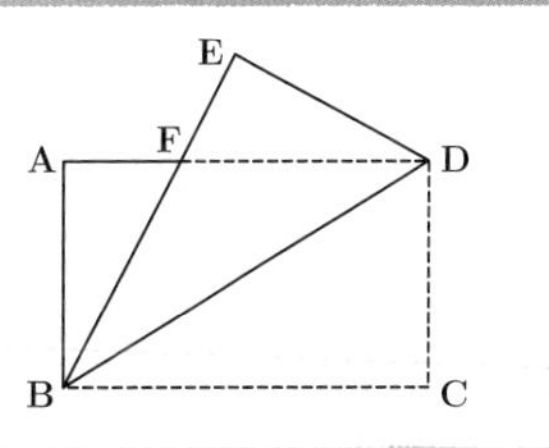

答え （証明）　折り返した図だから、∠FBD = ∠CBD　AD//BCより
∠FDB = ∠CBD　よって、∠FBD = ∠FDB
2つの角が等しいから、△FBDは二等辺三角形である。

折り返した部分の△BEDと△BCDが合同になる

2つの角が等しい三角形は二等辺三角形

例題 3

右の図において、△ABCは∠BAC = 90°の直角二等辺三角形である。頂点Aを通る直線 ℓ に、頂点B、Cからそれぞれ垂線をひき、直線 ℓ との交点をそれぞれD、Eとする。このとき、BD + CE = DEであることを証明しなさい。

BD = AE、CE = ADがいえればBD + CE = DEが証明できる

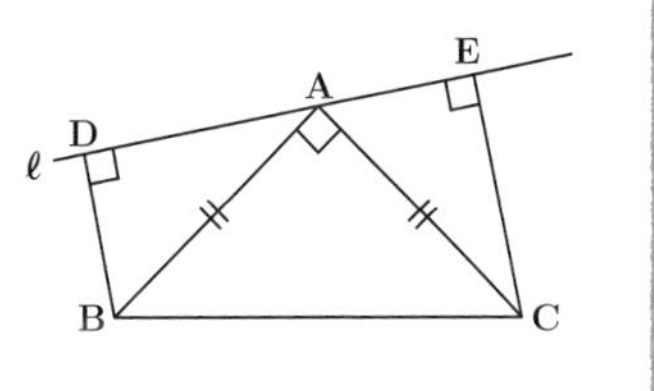

答え （証明）　△ABDと△CAEにおいて、仮定より、
AB = CA …①　∠ADB = ∠CEA = 90° …②
∠BAD = 180° −（90° + ∠EAC）　また、∠ACE = 180° −（90° + ∠EAC）
よって、∠BAD = ∠ACE …③　①、②、③より、直角三角形の斜辺と1つの鋭角がそれぞれ等しいから、△ABD ≡ △CAE　合同な図形の対応する辺の長さは等しいから、
BD = AE、CE = ADより、BD + CE = AE + AD = DEである。

一直線上

三角形の内角の和

10 確率、統計 確率

1 確率

❶ 確率

あることがらの起こりやすさの程度を表す数を、そのことがらの起こる**確率**という。

❷ 同様に確からしい

どの場合が起こることも同じ程度であると考えられるとき、**同様に確からしい**という。

絶対おさえる！　確率

☑ **起こりうる結果が全部でn通りあり、そのどれが起こることも同様に確からしいとする。そのうち、ことがらAの起こる場合がa通りのとき、**

Aの起こる確率…$p=\frac{a}{n}$ $(0 \leqq p \leqq 1)$

Aの起こらない確率…$1-p$

・樹形図

考えられるすべての場合を順序よく整理して数え上げるのに、下のような図がよく用いられる。このような図を**樹形図**という。

例 A、B、Cの3曲を流すとき、流す曲の順番は何通りあるか。

1曲目	2曲目	3曲目
A	B	C
	C	B
B	A	C
	C	A
C	A	B
	B	A

この樹形図から、全部で**6通り**ということがわかる。

参考
問題の本文に出てくることがあるので、意味を理解しておくこと。

重要
・必ず起こることがらの確率は1
・決して起こらないことがらの確率は0

参考
樹形図は、順序よく整理してかけるので、抜けもなく数えやすい。

参考
コインの表裏の問題を○×で表現すると、樹形図が簡単にかける。このように○×などの記号を用いてかくとよい。

● 確率は「丁寧に数える」ことが重要。樹形図などを使って、正しい数え方を徹底的に身につけよう。

例題 1

A、B、Cの3人の中から、くじ引きで委員長と副委員長を選ぶとき、Aが委員長に選ばれる確率を求めなさい。

答え

すべての場合は、次の樹形図の通り、6通りである。

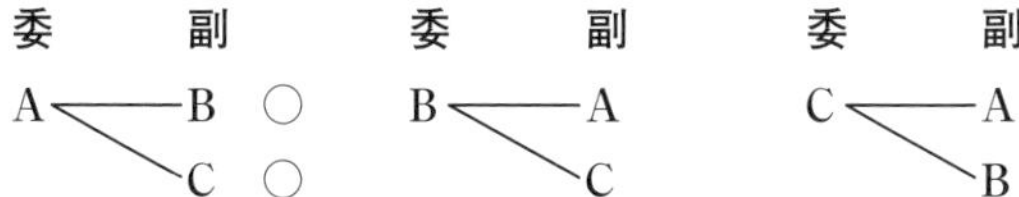

このうち、Aが委員長に選ばれる場合は、副委員長がそれぞれB、Cの場合の2通り。

よって、求める確率は、$\dfrac{2}{6}=\dfrac{1}{3}$

例題 2

2つのさいころを同時に投げるとき、次の確率を求めなさい。

(1) 出る目の数がどちらも奇数である確率
(2) 少なくとも一方の目の数が偶数である確率

答え

2つのさいころの目の出かたは全部で36通りある。

(1) 出る目の数がどちらも奇数であるのは、2つのさいころをA、Bとすると、右の表で○をつけた9通り。

よって、求める確率は、$\dfrac{9}{36}=\dfrac{1}{4}$

(2) (少なくとも一方が偶数である確率) = 1 − (どちらも奇数である確率) より、$1-\dfrac{1}{4}=\dfrac{3}{4}$

A＼B	1	2	3	4	5	6
1	○		○		○	
2						
3	○		○		○	
4						
5	○		○		○	
6						

例題 3

袋の中に赤玉が2個、青玉が2個入っている。この中から同時に2個の玉を取り出すとき、2個とも赤玉である確率を求めなさい。

答え

赤玉を①、②、青玉を[3]、[4]として、樹形図をかく。

区別する

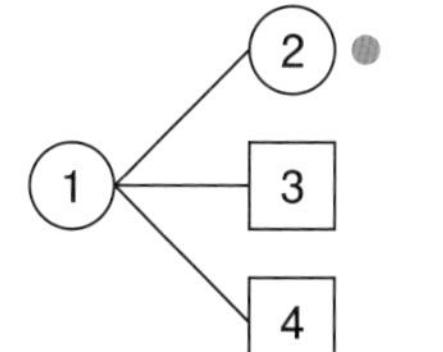

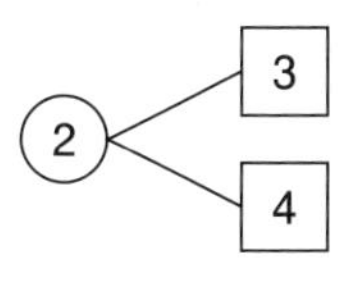

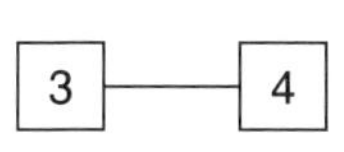

よって、求める確率は$\dfrac{1}{6}$

Mathematics

11 確率、統計 箱ひげ図

1 四分位数と箱ひげ図

❶ 四分位数

絶対おさえる！　四分位数

☑ データの値を小さい順に並べ、中央値を境にして、前半部分と後半部分に分けるとき、

前半部分の**中央値**……第1**四分位数**
全体の**中央値**…………第2**四分位数**　} あわせて**四分位数**という。
後半部分の**中央値**……第3**四分位数**

①データの値の個数が偶数個のとき

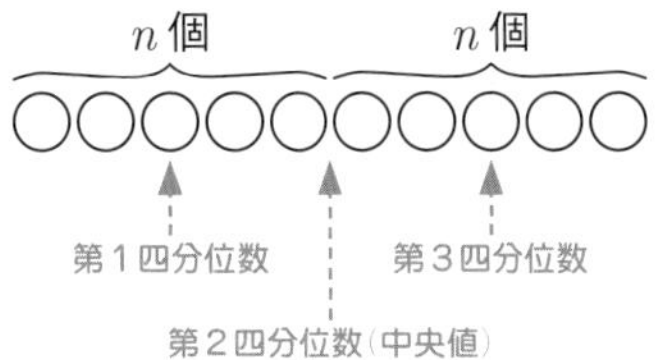

②データの値の個数が奇数個のとき

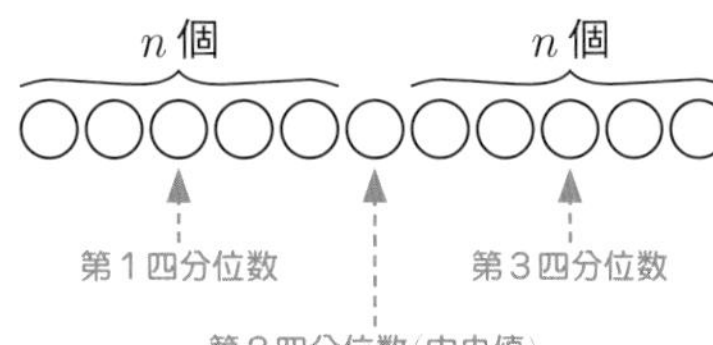

重要

データの値を小さい順に並べたとき、値の小さいほうから
25%の位置…第１四分位数
50%の位置…第２四分位数
75%の位置…第３四分位数

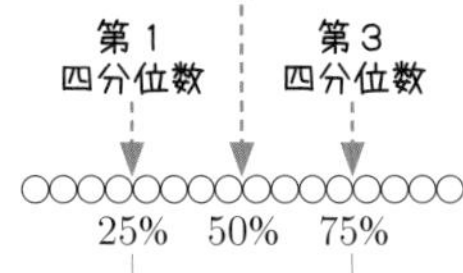

四分位範囲には、データの中央付近の約半数がふくまれる

❷ 箱ひげ図

下の図のように、**第１四分位数**と**第３四分位数**を両端とする長方形をかき、中央値で箱の内部に線をひき、最小値と第１四分位数、第３四分位数と最大値を線で結んだ図を、箱ひげ図という。

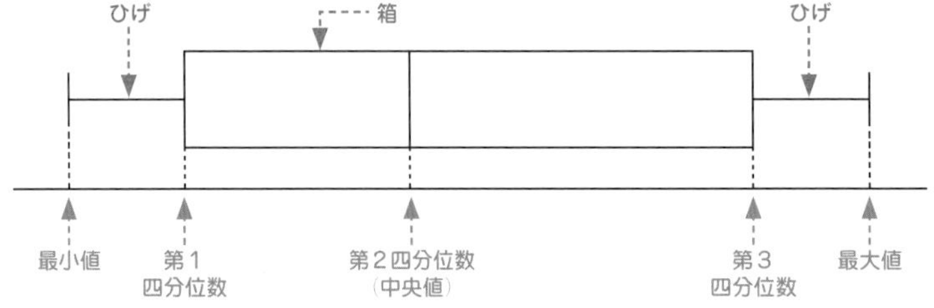

（四分位範囲）＝（第3四分位数）－（第1四分位数）

（範囲）＝（最大値）－（最小値）

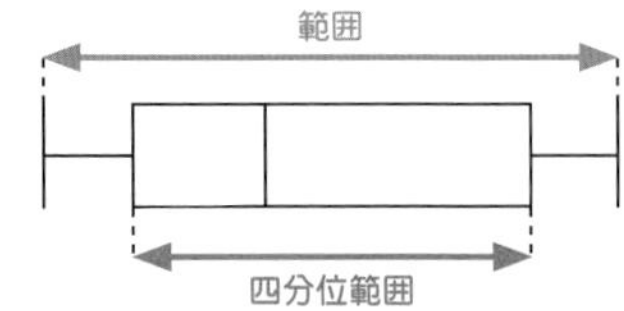

参考

ヒストグラムと箱ひげ図
・ヒストグラム→分布の形や最頻値がわかりやすいが、中央値はわかりにくい。
・箱ひげ図→散らばりのようすがわかりやすい。
複数のデータの分布を比較するのに適している。

重要

データの中に離れた値がある場合
・範囲は影響を受けやすい。
・四分位範囲は影響を受けにくい。

重要

四分位範囲がどの部分なのか、ことばと図でしっかり理解すること。

● 用語は丸暗記するだけではダメ。実際の箱ひげ図を見ながら、1つひとつ丁寧に用語の意味を理解しよう。

例題 1

次のデータは、13個の卵の重さを調べ、軽いほうから順に並べたものである。

63、 63、 64、 64、 64、 64、 65、 65、 66、 66、 67、 68、 69 （g）

(1) 四分位数を求めなさい。

(2) 四分位範囲を求めなさい。

(3) 箱ひげ図をかきなさい。

答え

(1)

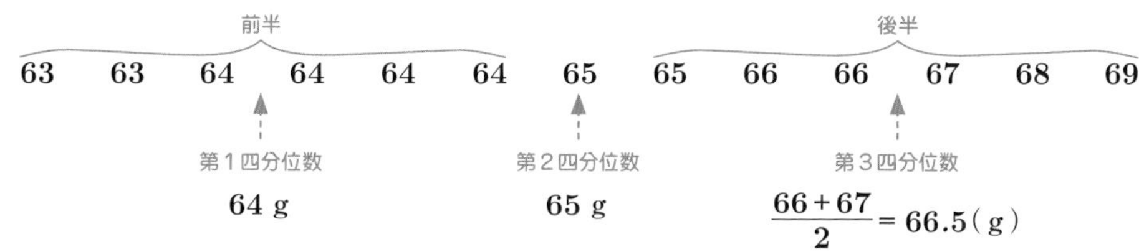

64 g　　65 g　　$\frac{66+67}{2} = 66.5$(g)

(2) $66.5 - 64 = 2.5$(g)

第３四分位数－第１四分位数

(3)

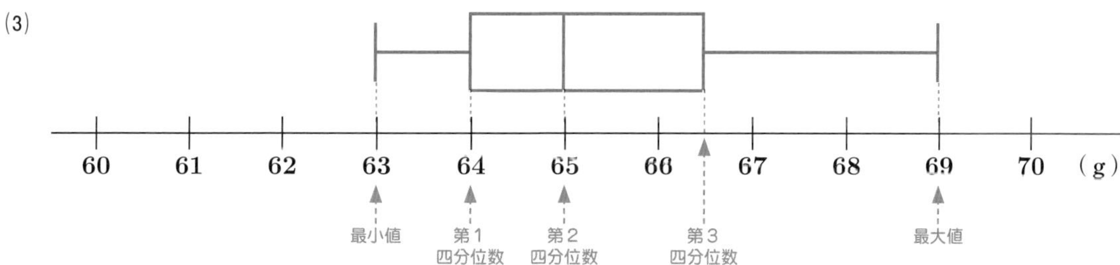

例題 2

ある中学校の生徒10人について、先月読んだ本の数(冊)を調べると次のようになった。

3、 5、 10、 14、 3、 12、 15、 2、 4、 8

(1) 四分位数を求めなさい。

(2) 四分位範囲を求めなさい。

答え

(1)

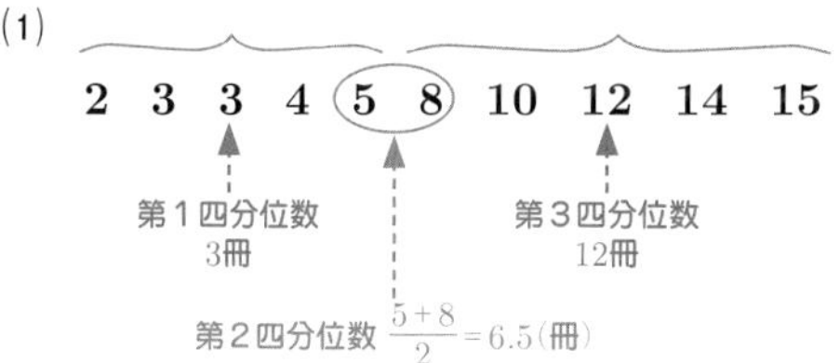

(2) 第３四分位数－第１四分位数より、

$12 - 3 = 9$(冊)

英語のおすすめ勉強法 ❶

音読をテスト化して、重要表現をマスター！

穴埋め音読

穴埋め音読は、テストしながら音読する方法です。「読む」「書く」に加えて「声に出す」ことで、英単語や英熟語、文法表現を身につけましょう。

「穴埋め音読」のやり方

1. 暗記用の緑マーカーと赤シートを準備する。
2. 教科書や問題集の重要部分を、緑マーカーでマークする。
3. マークした部分の下に和訳を書き込む。
4. 赤シートをかぶせて音読する。

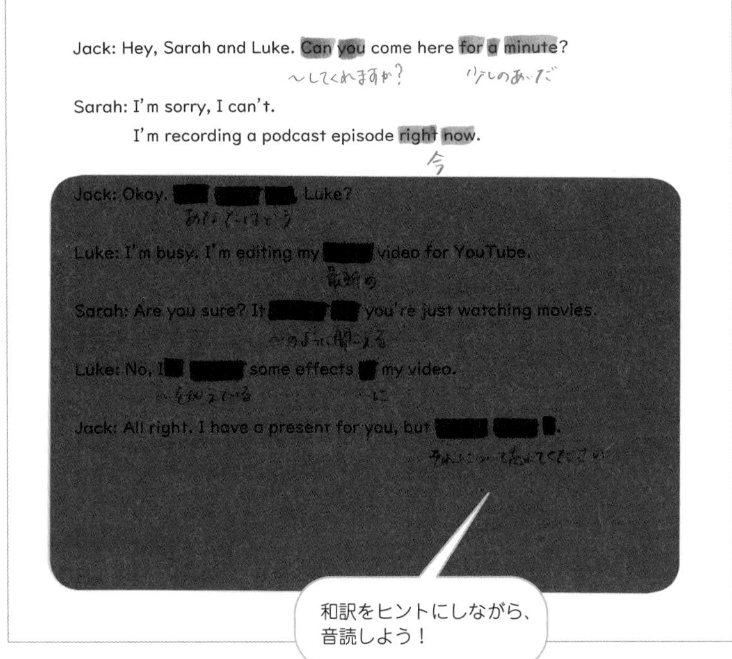

ポイント

- ☑ 音声を聞ける場合は、音読の前に３回聞いて、正しい発音・アクセントを確認しよう。
- ☑「新出単語・熟語」「重要な文法表現を含む文」「先生が重点的に解説した文」をマークしよう。
- ☑ 音読中に意味が理解できなかったところを、後でもう一度復習しよう。

英語のおすすめ勉強法②

学んだ内容を再現して、理解度をチェックする！

白紙再現

文字通り、「白紙に授業ノートを再現する」のが白紙再現。学んだ内容を紙にアウトプットすることで、理解度チェック＆記憶に定着させましょう。

「白紙再現」のやり方

1. 授業ノートを準備する。
2. ５分で授業ノートを覚える。
3. ６分で白紙（ノートやルーズリーフ）に要点を再現する。
4. 授業ノートを見ながら５分で添削し、間違いを修正する。

「単元名」「公式」「例文」「自分なりのひとことコメント」を盛り込んで、内容を充実させる。

授業ノート

Date

不定詞の用法（基礎編）

① 名詞的用法（〜すること）
→文の中でSやC、動詞や前置詞のOになる。
ex.) To play soccer is a lot of fun
ex.) I want to be a math teacher in the future

② 形容詞的用法（〜するための）
→名詞をうしろから修飾する。
ex.) Tom needs something to eat
ex.) Emily has many friends to talk with
忘れない！

③ 副詞的用法（〜するために／〜して）
→文の中で主に動詞を修飾する。
ex.) I went to the library to borrow some books.
目的「〜するために」
ex.) I am happy to see you
感情の原因「〜して」

白紙再現

Date

不定詞の用法

① 名詞的用法（〜すること）
→文中でS、C、Oになる
ex.) To play soccer is a lot of fun
ex.) I want to be a math teacher.

② 形容詞的用法（〜するために）
→名詞を修飾する
ex.) Tom needs something to eat.
ex.) Emily has many friend to talk

③ 副詞的用法（〜するための）
→文の中で（　　）を修飾する
ex.) I went to the library to barow some books

白紙再現のときは、色は黒だけでOK！

白紙再現の添削

Date

不定詞の用法

① 名詞的用法（〜すること）
→文中でS、C、Oになる
ex.) To play soccer is a lot of fun
ex.) I want to be a math teacher. in the future

② 形容詞的用法（〜するために）〜するための
→名詞を修飾する
ex.) Tom needs something to eat.
ex.) Emily has many friend to talk with 忘れない！

③ 副詞的用法（〜するための）〜するために／〜して
→文の中で主に動詞を修飾する
ex.) I went to the library to barow some books
目的「〜するために」

添削は赤字で書く！

ポイント

- タイマーで時間を計り、メリハリをつけて復習しよう。
- 白紙再現専用のノートをつくってみよう。試験前に見直せば、苦手分野の総復習に使える！
- 「自分が先生だったらどのように解説するか」を想像しながら、白紙再現してみよう。

文の形①

1 文の要素

絶対おさえる！　文を構成するもの

☑ 英語の文は主語（S）・動詞（V）・補語（C）・目的語（O）の４つの要素によって作られており、５つの文の形に分けられる。

主語　（S）：「〜は」「〜が」を意味する。→主語になれるのは名詞・代名詞
動詞　（V）：「〜である」「〜する」を意味する。
補語　（C）：主語や目的語を説明する働きをする。→補語になれるのは名詞・代名詞・形容詞
目的語（O）：動詞が表す動作の対象を示す働きをする。→目的語になれるのは名詞・代名詞

☑ 文にどの要素が含まれるかによって英語の文の形は５つに分けることができる。

SV	〈主語＋動詞〉	I live in Kyoto. S→V→修飾語句（M）
SVC	〈主語＋動詞＋補語〉 主語＝補語	I am happy. S→V→C
SVO	〈主語＋動詞＋目的語〉	I study English. S→V→O
SVOO	〈主語＋動詞＋目的語＋目的語〉	He showed me a picture. S→V→O→O
SVOC	〈主語＋動詞＋目的語＋補語〉 目的語＝補語	I call her Yucchi. S→V→O→C

● **主語…主語になれるのは名詞・代名詞**

名詞　人やものの名前を表す語
例　**Takuma**（タクマ）〈名前〉、**bag**（かばん）

代名詞　名詞のかわりをする語
例　**I**、**you**、**he**、**she**、**it**、**we**、**they** など。

⚠注意
主語として使われる代名詞は主格。

● **動詞…「〜である」「〜する」など状態や動作を表す語**

be動詞　**am**、**are**、**is**、**was**、**were**
一般動詞　例　**play**、**like**、**have** など。

● **補語…補語になれるのは名詞・代名詞・形容詞**

形容詞　人やものの性質や状態を表す語
例　**good**、**big**、**beautiful**、**busy** など。

➡修飾語(句)…副詞(句)や前置詞句のこと。文の形には影響しない。

You run fast.（あなたは速く走るよ）
副詞

I live in Tokyo.（私は東京に住んでるよ）
〈前置詞＋名詞〉＝前置詞句

例文はどちらもSV〈主語＋動詞〉の文だよ

修飾語（句）以外の文の要素で文の形を判断する。

● **目的語…目的語になれるのは名詞・代名詞**

代名詞　名詞のかわりをする語
例　**me**、**you**、**him**、**her**、**it**、**us**、**them**

⚠注意
目的語として使われる代名詞は目的格。
不安な人は中１で習った「代名詞」に戻って復習！

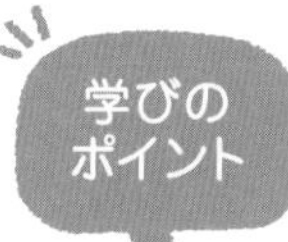

● SVCを作る動詞は限られている。この項目で紹介されるもの(be動詞・look・soundなど)はすべて確実に覚えておきたい。

2 文の語順

絶対おさえる！　文の要素と語順

☑ SV〈主語＋動詞〉のあとの要素と語順によって、文の形が決まる。

SV　主語 ＋ 動詞
SVC　主語 ＋ 動詞 ＋ 補語
SVO　主語 ＋ 動詞 ＋ 目的語

❶SV〈主語＋動詞〉「～は…する」

I(S) walk(V) in the park.（私は公園を歩くよ）

I(S) was(V) at home last Sunday.（私はこの前の日曜日、家にいたよ）

❷SVC〈主語＋動詞＋補語〉「～は…である」

主語＝補語
She＝a teacher
John＝happy
That＝interesting

She(S) is(V) a teacher(C).（彼女は先生だよ）

John(S) looks(V) happy(C).（ジョンはうれしそうだよ）

That(S) sounds(V) interesting(C).（それはおもしろそうだね）

❸SVO〈主語＋動詞＋目的語〉「～はーを…する」

I(S) study(V) English(O).（私は英語を勉強するよ）

Judy(S) knows(V) me(O).（ジュディは私を知ってるよ）

There is[are] ～. の文もSVの文。
There is(V) a cat(S) on the car.

SVCで使われる動詞

become「～になる」
feel「～と感じる」
get「～になる」
sound「～に聞こえる[思われる]」

lookとlook like

look「～に見える」、feel「～と感じる」、get「～になる」、sound「～に聞こえる」の直後には形容詞を続ける。名詞が続くときは〈like＋名詞〉とする。
This dog looks like a cat.（このイヌはネコのように見えるね）

基礎力チェック！

次の英文のSVOCを(　)に書きなさい。SVOC以外には×を書きなさい。

(例) I　am　Aki.
(S)(V)　(C)

(1) I　swim　every day.
(　)(　)　(　)

(2) We　play　basketball.
(　)(　)　(　)

(3) He　is　Mike.
(　)(　)　(　)

答え

(1) S、V、×
→ 2《 ❶参照

(2) S、V、O
→ 2《 ❸参照

(3) S、V、C
→ 2《 ❷参照

2 文の形②

1 SVOOの文

絶対おさえる！　SVOOの文のルール

☑ SV〈主語＋動詞〉のあとに目的語（O）を２つ続ける文の形がある。
SVOO　主語 ＋ 動詞 ＋ 目的語A ＋ 目的語B
☑ 目的語Aには「人」を表す名詞や代名詞を入れ、目的語Bには「もの」を表す名詞を入れる。
「(主語) は (人) に (もの) を〜する」という意味になる。
☑ SVOOで使われる動詞　give「〜に…を与える」　make「〜に…を作る」
show「〜に…を見せる[示す]」　teach「〜に…を教える」　tell「〜に…を話す[教える]」など
☑ SVOOの文は〈SVO（もの）＋ to[for] ＋（人）〉の形で、SVOの文に書きかえることができる。
toを使うかforを使うかは、動詞によって決まる。

● SVOO〈主語＋動詞＋目的語A＋目的語B〉
「(主語) はA（人）にB（もの）を〜する」

Mr. Green teaches us math.
S V O O

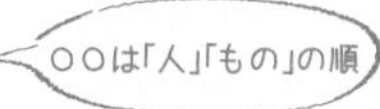

（グリーン先生は私たちに数学を教えるよ）

I cooked Tom lunch.（私はトムに昼食を作ったよ）
S V O O

➡ 目的語Aに動物などがくる場合もある。

I bought my dog a new toy.（私はイヌに新しいおもちゃを買ったよ）
S V O O

➡ 目的語Bが代名詞のときは、〈SVO＋to[for] 〜〉の形にする。

× She showed ~~me it~~.
○ She showed it to me.（彼女は私にそれを見せたよ）

● SVOOの文から〈SVO＋to[for] 〜〉の文への書きかえ

① 〈SVO（もの）＋to（人）〉

Meg sent me an e-mail.
＝Meg sent an e-mail to me.（メグは私にメールを送ったよ）
S V O 修飾語句（M）

to 〜 を使う動詞
give、send、show、teach、tell など

② 〈SVO（もの）＋for（人）〉

My mother made me a new bag.
＝My mother made a new bag for me.
S V O M

（母は私に新しいかばんを作ってくれたよ）

for 〜 を使う動詞
buy、cook、make など

● SVOO→SVOの書きかえは定期試験・入試で頻出。動詞ごとに使用する前置詞(to / for)を覚えておけば、得点源になるよ！

2 SVOCの文

絶対おさえる！　SVOCの文のルール

☑ SV〈主語＋動詞〉のあとにOC〈目的語＋補語〉を続ける文の形がある。
SVOC 主語 ＋ 動詞 ＋ 目的語 ＋ 補語
☑ SVOCの文では、CがOを説明するO＝Cの関係になる。

● 〈主語＋call＋目的語＋補語〉「～を…と呼ぶ」

We call her Meg.（私たちは彼女をメグと呼ぶよ）
S V O C

目的語＝補語
her＝Meg

● 〈主語＋make＋目的語＋補語〉「～を…にする」

My cat makes me happy.
S V O C

目的語＝補語
me＝happy

（私のネコは私を幸せにするよ）

➡ SVOOの文とSVOCの文の見分け方

He made her a cake.（彼は彼女にケーキを作ったよ）
her ≠ a cakeなのでSVOO

He made her a singer.（彼は彼女を歌手にしたよ）
her = a singerなのでSVOC

SVOCで使われる動詞
name「～を…と名づける」
keep「～を…の状態にしておく」

基礎力チェック！

❶ 次の英文がSVOOの文ならばア、SVOCの文ならばイを（　）に書きなさい。

(1) I'll show you some pictures.　（　　）
(2) My grandfather named me Eri.　（　　）
(3) Can I call you Bob?　（　　）
(4) The man told us interesting stories.　（　　）

❷ 次の日本語に合うように、＿＿に適当な語を書きなさい。

(1) ルーシーは私にプレゼントをくれました。
Lucy ＿＿＿＿ ＿＿＿＿ a present.
(2) その試合は彼らをわくわくさせました。
The game ＿＿＿＿ ＿＿＿＿ excited.
(3) 父は自分の車をきれいに保っています。
My father ＿＿＿＿ his car ＿＿＿＿.

答え

❶(1) ア
→ 1《 参照
(2) イ
→ 2《 参照
(3) イ
→ 2《 参照
(4) ア
→ 1《 参照
❷(1) gave me
→ 1《 参照
(2) made them
→ 2《 参照
(3) keeps、clean
→ 2《 参照

English

3 助動詞

1 have toの文

絶対おさえる！　have toの文の意味と用法

☑〈have to ＋動詞の原形〉で「～しなければならない」（義務）という意味になる。
☑否定文は have の前に don't[doesn't]を置き、「～する必要はない」という意味になる。
☑疑問文は Do[Does]を主語の前に置き、「～しなければなりませんか」という意味になる。

● have toの文の形

肯定文　I have to meet her.（私は彼女に会わなければならないよ）
└ have toのあとの動詞は原形

否定文　I don't have to meet her.（私は彼女に会う必要はないよ）
└ have toの前に don't[do not]

疑問文　Do you have to meet her?（あなたは彼女に会わなければならないの？）
└ 主語の前に do

応答文　Yes, I do.（うん、会わなきゃいけないよ）
No, I don't.（いいえ、会う必要はないよ）

doを使って答える！

主語が３人称単数のときは、has to になる。

過去の文は had to を使う。否定文は〈didn't have to ＋動詞の原形〉、疑問文は〈Did ＋主語＋ have to ＋動詞の原形 ～ ?〉の形。

2 mustの文

絶対おさえる！　mustの文の意味と用法

☑〈must ＋動詞の原形〉で「～しなければならない」（義務）や「～にちがいない」（確信）という意味になる。
☑否定文は must のあとに not を置き、「～してはならない」という禁止を表す。
☑疑問文は must を主語の前に置き、「～しなければなりませんか」という意味になる。

● mustの文の意味

義務　I must clean my room.（私は部屋を掃除しなければならないよ）

確信　He must be a new student.（彼は新入生にちがいないよ）

● mustの文の形

肯定文　Meg must stay home.（メグは家にいなければならないよ）
└ mustのあとの動詞は原形

否定文　You must not swim here.（ここで泳いじゃいけないよ）
└ mustのあとに not。短縮形 mustn't でもよい。

疑問文　Must we wait here?（私たちはここで待たなければならないの？）
└ 主語の前に must

応答文　Yes, you must.（うん、待たなければならないよ）
No, you don't have to.（いいえ、待つ必要はないよ）

must の否定文は否定の命令文〈Don't ＋動詞の原形 ～ .〉とほぼ同じ意味になる。

⚠注意
No のときの答え方に注意する。
must not ～「～してはならない」
don't[doesn't] have to ～「～する必要はない」

● “don't have to”と“must not”の意味の違いを説明できるようにしておこう。

3《 shouldとshallの文

絶対おさえる！　shouldとshallの文の意味と用法

☑〈should＋動詞の原形〉で「～するべきだ」（義務・助言）という意味になる。
☑〈Shall I＋動詞の原形 ～？〉で「～しましょうか」と相手に申し出る表現、
〈Shall we＋動詞の原形 ～？〉で「～しませんか」と相手に提案する表現になる。

● shouldの文の意味

助言　You should go to bed now.（あなたは今、寝るべきだよ）

● shallの文の意味

申し出　Shall I carry your bag?（あなたのかばんを運ぼうか？）

➡ 応答文は　Yes, please.（うん、お願い）
　　　　　　No, thank you.（いいえ、大丈夫）など

提案　Shall we eat lunch now?（今、昼食を食べない？）

➡ 応答文は　Yes, let's.（うん、食べよう）
　　　　　　No, let's not.（いいえ、食べないでおこう）など

should の文の否定文、疑問文の作り方は can や must の文と同じ。

Shall we ～？は〈Let's＋動詞の原形 ～.〉とほぼ同じ意味になる。

4《 mayの文

絶対おさえる！　mayの文の意味と用法

☑〈may＋動詞の原形〉で「～してもよい」（許可）や「～かもしれない」（推量）という意味になる。

● mayの文の意味

許可　You may go home now.（あなたは今、家に帰ってもいいよ）

推量　Mr. Brown may be busy.（ブラウン先生は忙しいかもしれないよ）

May[Can] I ～？で相手に許可を求める表現になる。
May I come in?
（入ってもいいですか）

基礎力チェック！

次の日本語に合うように、＿＿に適当な語を書きなさい。

(1) あなたは手を洗わなければなりません。
You ＿＿＿＿ ＿＿＿＿ your hands.

(2) ケンは早く起きるべきです。
Ken ＿＿＿＿ ＿＿＿＿ up early.

(3) 今夜、映画を見ませんか。
＿＿＿＿ ＿＿＿＿ see a movie tonight?

(4) スーザンはパーティーに来ないかもしれません。
Suzan ＿＿＿＿ ＿＿＿＿ come to the party.

(5) 彼らは急ぐ必要はありません。
They ＿＿＿＿ ＿＿＿＿ ＿＿＿＿ hurry.

答え

(1) must wash
→ 2《 参照
(2) should get
→ 3《 参照
(3) Shall we
→ 3《 参照
(4) may not
→ 4《 参照
(5) don't have to
→ 1《 参照

接続詞

1 whenの文

絶対おさえる！　whenの文のルール

☑ 2つの文をwhenでつなぐと「～するときに…」という意味になり、時を表す。

I read a book when I have time.（私は時間があるとき本を読むよ）
〈主語＋動詞〉　↱ whenのあとに時を表す〈主語＋動詞〉の文　〈主語＋動詞〉

= When I have time, I read a book.
↳〈when＋主語＋動詞〉を前に置くときはコンマ(,)を入れる

➡ 時を表す接続詞のあとの文の中では、未来のことでも現在形で表す。

× When he will arrive there, he will call me.

○ When he arrives there, he will call me.
↳未来のことでも現在形
（そこに着いたら、彼は私に電話するつもりだよ）

その他の時を表す接続詞

before「～する前に」
Clean your room before you go out.
（外出する前に部屋を掃除しなさい）

after「～したあとに」
I'll help you after I finish my homework.
（宿題を終えたあとに手伝うよ）

2 ifの文

絶対おさえる！　ifの文のルール

☑ 2つの文をifでつなぐと「もし～ならば…」という意味になり、条件を表す。

I'll help you if you are busy.（もしあなたが忙しいなら、私が手伝うよ）
〈主語＋動詞〉　↳ ifのあとに条件を表す〈主語＋動詞〉の文

= If you are busy, I'll help you.

➡ 条件を表すifのあとの文の中では、未来のことでも現在形で表す。

× If it will be sunny tomorrow, let's go swimming.

○ If it is sunny tomorrow, let's go swimming.
↳現在形
（もし明日晴れなら、泳ぎに行こう）

3 becauseの文

絶対おさえる！　becauseの文のルール

☑ 2つの文をbecauseでつなぐと「～なので…」という意味になり、理由を表す。

I'm happy because I won the game.（私は試合に勝ったのでうれしいよ）
〈主語＋動詞〉　↳ becauseのあとに理由を表す〈主語＋動詞〉の文

= Because I won the game, I'm happy.

➡ becauseの文はsoを使って書きかえることができる。

I'm happy because I won the game.
= I won the game, so I'm happy.
理由　結果
（soのあとに結果を表す〈主語＋動詞〉の文）

whyの疑問文にbecauseを使って答えることができる。
Why did you go to bed early?
（あなたはなぜ早く寝たの？）
— Because I was tired.
（疲れていたからだよ）

月　　日

● 接続詞を使った英文を書くのが苦手な人は、和訳から始めてみよう。接続詞が作るかたまりを意識すると、徐々に理解できるようになってくるよ。

4 thatの文

絶対おさえる！　thatの文のルール

☑ **think や know などの動詞のあとに〈that ＋主語＋動詞〉を置くと「～ということを…する」という意味になる。**

☑ **感情を表す形容詞のあとに〈that ＋主語＋動詞〉を置くと「～して…」という意味で原因・理由を表したり、「～ということを…」という意味で具体的な内容を表したりする。**

● 動詞のあとのthatの文

I think (that) Lucy is kind. （私はルーシーは親切だと思うよ）

thatは省略してもよい　〈主語＋動詞〉

● 形容詞のあとのthatの文

I'm glad (that) you like it. （私はあなたがそれを気に入ってうれしいよ）

〈主語＋動詞〉→ gladの理由

I'm sure (that) Ken will come to the party.

〈主語＋動詞〉→ sureの具体的な内容

（私はケンがパーティーに来ると確信しているよ）

その他の〈that＋主語＋動詞〉の前にくる動詞

believe「～だと信じる」
hope「～を望む」
know「～を知っている」
say「～だと言う」

その他の〈that＋主語＋動詞〉の前にくる形容詞

happy「うれしい」
sorry「残念だ」
surprised「驚いている」

基礎力チェック！

❶ 次の日本語に合うように、＿＿に適当な語を書きなさい。

(1) 私は５歳のとき、京都に住んでいました。

I lived in Kyoto ＿＿＿＿＿ I ＿＿＿＿＿ five.

(2) 遅く起きたので学校まで走りました。

＿＿＿＿＿ I ＿＿＿＿＿ up late, I ran to school.

(3) もしあなたが空腹なら、私が何か作りましょう。

I'll cook something ＿＿＿＿ you ＿＿＿＿＿ hungry.

(4) 私はサムがカナダ出身だと知っています。

I ＿＿＿＿＿ ＿＿＿＿＿ Sam is from Canada.

❷ 次の日本語に合う英文になるように、(　　) 内の語を並べかえなさい。なお、問題文では文頭にくる語も小文字にしてある。

(1) もし明日ひまなら、あなたは何をしますか。

(free / you / you / what / do / are / will / if) tomorrow?

＿＿＿＿＿＿＿＿＿＿＿＿＿＿＿＿＿＿＿ tomorrow?

(2) 私はあなたが私を手伝ってくれてうれしかったです。

(was / helped / you / I / me / happy / .)

＿＿＿＿＿＿＿＿＿＿＿＿＿＿＿＿＿＿＿＿＿＿＿

答え

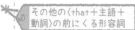

❶(1) when、was
→ 1《 参照

(2) Because、got
→ 3《 参照

(3) if、are
→ 2《 参照

(4) know that
→ 4《 参照

❷(1) What will you do if you are free
→ 2《 参照

(2) I was happy you helped me.
→ 4《 参照

社会　理科　数学　英語　国語

不定詞①

1 不定詞の名詞的用法

絶対おさえる！ 名詞的用法の意味と働き

☑ 〈to ＋動詞の原形〉で「**～すること**」という意味になり、名詞と同じ働きをする。
☑ 特定の動詞のあとについて**動詞の目的語**になったり、文の**主語**や**補語**になったりする。

動詞の目的語 **Lucy likes to play the guitar.**
likeの目的語
（ルーシーはギターを弾くことが好きだよ）
toのあとの動詞は主語に関係なくいつも原形

Andy wants to be a vet.
wantの目的語
（アンディーは獣医になりたがっているよ）
toのあとのbe動詞は原形のbeになる

文の主語 **To speak English is fun.**
主語
（英語を話すことは楽しいよ）
主語になる不定詞は３人称単数扱いなのでbe動詞はis

文の補語 **My dream is to be a cook.**
補語
（私の夢は料理人になることだよ）
My dream = to be a cookの関係

目的語に不定詞がくる動詞
- begin[start] to ～ 「～し始める」
- hope to ～ 「～することを望む」
- like to ～ 「～することが好きだ」
- try to ～ 「～しようとする」
- wish to ～ 「～することを願う」
- want to ～ 「～したい」

2 不定詞の副詞的用法

絶対おさえる！ 副詞的用法の意味と働き

☑ 〈to ＋動詞の原形〉で「**～するために**」という意味になり、**動作の目的**を表す。
☑ 感情を表す形容詞のあとに〈to ＋動詞の原形〉を置くと「～して…」という意味になり、**感情の原因**を表す。

動作の目的 **Suzan went to the library to do her homework.**
went to the libraryの目的
（スーザンは宿題をしに図書館へ行ったよ）
過去のことでもtoのあとの動詞は原形

➡ Why の疑問文に対する応答文にも用いる。
Why did you go to the shop?（なぜあなたはその店に行ったの？）
— To buy a present for my son.（私の息子にプレゼントを買うためだよ）
go[went] to the shopの目的

感情の原因 **We are happy to meet you.**
感情を表す形容詞　happyになった原因
（私たちはあなたに会えてうれしいよ）

〈感情を表す形容詞＋不定詞〉
- be glad[happy] to ～ 「～してうれしい」
- be sad to ～ 「～して悲しい」
- be sorry to ～ 「～してすまなく思う」「～して残念に思う」
- be surprised to ～ 「～して驚く」

●「名詞＝主語・目的語・補語になる」「副詞＝主に動詞や形容詞を修飾」「形容詞＝名詞を修飾」と覚えておけば、３用法の理解がスムーズになる！

3《 不定詞の形容詞的用法

絶対おさえる！　形容詞的用法の意味と働き

☑〈to ＋動詞の原形〉で「～するための」「～すべき」という意味になり、**前の名詞や代名詞を説明して**形容詞と同じ働きをする。

☑ something や someone のあとに〈to ＋動詞の原形〉を置くと「何か～するもの」、「だれか～する人」という意味になる。

The city has many places to visit.
places を説明
（その市には訪れるべき場所がたくさんあるよ）

Do you have time to help me?（私を手伝う時間がある？）
time を説明

I want something to drink.（私は何か飲み物がほしい）
something を説明

⚠注意
-thing を形容詞と不定詞の両方で説明するときは、〈-thing ＋形容詞＋不定詞〉の語順になる。
I want something cold to drink.（私は何か冷たい飲み物がほしい）

基礎力チェック！

❶ 次の日本語に合うように、＿＿に適当な語を書きなさい。

(1) 彼らは音楽に合わせて踊り始めました。
They started ＿＿＿＿＿ ＿＿＿＿＿ to music.

(2) 彼女は朝食を作るために早く起きます。
She gets up early ＿＿＿＿＿ ＿＿＿＿＿ breakfast.

(3) 私は滞在するホテルを探しています。
I'm looking for a hotel ＿＿＿＿＿ ＿＿＿＿＿ at.

(4) 私の計画は海に行くことです。
My plan is ＿＿＿＿＿ ＿＿＿＿＿ to the sea.

❷ 次の日本語に合う英文になるように、（　）内の語（句）を並べかえなさい。なお、問題文では文頭にくる語も小文字にしてある。

(1) 私はそのニュースを聞いて驚きました。
(was / hear / surprised / the news / I / to / .)

＿＿＿＿＿＿＿＿＿＿＿＿＿＿＿＿＿＿＿＿

(2) 彼は食べ物を何も持っていませんでした。
(have / eat / he / to / didn't / anything / .)

＿＿＿＿＿＿＿＿＿＿＿＿＿＿＿＿＿＿＿＿

答え

❶(1) to dance
→ 1《 参照
(2) to make [cook]
→ 2《 参照
(3) to stay
→ 3《 参照
(4) to go
→ 1《 参照
❷(1) I was surprised to hear the news.
→ 2《 参照
(2) He didn't have anything to eat.
→ 3《 参照

不定詞②

1 〈want[tell/ask]+(人)+to+動詞の原形〉

絶対おさえる！ 〈want[tell/ask]+(人)+to+動詞の原形〉の意味と用法

☑〈want +（人）+ to +動詞の原形〉は「(人）に～してほしい」、〈tell +（人）+ to +動詞の原形〉は「(人）に～するように言う」、〈ask +（人）+ to +動詞の原形〉は「(人）に～するように頼む」という意味になる。

●「(人)に～してほしい」

I want to play the guitar.（私はギターが弾きたいよ）

I want Tom to play the guitar.（私はトムにギターを弾いてほしいな）

トムがギターを弾く

〈to+動詞の原形〉の前に(人)を入れる

●「(人)に～するように言う」

My mother told me to come home by five o'clock. 私が5時までに家に帰る

（母は私に５時までに家に帰るように言ったよ）

〈to+動詞の原形〉の前の(人)が代名詞のときは目的格

●「(人)に～するように頼む」

We asked the man to carry our bags. 男性がかばんを運ぶ

（私たちはその男性にかばんを運ぶように頼んだよ）

2 〈It is ～ (for+人)+to+動詞の原形〉

絶対おさえる！ 〈It is ～ (for+人)+to+動詞の原形〉の意味と用法

☑〈It is ～（for +人）+ to +動詞の原形〉で「(人が）…するのは～だ」という意味になる。

To speak French is difficult.（フランス語を話すことは難しいよ）

主語

= It is difficult to speak French.

└「それ」とは訳さない

It は仮の主語で、〈to +動詞の原形〉以下の内容を示す。

To cook curry is easy for me.（カレーを作ることは私には簡単だよ）

主語

= It is easy for me to cook curry.

└「～にとって」= to以下の動作をする人

〈for +人〉を「～が」と訳して「私がカレーを作るのは簡単だよ」としてもよい。

3 〈疑問詞+to+動詞の原形〉

絶対おさえる！ 〈疑問詞+to+動詞の原形〉の意味と用法

☑〈how to +動詞の原形〉で「どうやって～したらよいか」、〈what to +動詞の原形〉で「何を～したらよいか」、〈when to +動詞の原形〉で「いつ～したらよいか」、〈where to +動詞の原形〉で「どこで～したらよいか」という意味になる。

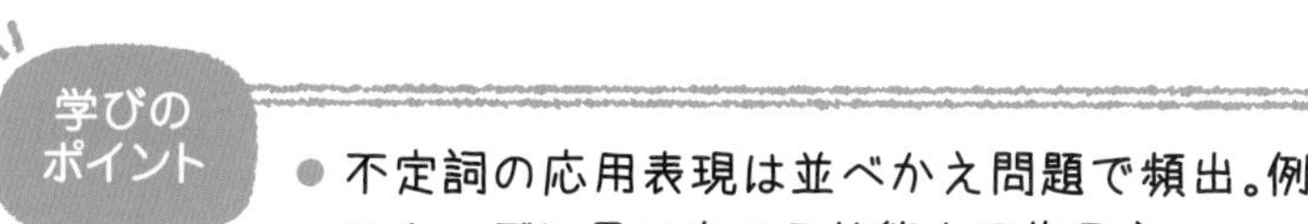

● 不定詞の応用表現は並べかえ問題で頻出。例文を最低10回音読し、語順をスムーズに思い出せる状態を目指そう！

● 「どうやって～したらよいか［すべきか］」

Can you show me **how to use** this camera?
〈how to＋動詞の原形〉

（このカメラをどうやって使ったらいいか私に見せてくれない？）

● 「何を～したらよいか［すべきか］」

Tell me **what to do** now.（今何をしたらいいか私に教えて）
〈what to＋動詞の原形〉

● 「いつ～したらよいか［すべきか］」

I don't know **when to start** the game.
〈when to＋動詞の原形〉

（私はいつ試合を始めたらいいかわからないよ）

● 「どこで～したらよいか［すべきか］」

Please tell us **where to visit** in Okinawa.
〈where to＋動詞の原形〉

（沖縄でどこを訪れたらよいか私たちに教えてください）

〈how to＋動詞の原形〉は「～のし方」、「～する方法」と訳してもよい。

〈what＋名詞＋to＋動詞の原形〉は「何の…を～したらよいか」という意味になる。
I don't know what book to read.
（私は何の本を読むべきかわかりません）

基礎力チェック！

❶ 次の日本語に合うように、＿＿に適当な語を書きなさい。

(1) 私は彼に家に来てくれるよう頼みました。
I ＿＿＿＿ ＿＿＿＿ ＿＿＿＿ come to my house.

(2) あなたはどうやって切符を買えばいいか知っていますか。
Do you know ＿＿＿＿ ＿＿＿＿ buy a ticket?

(3) 本を読むことは大切です。
＿＿＿＿ ＿＿＿＿ important ＿＿＿＿ read books.

(4) この机をどこに置いたらいいか教えてください。
Please tell me ＿＿＿＿ ＿＿＿＿ put this desk.

❷ 次の日本語に合う英文になるように、（　）内の語（句）を並べかえなさい。なお、問題文では文頭にくる語も小文字にしてある。

(1) 私は彼女に私の絵を描いてもらいたい。
(me / her / a picture / want / draw / I / of / to / .)

＿＿＿＿＿＿＿＿＿＿＿＿＿＿＿＿＿＿＿＿

(2) ケンにとって海外へ旅行することはわくわくすることです。
(is / travel / Ken / it / exciting / to / for / abroad / .)

＿＿＿＿＿＿＿＿＿＿＿＿＿＿＿＿＿＿＿＿

答え

❶(1) asked him to
→ 1《 参照
(2) how to
→ 3《 参照
(3) It is、to
→ 2《 参照
(4) where to
→ 3《 参照
❷(1) I want her to draw a picture of me.
→ 1《 参照
(2) It is exciting for Ken to travel abroad.
→ 2《 参照

動名詞

1 動名詞とは

絶対おさえる！　動名詞の意味と働き

- ☑ 動名詞は〈**動詞の -ing 形**〉で「**～すること**」という意味になり、名詞と同じ働きをする。
- ☑ 不定詞の名詞的用法と同様に、特定の動詞のあとについて**動詞の目的語**になったり、文の**主語**や**補語**になったりする。
- ☑ at や for などの前置詞のあとにきて、**前置詞の目的語**にもなる。

● 動名詞の働き

動詞の目的語　**I like drawing pictures.**（私は絵を描くことが好きだよ）
└ likeの目的語

I enjoy drawing pictures.（私は絵を描くことを楽しむよ）
└ enjoyの目的語

文の主語　**Drawing pictures is fun.**（絵を描くことは楽しいよ）
└ 主語

主語になる動名詞は３人称単数扱いなのでbe動詞はis

文の補語　**My hobby is drawing pictures.**
└ 補語

My hobby = drawing picturesの関係

（私の趣味は絵を描くことだよ）

前置詞の目的語　**I'm good at drawing pictures.**
└〈前置詞＋動名詞〉

（私は絵を描くことが得意だよ）

〈前置詞＋動名詞〉の表現

before[after] ～ing
「～する前に[したあとで]」
be interested in ～ing
「～することに興味がある」
be good at ～ing
「～することが得意だ」
thank you for ～ing
「～してくれてありがとう」
※不定詞は前置詞の目的語にならないことに注意。

2 動名詞と不定詞

絶対おさえる！　動名詞をとる動詞と、不定詞をとる動詞

- ☑ 動名詞が文の**主語**や**補語**になるときは、不定詞の名詞的用法を使って書きかえることができる。
- ☑ **動詞の目的語**になるときは、動名詞の場合と不定詞の場合があり、どちらがくるかは**前の動詞によって決まる**。

● 文の主語・補語になるとき

文の主語　**Drawing pictures is fun.**
└ 主語

= To draw pictures is fun.

文の補語　**My hobby is drawing pictures.**
└ 補語

= My hobby is to draw pictures.

月　　日

●「目的語に動名詞をとる動詞と、不定詞をとる動詞」の表は、得点の宝庫！表を覚えて問題を解けば完璧だ！

● 動詞の目的語になるとき

I like drawing pictures.
└ likeの目的語

likeのあとは動名詞でも不定詞の名詞的用法でもよい

= I like to draw pictures.

I enjoy drawing pictures.
└ enjoyの目的語

enjoyのあとは動名詞のみ。不定詞の名詞的用法はこない

(×) I enjoy ~~to draw~~ pictures.

● 目的語に動名詞をとる動詞と、不定詞をとる動詞

目的語の形	動詞	例文
動名詞と不定詞の両方	begin、like、startなど	They started eating lunch. = They started to eat lunch.
動名詞のみ	enjoy、finish、practice、stopなど	They finished eating lunch.
不定詞のみ	hope、want、wishなど	They want to eat lunch.

● 目的語が動名詞か不定詞かで意味が変わる動詞

動詞	動名詞	不定詞
remember	「～したことを覚えている」 I remember seeing him. (私は彼に会ったことを覚えているよ)	「忘れないで～する」 Remember to close the door. (忘れずにドアを閉めなさい)
forget	「～したことを忘れる」 He forgot calling me. (彼は私に電話をかけたことを忘れたよ)	「～するのを忘れる」 Don't forget to return the book to him. (彼に本を返すのを忘れないで)
try	「(試しに)～してみる」 I tried pressing the button. (私はそのボタンを押してみたよ)	「～しようと試みる［努力する］」 I tried to read an English book. (私は英語の本を読もうと試みたよ)

基礎力チェック！

❶ 次の英文の（　）内から適当な語（句）を選び○で囲みなさい。

(1) We enjoyed (swimming / to swim) in the pool yesterday.

(2) I practiced (singing / to sing) this song.

(3) Did you finish (doing / to do) your homework?

(4) I hope (visiting / to visit) the city again.

(5) He wished (winning / to win) the game.

❷ 次の日本語に合うように、＿＿に適当な語を書きなさい。

(1) あなたは音楽を聞くことが好きですか。

Do you ＿＿＿＿ ＿＿＿＿ to music?

(2) 病気の人々を助けることが彼の仕事です。

＿＿＿＿ sick people ＿＿＿＿ his job.

(3) 私は夕食を食べたあとにお風呂に入ります。

I take a bath ＿＿＿＿ ＿＿＿＿ dinner.

答え

❶(1) swimming
(2) singing
(3) doing
(4) to visit
(5) to win

→ 2《 参照

❷(1) like listening
(2) Helping、is
(3) after eating [having]

→ 1《 参照

比較①

1 比較級-er

絶対おさえる！　比較級-erの文のルール

☑ ２つのものや２人の人を比べて、「…より～だ[する]」と言うときは、形容詞や副詞の語尾に -er をつけて比較級にし、〈比較級＋ than …〉で表す。

● -erのつけ方

ほとんどの語	-erをつける	long → longer
-eで終わる語	-rをつける	nice → nicer
〈子音字＋y〉で終わる語	yをiに変えて-erをつける	easy → easier
〈短母音＋子音字〉で終わる語	子音字を重ねて-erをつける	hot → hotter

● 形容詞-erの文

Bob is tall.（ボブは背が高いよ）

形容詞の語尾に-er

Bob is taller than Andy.（ボブはアンディより背が高いよ）

「…より」

thanのあとに比較する人やもの

形容詞の比較級の文は〈A＋be動詞＋形容詞の比較級＋than＋B〉の語順で、「AはBより～だ」という意味になる。

● 副詞-erの文

Meg runs fast.（メグは速く走るよ）

副詞の語尾に-er

Meg runs faster than Alice.（メグはアリスより速く走るよ）

副詞の比較級の文は〈A＋一般動詞＋副詞の比較級＋than＋B〉の語順で、「AはBより～する」という意味になる。

2 最上級-est

絶対おさえる！　最上級-estの文のルール

☑ ３つ以上のものや３人以上の人を比べて、「(…の中で)いちばん[もっとも]～だ[する]」と言うときは、形容詞や副詞の語尾に -est をつけて最上級にし、〈the ＋最上級（＋ of[in] …)〉で表す。

● -estのつけ方

ほとんどの語	-estをつける	long → longest
-eで終わる語	-stをつける	nice → nicest
〈子音字＋y〉で終わる語	yをiに変えて-estをつける	easy → easiest
〈短母音＋子音字〉で終わる語	子音字を重ねて-estをつける	hot → hottest

● 形容詞-estの文

Bob is the tallest in his class.（ボブはクラスの中でいちばん背が高いよ）

〈the＋形容詞＋-est〉　「…の中で」

「…の中で」のinとof

in → あとに場所や集団などを表す語句がくる

of → あとに複数を表す語句がくる

● 副詞-estの文

Meg runs (the) fastest of the five.

〈the＋副詞＋-est〉　「…の中で」

（メグは５人の中でいちばん速く走るよ）

副詞の最上級の前のtheは省略してもよい

学びのポイント

● 最上級に続く前置詞は、"in Japan" "of the three"のような具体例でインプットすると覚えやすいよ！

3《 as ～ as ...

絶対おさえる！ as ～ as ... の文のルール

☑ 2つのものや2人の人を比べて、「…と同じくらい～だ[する]」と言うときは、〈as＋形容詞[副詞]＋as ...〉で表す。このときの形容詞[副詞]は原級(変化していない元の形)。

☑ 否定文にすると「…ほど～ではない[しない]」という意味になる。

● 〈as＋形容詞＋as ...〉の文　（asの間の形容詞は原級）

肯定文　I am as tall as Andy.（ぼくはアンディと同じくらい背が高いよ）

否定文　I am not as tall as Bob.（ぼくはボブほど背が高くないよ）

● 〈as＋形容詞＋名詞＋as ...〉「…と同じくらいの～の―」の文

I have as many books as you.

（私はあなたと同じくらいの数の本を持っているよ）

● 〈as＋副詞＋as ...〉の文　（asの間の副詞は原級）

肯定文　I run as fast as Alice.（私はアリスと同じくらい速く走るよ）

否定文　I don't run as fast as Meg.（私はメグほど速く走らないよ）

参考

〈not as ～ as ...〉は比較級の文に書きかえることができる。

I am not as tall as Bob.
= Bob is taller than I.

I don't run as fast as Meg.
= Meg runs faster than I.

基礎力チェック！

❶ 次の（　）内の語を適当な形になおし、＿＿に書きなさい。

(1) My brother is (old) than your sister. ＿＿＿＿

(2) Yuka practices (hard) than I. ＿＿＿＿

(3) This room is the (large) in this hotel. ＿＿＿＿

(4) This bag is the (heavy) of all. ＿＿＿＿

❷ 次の日本語に合うように、＿＿に適当な語を書きなさい。

(1) 日本では6月より7月のほうが暑いです。

July is ＿＿＿＿ ＿＿＿＿ June in Japan.

(2) マイクが3人の中でいちばん速く泳ぎます。

Mike swims ＿＿＿＿ ＿＿＿＿ ＿＿＿＿ the three.

(3) 私のイヌはあのイヌと同じくらい小さいです。

My dog is ＿＿＿＿ ＿＿＿＿ ＿＿＿＿ that one.

(4) 私は家族の中でいちばん早く起きます。

I get up ＿＿＿＿ ＿＿＿＿ ＿＿＿＿ my family.

(5) 私の髪はあなたの髪ほど長くありません。

My hair is ＿＿＿＿ ＿＿＿＿ long ＿＿＿＿ yours.

答え

❶(1) older
→ 1《 参照

(2) harder
→ 1《 参照

(3) largest
→ 2《 参照

(4) heaviest
→ 2《 参照

❷(1) hotter than
→ 1《 参照

(2) the fastest of
→ 2《 参照

(3) as small as
→ 3《 参照

(4) the earliest in
→ 2《 参照

(5) not as, as
→ 3《 参照

比較②

1 比較級more 〜と最上級most 〜

絶対おさえる！　前にmore・mostをつける形容詞[副詞]

☑ 形容詞[副詞]によって、前に more をつけて比較級に、most をつけて最上級にするものがある。

● 前にmore・mostをつける形容詞[副詞]

語尾が-ful、-ous、-ish	useful、famous、foolishなど
比較的つづりの長い語	exciting、important、popularなど
語尾が-lyの副詞	carefully、easily、slowlyなど

比較的つづりの長い語とは、主に３音節以上の語。音節は母音の数でわかる。
例 ex cit ing →３音節
①②③

● 比較級more 〜・最上級most 〜の文

This movie is interesting.（この映画はおもしろいよ）

比較級　This movie is more interesting than that one.
〈more＋形容詞〉　「…より」　one＝movie
（この映画はあの映画よりおもしろいよ）

最上級　This movie is the most interesting of them.
〈the＋most＋形容詞〉　「…の中で」
（この映画はそれらの中でいちばんおもしろいよ）

⚠注意
early は ly で終わるが、比較級・最上級はそれぞれ語尾の y を i に変え -er・-est をつけて、earlier、earliest とする。

2 比較級・最上級の不規則変化

絶対おさえる！　不規則に変化する形容詞[副詞]

☑ 形容詞[副詞]の中には比較級・最上級が不規則に変化するものもある。

● 不規則変化する形容詞[副詞]

原級	比較級	最上級
good「よい」	better	best
well「よく」「上手に」		
bad「悪い」	worse	worst
many「たくさんの」	more	most
much「たくさんの」「とても」		
little「少しの」「少し」	less	least

many は数えられる名詞の前、much と little の形容詞は数えられない名詞の前に置く。

● 不規則変化の比較級・最上級の文

Lucy can dance well.（ルーシーは上手に踊れるよ）

比較級　Lucy can dance better than I.
（ルーシーは私より上手に踊れるよ）

最上級　Lucy can dance (the) best of all.
（ルーシーはみんなの中でいちばん上手に踊れるよ）

不規則変化を使った表現
like 〜 better
「〜のほうが好きだ」
like 〜 (the) best
「〜がいちばん好きだ」
※ the は省略してもよい。

● 形容詞・副詞の比較級や最上級の作り方がわからなくなったら、辞書で確認してみよう。調べる習慣が知識の定着につながるよ。

3《 最上級の文の比較級・原級の文への書きかえ

絶対おさえる！　最上級を表す表現

☑ 最上級の文は「他のどの…より～だ」という意味の〈比較級＋ than any other ＋名詞の単数形〉や「…より[ほど]～な―はない」という意味の〈No (other) ＋名詞の単数形＋ is ＋比較級＋ than [as ＋原級＋ as] …〉を使って、ほぼ同じ意味の文に書きかえることができる。

最上級　**Bob is the tallest in my class.**

（ボブは私のクラスでいちばん背が高いよ）

比較級　**Bob is taller than any other student in my class.**

〈比較級＋than〉のあとに〈any other＋名詞の単数形〉

（ボブは私のクラスの他のどの生徒よりも背が高いよ）

= No (other) student in my class is taller than Bob.

〈No other＋名詞の単数形〉＋〈比較級＋than〉

（ボブより背の高い生徒は私のクラスにはいないよ）

原級　**No (other) student in my class is as tall as Bob.**

〈No other＋名詞の単数形〉＋〈as＋原級＋as〉

（ボブほど背の高い生徒は私のクラスにはいないよ）

〈No one[Nobody] is ＋比較級＋ than[as ＋原級＋ as] …〉もほぼ同じ意味になる。
= No one[Nobody] in my class is taller than[as tall as] Bob.
※対象がものの場合は no one のかわりに nothing を使う。

基礎力チェック！

❶ 次の（　）内の語を適当な形になおし、____に書きなさい。なお、解答は2語以上になることがある。

(1) Soccer is (exciting) than tennis. ______

(2) This temple is the (famous) in Japan. ______

(3) You read (many) books than I. ______

(4) This is the (good) song of his songs. ______

❷ 次の日本語に合うように、____に適当な語を書きなさい。

(1) 私は父よりゆっくり歩きます。
I walk ______ ______ than my father.

(2) あなたにとって何がいちばん大切ですか。
What is ______ ______ ______ for you?

(3) 私はネコよりイヌが好きです。
I like dogs ______ ______ cats.

(4) メグは他のどの少女より速く走ります。
Meg runs faster than ______ ______ ______.

答え

❶(1) more exciting → 1《 参照
(2) most famous → 1《 参照
(3) more → 2《 参照
(4) best → 2《 参照

❷(1) more slowly → 1《 参照
(2) the most important → 1《 参照
(3) better than → 2《 参照
(4) any other girl → 3《 参照

English
10

受け身

1 受け身の形と意味

絶対おさえる！　受け身の文のルール

- ☑「～される[された]」と言うときは、〈be 動詞＋過去分詞〉で表す。過去分詞は過去形と同様に語尾に -ed をつける規則動詞と、形が変わる不規則動詞がある。
- ☑「～によって」と動作の行為者を表すときは、〈by ～〉をつける。
- ☑ 否定文は be 動詞のあとに not を置き、疑問文は be 動詞を主語の前に置く。

● 不規則動詞の過去分詞の型

AAA 型	原形・過去形・過去分詞 すべて同じ	cut - cut - cut put - put - put
ABA 型	原形と過去分詞が同じ	come - came - come run -ran - run
ABB 型	過去形と過去分詞が同じ	buy - bought - bought make - made - made
ABC 型	原形・過去形・過去分詞 すべて異なる	do - did - done write - wrote - written

不規則動詞の変化は、「原形―過去形―過去分詞」の順にセットで覚えるとよい。

肯定文

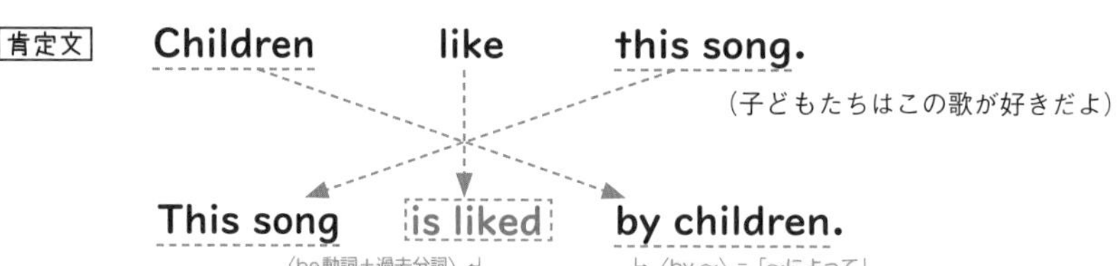
Children like this song.
(子どもたちはこの歌が好きだよ)
This song is liked by children.
〈be動詞＋過去分詞〉
〈by ～〉＝「～によって」

(この歌は子どもたちに好かれているよ)

like が現在形なので、受け身の文の be 動詞も現在形。主語 this song が 3 人称単数なので、is にする。

Lucy made this cake.

(ルーシーがこのケーキを作ったよ)

This cake was made by Lucy.

〈be動詞＋過去分詞〉　〈by ～〉＝「～によって」

(このケーキはルーシーによって作られたよ)

made が過去形なので、受け身の文の be 動詞も過去形。主語 this cake が 3 人称単数なので、was にする。

否定文　This cake was not made by Lucy.

be動詞のあとにnot

(このケーキはルーシーによって作られなかったよ)

疑問文　Was this cake made by Lucy?

主語の前にbe動詞

(このケーキはルーシーによって作られたの？)

応答文　Yes, it was. (うん、作られたよ)

No, it was not. (いいえ、作られなかったよ)

答えるときもbe動詞を使う！

参考

動作の行為者が一般の人々や特定できない人の場合、また行為者を言う必要がない場合は、by ～は省略される。

English is spoken (by people) in the U.S.

(英語はアメリカで話されているよ)

● 動詞の過去分詞は、のちに学ぶ「現在完了形」「分詞」でも使用する。
「受け身」の学習のタイミングでマスターすれば、あとの勉強が楽になるよ！

➡ can、must、will など助動詞がつく文は〈助動詞＋ be ＋過去分詞〉で表す。

The park will be cleaned by students tomorrow.
↳〈will be ＋過去分詞〉

（その公園は明日、生徒たちによって掃除されるでしょう）

否定文は助動詞のあとに not を置き、疑問文は主語の前に助動詞を置く。

2 byを使わない受け身の文

絶対おさえる！　by以外の前置詞を使った〈be動詞＋過去分詞＋前置詞〉の組み合わせ

☑「～に知られている」は〈be 動詞＋ known to ～〉で表す。
☑「～でおおわれている」は〈be 動詞＋ covered with ～〉で表す。

The movie is known to everyone.
↳〈be動詞＋known to ～〉＝「～に知られている」

（その映画はみんなに知られているよ）

That mountain is covered with snow.
↳〈be動詞＋covered with ～〉＝「～でおおわれている」

（あの山は雪でおおわれているね）

その他の表現

be made from[of] ～
「～から[で]作られる」
be filled with ～
「～で満たされている」

基礎力チェック！

❶ 次の日本語に合うように、＿＿に適当な語を書きなさい。

(1) このラケットは姉によって使われています。
This racket ＿＿＿＿ ＿＿＿＿ ＿＿＿＿ my sister.

(2) これらの写真はトムによって撮られましたか。
＿＿＿＿ these pictures ＿＿＿＿ ＿＿＿＿ Tom?

(3) 新しい情報は与えられませんでした。
New information ＿＿＿＿ ＿＿＿＿ ＿＿＿＿.

(4) この本は多くの人々に知られています。
This book ＿＿＿＿ ＿＿＿＿ ＿＿＿＿ many people.

❷ 次の日本語に合う英文になるように、（　）内の語（句）を並べかえなさい。なお、問題文では文頭にくる語も小文字にしてある。

(1) この宿題は明日までに終えられなければなりません。
（ be / homework / finished / this / must ）by tomorrow.
＿＿＿＿＿＿＿＿＿＿＿＿＿＿ by tomorrow.

(2) そのコップは水で満たされています。
（ is / water / with / the glass / filled / . ）
＿＿＿＿＿＿＿＿＿＿＿＿＿＿＿＿＿＿

答え

❶(1) is used by
→ 1《 参照
(2) Were、taken by
→ 1《 参照
(3) was not given
→ 1《 参照
(4) is known to
→ 2《 参照
❷(1) This homework must be finished
→ 1《 参照
(2) The glass is filled with water.
→ 2《 参照

11 現在完了形、現在完了進行形

1 現在完了形の文の形

絶対おさえる！ 現在完了形のルール

- ☑〈have[has]＋過去分詞〉の形で、過去に始めた行動や出来事の終了（完了）、現在までにしたことがあること（経験）、現在まで続いていること（継続）を表す。
- ☑ 否定文は have[has]のあとに not を置き、疑問文は have[has]を主語の前に置く。

肯定文　I have eaten lunch.（私は昼食を食べたよ）
↳〈have＋過去分詞〉

否定文　I have not eaten lunch.（私は昼食を食べていないよ）
↳ haveのあとにnot

疑問文　Have you eaten lunch?（あなたは昼食を食べた？）
↳ 主語の前にhave

応答文　Yes, I have.（うん、食べたよ）
No, I haven't.（いいえ、食べていないよ）
↳ haven'tはhave notの短縮形

答えるときもhaveを使う！

過去形は「過去のある時点の出来事」、現在完了形は「過去に始まったことの現在の状態」を表す。

現在完了形の短縮形

I have → I've
he has → he's
have not → haven't
has not → hasn't

2 現在完了形の3つの意味

絶対おさえる！ 現在完了形の３つの意味

- ☑ 完了：「（ちょうど）～したところだ」や「（すでに）～してしまった」という意味で、過去に始めたことが現在の時点で完了している状態を表す。
- ☑ 経験：「～したことがある」という意味で、現在の時点までに経験したことを表す。
- ☑ 継続：「（ずっと）～している」や「（ずっと）～だ」という意味で、過去に始まったことが現在までずっと継続していることを表す。継続の文では主に be 動詞、live、know、like、want などの -ing 形にしない状態動詞が使われる。

● **完了の意味を表す現在完了形の文**

I have just got home.（私はちょうど帰宅したところだよ）
↳ just＝「ちょうど」

The bus hasn't arrived yet.（バスはまだ到着していないよ）
↳ hasn'tはhas notの短縮形　↳〈否定文＋yet〉＝「まだ～ない」

Have you taken a bath yet?（あなたはもうお風呂に入った？）
↳〈疑問文＋yet〉＝「もう～しましたか」

● **経験の意味を表す現在完了形の文**

I have been to Kyoto before.（私は以前に京都へ行ったことがあるよ）
↳ have been to ～＝「～へ行ったことがある」　↳ before＝「以前に」

He has never tried *natto*.（彼は一度も納豆を試したことがないよ）
↳ never＝「一度も～ない」

完了の文で使われる語

just「ちょうど」
already「すでに」
yet「もう、まだ」
※ yet は疑問文で「もう」、否定文で「まだ」という意味になる。

経験の文で使われる語句

before「以前に」
ever「これまでに」
※ ever は疑問文で使う。
never「一度も～ない」
once「１回」
twice「２回」
～ times「～回（３回以上の場合）」

学びのポイント

●「現在完了形」は日本語使用者にはなかなかなじみづらい時制。
解説を読んだら例文を暗唱し、現在完了形が表す意味を体得しよう。

Has she ever met Ken?（彼女はこれまでにケンに会ったことがある？）
└ ever =「これまでに」

● 継続の意味を表す現在完了形の文

I have lived in Tokyo for five years.（私は5年間東京に住んでいるよ）
└ for ～ =「～の間」

It has been rainy since yesterday.（昨日からずっと雨だよ）
└ beの過去分詞はbeen　└ since ～ =「～以来」

How long have you known Meg?（あなたはどのくらいの間メグを知っているの？）
└ how long =「どのくらいの間」

継続の文で使われる語句

〈for＋期間〉「～の間」
〈since＋過去の一時点〉「～以来」

継続の文の疑問文の前に how long をつけて期間をたずねる。for や since を使って答える。

3 現在完了進行形

絶対おさえる！　現在完了進行形のルール

☑〈have[has] been＋動詞の -ing 形〉の形で、過去に始まった動作が現在まで継続していることを表す。
☑ 否定文は have[has]のあとに not を置き、疑問文は have[has]を主語の前に置く。

I have been watching TV for two hours.
└〈have been＋動詞の -ing形〉
（私は2時間テレビを見ているよ）

Lucy has been practicing the piano since yesterday.
（ルーシーは昨日からずっとピアノを練習しているよ）

How long have they been playing tennis?
（彼らはどのくらいの間テニスをしているの？）

現在完了進行形の文は、動作や行為が断続的に続いている場合にも使える。
→ルーシーは24時間ずっとピアノを練習しているわけではない。

基礎力チェック！

❶ 次の日本語に合うように、＿＿に適当な語を書きなさい。

(1) 私はすでにその本を読みました。
I ＿＿＿＿＿ ＿＿＿＿＿ ＿＿＿＿＿ the book.

(2) ケンは2回、私の家に来たことがあります。
Ken ＿＿＿＿＿ ＿＿＿＿＿ to my house ＿＿＿＿＿.

(3) 彼らは1時間、走り続けています。
They ＿＿＿＿ ＿＿＿＿ ＿＿＿＿ ＿＿＿＿ an hour.

❷ 次の日本語に合う英文になるように、(　) 内の語を並べかえなさい。
なお、問題文では文頭にくる語も小文字にしてある。

(1) 私は以前に一度も沖縄に行ったことがありません。
(I / been / before / never / Okinawa / have / to / .)
＿＿＿＿＿＿＿＿＿＿＿＿＿＿＿＿＿＿＿＿

(2) あなたはどのくらいの間この市に住んでいますか。
(long / lived / city / you / this / have / how / in / ?)
＿＿＿＿＿＿＿＿＿＿＿＿＿＿＿＿＿＿＿＿

答え

❶(1) have already read
→ 1《 2《 参照
(2) has come, twice
→ 1《 2《 参照
(3) have been running for
→ 3《 参照
❷(1) I have never been to Okinawa before.
→ 1《 2《 参照
(2) How long have you lived in this city?
→ 1《 2《 参照

不規則動詞の変化

▶ 過去形と過去分詞が同じパターンの不規則動詞

原形	過去形	過去分詞	原形の意味
bring	brought	brought	持ってくる
build	built	built	建てる
buy	bought	bought	買う
catch	caught	caught	捕まえる
feel	felt	felt	感じる
find	found	found	見つける
forget	forgot	forgot / forgotten	忘れる
get	got	got / gotten	得る
have	had	had	持っている
hear	heard	heard	聞く
hold	held	held	開く、持つ
leave	left	left	出発する
lend	lent	lent	貸す
make	made	made	作る
meet	met	met	会う
say	said	said	言う
sell	sold	sold	売る
send	sent	sent	送る
sleep	slept	slept	眠る
spend	spent	spent	費やす
teach	taught	taught	教える
tell	told	told	話す
think	thought	thought	思う

▶ 原形と過去分詞が同じパターンの不規則動詞

原形	過去形	過去分詞	原形の意味
become	became	become	～になる
come	came	come	来る
run	ran	run	走る

▶ 原形と過去形と過去分詞がすべて異なるパターンの不規則動詞

原形	過去形	過去分詞	原形の意味
am、is	was	been	～である
are	were	been	～である
begin	began	begun	始める
break	broke	broken	壊す
do	did	done	する
draw	drew	drawn	描く
drive	drove	driven	運転する
eat	ate	eaten	食べる
fall	fell	fallen	落ちる
give	gave	given	与える
go	went	gone	行く
grow	grew	grown	成長する
know	knew	known	知る
see	saw	seen	見る
show	showed	shown	示す
sing	sang	sung	歌う
speak	spoke	spoken	話す
swim	swam	swum	泳ぐ
take	took	taken	取る
throw	threw	thrown	投げる
write	wrote	written	書く

▶ 原形と過去形と過去分詞がすべて同じパターンの不規則動詞

原形	過去形	過去分詞	原形の意味
cut	cut	cut	切る
hit	hit	hit	打つ
put	put	put	置く
read [rí:d]	read [réd]	read [réd]	読む

【五言律詩】

□□□□□
□□□□押
□□□□□
□□□□押
（第三句・第四句：対句）
□□□□□
□□□□押
（第五句・第六句：対句）
□□□□□
□□□□押

【七言律詩】

□□□□□□押
□□□□□□押
□□□□□□□
□□□□□□押
（第三句・第四句：対句）
□□□□□□□
□□□□□□押
（第五句・第六句：対句）
□□□□□□□
□□□□□□押

※押韻と対句の例　王湾（わうわん）「次（やどル）二北固山下一」

客路青山外　　客路（かくろ）青山の外（ほか）
行舟緑水**前**　　行舟（かうしう）緑水の前
（対句）
潮平両岸闊　　潮（うしほ）平らかにして両岸闊（ひろ）く
風正一帆**懸**　　風正しうして一帆（いつぱん）懸（か）かる
（対句）
海日生残夜　　海日残夜に生じ
江春入旧**年**　　江春（かうしゆん）旧年に入る
（対句）
郷書何処達　　郷書（きやうしよ）何れの処（ところ）にか達せん
帰雁洛陽**辺**　　帰雁洛陽（きがんらくやう）の辺（ほとり）

① 「前（ゼン）」「懸（ケン）」「年（ネン）」「辺（ヘン）」と似た音を持つ漢字で押韻している。
② 句の形が似ている、一句と二句・三句と四句・五句と六句が対句になっている。

絶対おさえる！

☑ **押韻は、漢字の音読みで考え、対句は句の形で考える。**

基礎カチェック！

1．次の□の中に、返り点に従って読む順序を数字で書きなさい。

① □□□レ□レ□。
② □二□□一□二□一。
③ □□レ□二□□□一。

2．次の訓読文を書き下し文に直して書きなさい。

① 空山不レ見レ人ヲ。
② 但（たダ）聞ク二人語ノ響キヲ一。
③ 流シテレ響キヲ出（いヅ）二疏（そ）桐（とう）ヨリ一。

3．書き下し文を参考にして、あとの漢文に返り点をつけなさい。

① 人生情有り涙臆（むね）を沾（うるほ）す。

人生有リ情涙沾ス臆ヲ。

② 月は花の影を移して欄干（らんかん）に上らしむ。

月ハ移シテ花ノ影ヲ上ラシム欄干ニ。

答え

1．① 1 2 5 4 3　② 3 1 2 6 4 5　③ 1 6 5 2 3 4　→ 1 参照
2．① 空山人を見ず。　② 但だ人語の響きを聞く。　③ 響きを流して疏桐より出づ。　→ 2 参照
3．① 人生有リレ情涙沾スレ臆ヲ。
② 月ハ移シテ二花ノ影ヲ一上ラシム二欄干ニ一。　→ 1 2 参照

※国語は巻末（P159）から始まります。

Japanese
8
漢文

漢文の基礎

学びのポイント

●返り点・書き下し文は漢文必須の知識！文を指さし、順序を確認しながら読もう。

月　日

1 訓点

漢文を日本語の文章として読むことを訓読、訓読のために漢文の原文（白文）に付ける符号を訓点という。白文に訓点を付けたものを訓読文という。

❶ **送り仮名**…漢文に付属語や活用語尾を補うためのもの。漢字の右下にカタカナで付ける。

❷ **返り点**……**訓読の語順**を示す。漢字の左下に付ける。

・**レ点**…すぐ下の一字から返って読む。

③レ ②レ ①　例 習フレ字ヲ。（字を　習ふ。）

・**一・二点**…二字以上、上に返って読む。

③二 ① ②一　例 見ル二月光ヲ一。（月光を　見る。）

※ レ点と一・二点の併用である「㆑点」などもある。

・**上・（中）・下点**…一・二点をはさみ、さらに返って読む。

⑤下 ③二 ① ②一 ④上

例 不下為ニ二児孫ノ一買ハ中美田ヲ上。（児孫の　為に　美田を　買はず。）

絶対おさえる！

☑ **漢文は、上から順に読む。途中返り点が付いた字はいったん飛ばし、返り点の指示に従って読む。**

2 書き下し文

訓点に従って漢字とひらがな交じりの文で書き改めたもの。送り仮名や「不（ず）」「也（なり）」などのようにひらがなで書く文字がある。

例 春眠不レ覚エレ暁ヲ。→春眠暁を覚えず。
（ひらがなに直す）

※**置き字**…訓読の際に読まない字。「而・於・乎」など。

例 問フ二礼ヲ於老子ニ一。→礼を老子に問ふ。
（読まない漢字）

3 漢詩の知識

漢詩は、一行に使われる漢字の数が七字のものと五字のものがあり、詩を構成する句の数の違いと組み合わせて四つに分かれる。

・**絶句**…句数が四句の詩。一句が五字のものを五言絶句、七字のものを七言絶句という。起承転結の構成。

・**律詩**…句数が八句の詩。一句が五字のものを五言律詩、七字のものを七言律詩という。第三句と第四句、第五句と第六句はそれぞれ対句になる。

・**押韻**…「深」「心」「金」のように同じ音の響きをもつ漢字を一定句末に置くこと。原則、五言詩は偶数句末、七言詩は第一句末と偶数句末で押韻する。

【五言絶句】		【七言絶句】
□□□□□	-起-	□□□□□□押
□□□□押	-承-	□□□□□□押
□□□□□	-転-	□□□□□□□
□□□□押	-結-	□□□□□□押

2 間違(まちが)えやすい敬語表現

❶ 二重敬語

例・校長先生がお話しになられる。（×）

⬇一つの動詞に「お話しになる」と「れる」、二つの尊敬語を使っている「二重敬語」は間違った表現。

・校長先生がお話しになる。（○）

❷ 特別な敬語表現

特別な尊敬語（尊敬動詞）と謙譲語（謙譲動詞）の両方を持つものは、使い分けに注意する。

例・先生が拝見する。（×）

⬇動作の主が先生なので、使うべき敬語は「尊敬語」。「拝見する」は「謙譲語」。

・先生がご覧になる。（○）

尊敬動詞と謙譲動詞を持つ動詞一覧

普通語	尊敬語	謙譲語
行く・来る	いらっしゃる	参る・うかがう
食べる・飲む	召しあがる	いただく
見る	ご覧になる	拝見する
言う	おっしゃる	申す・申しあげる
する	なさる	いたす

絶対おさえる！

☑ **尊敬語と謙譲語の使い分けは間違えやすいので、特別な敬語表現は正確に覚える。また、「お(ご)～になる」（尊敬語）と「お(ご)～する」（謙譲語）の使い分けにはとくに気をつける。**

基礎カチェック！

1. 次の——線部の敬語の種類をあとから一つずつ選びなさい。
① もうお帰りになるのですか。
② その会には母がうかがいます。
③ 文具売場は三階にございます。
④ 展覧会で先生の絵を拝見しました。
⑤ ここでお茶でも飲んでいきませんか。
ア 尊敬語　イ 謙譲語　ウ 丁寧語

2. 次の——線部を（　）内の敬語表現に直しなさい。
① これから社長が来るらしい。（尊敬語）
② 先生は朝食に何を食べたのですか。（尊敬語）
③ 私が空港まで荷物を運びます。（謙譲語）
④ かわいいペンダントをもらう。（謙譲語）
⑤ この部屋が会議室だ。（丁寧語）

3. 次の——線部の敬語の使い方が正しいものには○を、間違っているものは正しい敬語表現を書きなさい。
① 先生が私の提出物をご覧になる。
② この仕事は私がなさいました。
③ 父もそのようにおっしゃいました。
④ 先生から説明をうかがいました。
⑤ 先生がお話しするのを緊張(きんちょう)して聞く。

答え

1. ①ア　②イ　③ウ　④イ　⑤ウ → 1参照
2. ①例 いらっしゃる　②例 召しあがっ　③例 お運びし　④例 いただく　⑤例 会議室です → 1参照
3. ①○　②いたし　③例 申し　④○　⑤例 お話しになる → 2参照

Japanese

7 文法 敬語

社会 理科 数学 英語 国語

学びのポイント

●三種類の敬語を見分けられるようになろう。日常生活でどんどん使って試すのがおすすめ！

月　日

敬語…目上の人や初対面の人などに敬意を表すため使用する言葉。

1 敬語の種類（大きく次の三つに分類される）

❶ 尊敬語…聞き手や話題・動作の主を、直接高める言葉。

①**言葉自体に尊敬の意味を含む体言**

例・あなた　・どなた　・先生

②**名前や所有物に「お」「ご」「さん」「様」などを付ける**

例・田中様　・お母さん　・山田様からお手紙が届きました。

③**動作に「お（ご）～になる」「お（ご）～なさる」を付ける**

例・校長先生がお見えになる。　・お客様がご着席なさる。

④**動作に「れる」「られる」を付ける**

例・お客様が帰られる。　・社長が事務所に来られる。

⑤**特別な言い方を持つ動詞（尊敬動詞）**

例・食べる→召しあがる　・言う、話す→おっしゃる

・見る→ご覧になる　・くれる→くださる

・する→なさる　・行く、いる、来る→いらっしゃる、おいでになる

❷ 謙譲語…自分や身内をへりくだり、相手を高める言葉。

①**名前や所有物に「粗」「小」「拙」「ども」などを付ける**

例・粗品　・小生　・拙宅　・弊社　・わたしども

②**動作に「お（ご）～する」「お（ご）～いたす」を付ける**

例・のちほど、母がお持ちする予定です。　・私からご報告いたします。

③**特別な言い方を持つ動詞（謙譲動詞）**

例・行く、来る→参る、うかがう　・いる→おる　・知る→存じる

・会う→お目にかかる　・する→いたす　・もらう→いただく

・聞く→承る、うかがう　・言う、話す→申す、申しあげる

※動作を受ける相手に対してへりくだる表現を「謙譲語Ⅰ」、自分の行為をへりくだり、話の相手に敬意を表す表現を「謙譲語Ⅱ」と区別して分類する場合もある。

例・私がお客様をご案内いたします。（謙譲語Ⅰ）……「お客様」への敬意

・私が妹に申し伝えます。（謙譲語Ⅱ）……会話の相手への敬意

❸ 丁寧語…付け加えることで、丁寧な言い方になる言葉。**尊敬語や謙譲語と組み合わせて使う**ことも多い。

①**接頭語「お」「ご」**

例・お茶　・ご飯

※「美化語」と分類する場合もある。

※尊敬語と異なり、そのもの自体に敬意を払うわけではない。

②**助動詞「です」「ます」**

例・これはペンです。　・これから運動会を行います。

③**補助動詞「ございます（ある）」**

例・そのとおりでございます。

絶対おさえる！

☑ **身内に対する敬語には使い方に注意が必要。家族以外の相手や、社外の相手への話題では、たとえ目上の存在（両親、社長、上司など）であっても、身内に対しては謙譲語を使う。**

2 助詞

❶ 助詞の性質

・語と語の関係を示したり、意味を付け加えたりする。

・付属語で活用しない。

❷ 助詞の意味・用法

・格助詞…主に体言に付き、あとの語句との関係を示す。

①主語を示す…「が」・「の」（「が」に置き換えられるもの）など

例 今夜は 月が 美しい。月の 美しい 夜。

②連体修飾語を示す…「の」（あとに体言が続くもの） 例 月の 美しさ。

③連用修飾語を示す…「に」・「を」・「へ」・「で」など 例 家に 帰る。

④体言の代用となる…「の」（「こと」などに置き換えられるもの）

例 行くのを やめる。走るのは 得意だ。

・接続助詞…主に活用する語に付き、前後の関係を示す。

①接続の関係を示す…「ので」・「から」・「が」・「ても」など

例 疲れたので 休もう。つらいが 頑張る。

②並立の関係を示す…「たり」・「て」・「し」など

例 見たり 聞いたりする。白くて 小さな 犬。

③補助の関係を示す…「て（で）」（動詞と動詞をつなぐもの）

例 走って いく。飛んで いる。

・副助詞…いろいろな語に付き、意味を添える。（「こそ」・「しか」など）

例 今日こそ 行こう。［強調］ 少しだけ 遊ぼう。［程度］

・終助詞…主に文末に付き、気持ちや態度を示す。

「か」・「ね」・「よ」・「ぞ」・「な（なあ）」など

例 ここはどこですか。［疑問］ 廊下を走るな。［禁止］

絶対おさえる！

☑ 同じ語でも、前後の語によって異なる種類・働きになるものもあるので、しっかりと識別できるようにしよう！

基礎カチェック！

1. 次の――線部の意味をあとから選びなさい。
   ① 自分で着物が着られる。 ② 母の体調が案じられる。
   ③ お客様が来られる。 ④ 友達に助けられる。
   ア 受け身 イ 可能 ウ 自発 エ 尊敬

2. 次の文が希望の意味になるよう（ ）に助動詞を書きなさい。
   ① 私は必ず試合に勝ち（ ）。 ② 兄は必ず試合に勝ち（ ）。

3. 次の――線部の助動詞の意味を書きなさい。
   ① 壁にかかった絵を見つめる。
   ② ぼくはたった今、事件を知ったんだ。
   ③ 昨日は宿題を早めに済ませた。
   ④ きみが探しているのはこの本だったかな。

4. 次の――線部の「の」の働きをあとから選びなさい。
   ① 父の話。 ② 泳ぐのが好きだ。 ③ 兄の言うことを聞く。
   ア 主語を示す。 イ 連体修飾語を示す。
   ウ 体言の代用となる。

5. 次の――線部の「が」の種類をあとから選びなさい。
   ① 食べたいががまんする。 ② わたしが話します。
   ア 格助詞 イ 接続助詞

答え

1. ①イ ②ウ ③エ ④ア → 1 参照
2. ①たい ②たがる → 1 参照
3. ①存続 ②完了 ③過去 ④確認 → 1 参照
4. ①イ ②ウ ③ア → 2 参照
5. ①イ ②ア → 2 参照

Japanese

6 付属語 文法

学びのポイント

● 意味・用法を見分ける問題は頻出！判断のポイント・やり方を覚えておこう。

月　日

1 助動詞

❶ 助動詞の性質

・用言や体言などの自立語に付いて文節を作り、個別の意味を添える働きを持つ。

・付属語で活用する。

❷ 助動詞の意味・用法

・れる・られる

①受け身…他から動作・作用を受ける。 例 母に笑われる。

②可能……「―できる」。 例 試合に出られる。

③自発……（感情を伴う）動作が自然に起きる。 例 祖母がしのばれる。

④尊敬……動作をする人に対する敬意。 例 先生が話される。

※「自然と」などの言葉を補うことができる。（祖母が自然としのばれる。）

・せる・させる

①使役…自分以外のものに何かをさせる。 例 全員に読ませる。

・ない・ぬ（ん）

①打ち消し（否定）…「―ない」と内容を打ち消す。 例 彼は来ない。

・た（だ）

①過去…以前に終わったことを表す。 例 夏休みは終わった。

②完了…ちょうど動作が終わったことを表す。 例 今、食べ終わった。

③存続…その状態が続いていることを表す。 例 開け放した窓。

④確認…思い出したり、確かめたりすることを表す。 例 君の担当だったね。

・らしい

①推定…ある程度の根拠をもとに推し量る。 例 明日は寒いらしい。

・ようだ

①推定…ある程度の根拠をもとに推し量る。 例 猫がいるようだ。

②比喩…何かにたとえる。 例 まるで猫のようだ。

・そうだ

①推定・様態…様子から自分で判断したことを表す。 例 雨が降りそうだ。

②伝聞…人から伝え聞いた内容であることを表す。 例 雨が降るそうだ。

➡推定・様態の「そうだ」は動詞や一部の助動詞の連用形や形容詞・形容動詞の語幹に接続し、伝聞の「そうだ」は用言と一部の助動詞の終止形に接続する。

・だ・です

①断定…物事に対してはっきりと判断し、言い切る。 例 私は中学生だ。

・う・よう

①推量…想像する。予想する。 例 明日は雨になろう。

②意志…話し手・書き手の意志。 例 僕も頑張ろう。

③勧誘…相手を誘う。 例 一緒に参加しよう。

・まい

①打ち消し（否定）の意志…そうしないという意志。 例 もう聞くまい。

②打ち消し（否定）の推量…そうならないという予想。 例 うまくいくまい。

絶対おさえる！

☑ **複数の意味・用法を持つ助動詞は文脈などからどの意味・用法で使われているかを区別できるようにする。**

絶対おさえる！

☑ **副詞は主に用言を修飾する（連用修飾語になる）が、体言や他の副詞も修飾する。体言を修飾している場合は、何か用言を修飾できないかを考えると識別の役に立つ。**

4 接続詞

❶ 接続詞の性質

・自立語で活用がなく、語と語や文と文をつなぐ。単独で接続語の文節を作る。

❷ 接続詞の種類

①順接…例 だから・したがって・それで・すると
②逆接…例 しかし・だが・けれども・ところが
③並列・添加…例 そして・また・および・しかも
④説明・補足…例 つまり・すなわち・なぜなら・ただし
⑤対比・選択…例 または・あるいは・もしくは・それとも
⑥転換…例 さて・ところで・では・ときに

絶対おさえる！

☑ **接続詞は説明的文章の空欄補充問題でよく出題される。とくに「だから」と「つまり」を区別できるようにしておく。**

5 感動詞

❶ 感動詞の性質

・自立語で活用がなく、感動・呼びかけ・応答などの意味を表す。
例 ああ・えっ・おや・ねえ・もしもし・はい・いいえ・うん・おはよう・さよなら・えい・それ・よいしょ

絶対おさえる！

☑ **感動詞は他の文節と係り受けの関係がない。**

基礎力チェック！

1. 次の中から連体詞を選びなさい。
①単なる ②たいした ③大きな ④大きい ⑤とても

2. 次の副詞はあとのア～ウのうちどれか、選びなさい。
①少しも ②決して ③ゆっくり ④もっと ⑤かなり
⑥さっそく ⑦まさか ⑧ぜひ ⑨まるで ⑩はっと
ア 状態の副詞 イ 程度の副詞 ウ 呼応の副詞（陳述の副詞）

3. 次の――線部の名詞はあとのア～オのうちどれか、選びなさい。
①枕草子を読む。 ②兄が二人いる。 ③本を買う。
④ぼくの本。 ⑤ぼくのためにすてきなプレゼントをありがとう。
ア 普通名詞 イ 代名詞 ウ 固有名詞 エ 数詞
オ 形式名詞

4. 次の（ ）にあてはまる接続詞はあとのア～オのどれか、選びなさい。
・あなたの意見は正しい。（ ）違う意見の人も多い。
ア しかし イ つまり ウ なぜなら エ さらに オ そこで

5. 次の――線部の語が感動詞であるほうを選びなさい。
①見てみたら、まあ、なんて美しい花でしょう。
②たいへんだが、まあ、なんとかなるだろう。

答え

1. ①・②・③ → 2 参照
2. ①ウ ②ウ ③ア ④イ ⑤イ ⑥ア ⑦ウ ⑧ウ ⑨ウ ⑩ア → 3 参照
3. ①ウ ②エ ③ア ④イ ⑤オ → 1 参照
4. ア → 4 参照
5. ① → 5 参照

Japanese

5 文法 活用のない自立語

社会 理科 数学 英語 国語

1 名詞

❶ 名詞の性質

・自立語で活用がなく、体言とも呼ばれる。「は・が」を伴って主語になる。

❷ 名詞の種類

①普通名詞…一般的な名称を表す。 例 山・川・花

②代名詞…人・物などを指し示す。 例 私・それ・どこ

③固有名詞…地名・人名など、それだけに与えられた名称。 例 富士山・東京

④数詞…物の数や量、順序などを表す。 例 一つ・三人・百円

⑤形式名詞…元の意味が薄れて補助的に用いられる。主にひらがなで表記される。

例 —こと・—ため・—もの・—ところ・—とき

絶対おさえる!

☑ **名詞は単独で主語になる唯一の品詞。形容動詞などと識別するときは、主語になるかどうかで判断できる。**

2 連体詞

❶ 連体詞の性質

・自立語で活用がない。体言（名詞）を修飾する連体修飾語になる。

例 この・その・あの・どの・例の・ほんの・大きな・小さな・いろんな・おかしな・ある・きたる・さる・あらゆる・いわゆる・とんだ・たいした・わが・われらが

3 副詞

❶ 副詞の性質

・自立語で活用がない。主に用言（動詞・形容詞・形容動詞）を修飾する連用修飾語になる。

❷ 副詞の種類

①状態の副詞…主に動詞を修飾し、**動作の状態**を表す。擬音語・擬態語も状態の副詞である。

例 はっきり・ふと・そっと・やがて・のんびり

例 リーザー・わくわく・ニャーニャー・きらきら

②程度の副詞…主に用言を修飾し、**性質や状態の程度**を表す。他の副詞を修飾することもある。

例 とても・もっと・かなり・ずっと・少々・いっそう

例 もっと ゆっくり 走ろう。（程度の副詞＋状態の副詞）

③呼応の副詞（陳述の副詞）…あとに決まった言い方を要求する副詞。

打ち消し…例 まったく・決して・少しも→ない

推量…例 たぶん・おそらく・きっと→だろう・でしょう

仮定…例 もし・たとえ・仮に→なら・ても

願望…例 どうか・ぜひ→ほしい・—たい

絶対おさえる!

☑ **連体詞は活用のない自立語で、体言（名詞）のみを修飾する（連体修飾語になる）。**

学びのポイント

● それぞれの品詞で「種類の見分け方」を覚えよう。問題演習を通して、見分けに慣れよう!

月　日

❷ 形容詞の活用

基本形	語幹	未然形	連用形	終止形	連体形	仮定形	命令形
大きい	大き	かろ	かっ く	い	い	けれ	○

※形容詞には**命令形**がない。

❸ 形容動詞の活用

基本形	語幹	未然形	連用形	終止形	連体形	仮定形	命令形
便利だ	便利	だろ	だっ で・に	だ	な	なら	○
便利です	便利	でしょ	でし	です	(です)	○	○

※形容動詞には**命令形**がない。

※「です」で終わる形容動詞の丁寧表現には**仮定形**と**命令形**がない。

❹ 形容動詞の識別

形容動詞の識別…形容動詞は**連体詞や副詞と間違えないように**注意が必要。

形容動詞は「―だ」の形に活用できるが、連体詞はできない。

例 穏やかな海。（形容動詞）→穏やかだ
大きな船。（連体詞）→×

形容動詞は「―だ・―な」の形に活用できるが、副詞はできない。

例 急に走り出す。（形容動詞）→急だ・急な
とくに忙しい。（副詞）→×

絶対おさえる！

☑ **言い切りが「い」になるのは形容詞、「だ・です」になるのは形容動詞。**

基礎力チェック！

1. 次の用言の中から動詞をすべて選びなさい。
① 美しい ② 走る ③ 面白い ④ 小さい
⑤ きれいだ ⑥ 悲しい ⑦ 着る ⑧ 減る

2. 次の動詞の活用の種類を書きなさい。
① 書く ② 来る ③ 寝る ④ 勉強する
⑤ 見る

3. 次の単語の中から形容詞をすべて選びなさい。
① かわいい ② 楽しい ③ むかい ④ あたたかい
⑤ 気合い ⑥ 切ない ⑦ よい ⑧ あいまい
⑨ 力強い ⑩ 古めかしい

4. 次の言葉の中から形容動詞をすべて選びなさい。
① 静かだ ② 時間だ ③ 華やかだ
④ しなやかな ⑤ 小さな ⑥ 圧倒的な
⑦ スムーズだ ⑧ カラフルだ ⑨ テレビだ
⑩ 新鮮です ⑪ 医者です

答え

1. ②・⑦・⑧ → 1参照
2. ①五段活用 ②カ行変格活用 ③下一段活用 ④サ行変格活用 ⑤上一段活用 → 1参照
3. ①・②・④・⑥・⑦・⑨・⑩ → 2参照
4. ①・③・④・⑥・⑦・⑧・⑩ → 2参照

Japanese

4 文法 活用のある自立語

月　日

学びのポイント

● まず「活用」のしくみを理解しよう。活用形ごとの「下に続く語」を覚えることから！

1 動詞

❶ 動詞の性質

・単独で述語になり、物事の動作・存在・作用を表す。

・自立語で活用がある用言。言い切りの形はウ段の音で終わる。

❷ 動詞の活用形…未然形・連用形・終止形・連体形・仮定形・命令形の六つ。

活用形を見分けるには、あと（下）に次のような語が続くかで判断する。

未然形	連用形	終止形	連体形	仮定形	命令形
ない う・よう	ます・ た・て	言い切り の形	とき・ ので	ば	命令して 言い切る

❸ 活用の種類…下に打ち消しの助動詞「ない」を付けて判断する。

①五段活用…「ない」を付けると直前の音がア段になる。

例 読む＋ない→読まない

基本形	語幹	未然形	連用形	終止形	連体形	仮定形	命令形
読む	よ	ま も	み ん	む	む	め	め

②上一段活用…「ない」を付けると直前の音がイ段になる。

例 いる＋ない→いない

基本形	語幹	未然形	連用形	終止形	連体形	仮定形	命令形
いる	○	い	い	いる	いる	いれ	いろ・いよ

③下一段活用…「ない」を付けると直前の音がエ段になる。

例 集める＋ない→集めない

基本形	語幹	未然形	連用形	終止形	連体形	仮定形	命令形
集める	あつ	め	め	める	める	めれ	めろ・めよ

④カ行変格活用…「来る」の一語のみ。

基本形	語幹	未然形	連用形	終止形	連体形	仮定形	命令形
来る	○	こ	き	くる	くる	くれ	こい

⑤サ行変格活用…「する」「―する」のみ。

基本形	語幹	未然形	連用形	終止形	連体形	仮定形	命令形
する	○	さ・ し・せ	し	する	する	すれ	しろ・せよ

絶対おさえる！

☑ **活用の種類は、「ない」を付けて直前の音で見分ける。ア段→五段、イ段→上一段、エ段→下一段。**

2 形容詞・形容動詞

❶ 形容詞・形容動詞の性質

・単独で述語になり、物事の性質や状態を表す。

・自立語で活用がある用言。

形容詞は言い切りの形が「い」で終わる。

形容動詞は言い切りの形が「だ・です」で終わる。

3 多義語（多くの意味を持つ言葉）

例 立てる

・キャンプの計画を立てる。（考える）
・新しく作った看板を立てる。（直立させる）
・赤ちゃんが寝息を立てる。（生み出す）
・猫が爪を立てる。（突き刺す）
・誓いを立てる。（決意をする）

例 引く

・綱を引く。（たぐり寄せる）
・三から二を引く。（除く）
・辞書を引く。（書物を使って調べる）
・注意を引く。（関心を向けさせる）
・油を引く。（塗り広げる）
・血筋を引く。（受け継ぐ）

例 道

・野球場までの道に迷ってしまう。（道路）
・将来は音楽の道に進むことを決めた。（分野）
・人を傷つけることは道にそむくことだ。（道徳）
・残念だが、彼を助ける道はないようだ。（方法）

絶対おさえる！

☑ **多義語は意味が多く言葉や漢字自体も同じ**なので、**必ず使われている文脈から意味を判断する。**同じ意味や似た意味の熟語に言いかえてみると、判断しやすくなる場合も多い。

基礎カチェック！

1. 次の言葉の対義語を書きなさい。

① 生産 ② 危険 ③ 賛成 ④ 収入
⑤ 供給 ⑥ 軽率 ⑦ 増加 ⑧ 成功
⑨ 自然 ⑩ 敗北 ⑪ 寒流 ⑫ 夏至

2. 次の言葉の類義語をあとからそれぞれ選び、漢字に直して答えなさい。

① 年代 ② 処理 ③ 計画 ④ 才能
⑤ 突然 ⑥ 案内 ⑦ 不足 ⑧ 努力
⑨ 金言 ⑩ 製造 ⑪ 遺品 ⑫ 未開

かくげん　しまつ　せだい　ゆうどう　かたみ　ふい
そしつ　げんし　けつぼう　いと　きんべん　せいさん

3. 次の――線部の言葉の意味をあとから選び、記号で答えなさい。

・私の祖父は経済に暗い。

ア 性格などが陰気である。
イ 光が不足してよく見えない。
ウ ものごとをよく知らない。
エ 期待が持てない。

答え

1. ①消費 ②安全 ③反対 ④支出 ⑤需要 ⑥慎重 ⑦減少 ⑧失敗 ⑨人工 ⑩勝利 ⑪暖流 ⑫冬至 → 1 参照
2. ①世代 ②始末 ③意図 ④素質 ⑤不意 ⑥誘導 ⑦欠乏 ⑧勤勉 ⑨格言 ⑩生産 ⑪形見 ⑫原始 → 2 参照
3. ウ → 3 参照

Japanese

3 漢字・語句　対義語・類義語・多義語

1 対義語（意味が反対、対になる言葉）

① 一字が共通、もう一字が反対であるもの

例 長所⇔短所…所が共通、長と短が対義

客観⇔主観　平凡⇔非凡　往路⇔復路

間接⇔直接　野党⇔与党　好評⇔悪評

② 二字とも反対であるもの

例 単純⇔複雑…単と複、純と雑がそれぞれ対義

延長⇔短縮　前進⇔後退　拡大⇔縮小

温暖⇔寒冷　上昇⇔下降　解散⇔集合

③ 熟語として反対であるもの

例 理想⇔現実…それぞれの漢字自体は対義でない

一般⇔特殊　理性⇔感情　義務⇔権利

原因⇔結果　内容⇔形式　具体⇔抽象

④ 打ち消しの字を含むもの

例 有効⇔無効…無が打ち消しの意味を持つ

肯定⇔否定　有料⇔無料　是認⇔否認

一定⇔不定　可決⇔否決　有利⇔不利

絶対おさえる！

☑ **対義関係の熟語が複数存在する場合もあるため**、漢字そのものだけでなく、構成、意味・用法の微妙な違いなどにも着目しながら理解を深めるようにする。

学びのポイント

● 対義語や類義語、多義語の理解は読解にも重要！片方を見たら「もう片方」を思い出そう。

月　日

2 類義語（意味が似ている言葉）

① 一字が共通、もう一字が似ているもの

例 決心≒決意　改善≒改良　格別≒特別　栄光≒栄誉

詳細≒委細　著名≒有名　判然≒歴然　永遠≒永久

気質≒性質　失望≒失意　倹約≒節約　名人≒達人

効用≒効果　自然≒天然　経験≒体験　昨年≒去年

案外≒意外　応答≒返答　成就≒達成　活発≒快活

裕福≒富裕　異議≒異存　希望≒願望　順調≒快調（好調）

② 熟語として似ているもの

例 音信≒消息　架空≒虚構　寄与≒貢献　寡黙≒無口

進歩≒発達　思慮≒分別　前途≒将来　重宝≒便利

納得≒承知　冷静≒沈着　機構≒組織　原因≒理由

厚意≒親切　賛成≒同意　簡単≒容易　欠点≒短所

我慢≒忍耐　予定≒計画　勉強≒学問　辞書≒字引

失望≒落胆　賃金≒給料　注意≒用心　手段≒方法

絶対おさえる！

☑ **類義語は意味が完全に同じというわけではなく、微妙な違いを持つ場合もあるため**、文章の中で用いるときは、文脈からどのような類義語を用いるべきかを判断する必要がある。

2 同訓異字（同じ訓だが、漢字が異なる字）

例

おくる	荷物を送る。（発送） プレゼントを贈る。（贈呈）
とく	問題を解く。（解法） 絵の具を水で溶く。（溶融） 教えを説く。（説明）
とる	資格を取る。（取得） 写真を撮る。（撮影） 新人を採る。（採用）
はじめ	年の初め。（初頭） 営業を始める。（開始）
はなす	友人と話す。（会話） 犬を放す。（解放） 席を離す。（分離）
もと	元に戻す。（元来） 資料を基にする。（基礎） 愛情の下で育つ。（天下）

絶対おさえる！

☑ **同訓異字は文脈から意味を判断し、熟語に言いかえるとどうなるかを思い浮かべて、そこで使われている漢字を選ぶようにする。必ず用例とあわせて確認する。**

基礎カチェック！

1. 次の文中の――線部のカタカナを漢字で書きなさい。

① イゼンとして雨が降り続いている。
彼の様子はイゼンとまったく同じだった。

② 真面目に取り組む様子にカンシンする。
面白そうな小説にカンシンを持つ。

③ 問い合わせに対して適切にカイトウする。
問題の答えをカイトウ用紙に記入する。

④ カクシンを突いた発言。
入試の合格をカクシンする。
カクシン的な制度を整える。

2. 次の文中の――線部のカタカナを漢字で書きなさい。送りがなが必要なものは送りがなも書くこと。

① 万一の事態にソナエル。
② 早寝早起きにツトメル。
③ 雨天なら試合を来週にノバス。
④ 今年の夏はとてもアツイ。
⑤ 荷物を背中にオウ。
⑥ 師範のアトを継ぐ。
⑦ 夜がアケル。
⑧ 隣の席をアケル。

答え

1. ①依然・以前 ②感心・関心 ③回答・解答 ④核心・確信・革新 → 1参照

2. ①備える ②努める ③延ばす ④暑い ⑤負う ⑥跡 ⑦明ける ⑧空ける → 2参照

Japanese

2 同音異義語・同訓異字

漢字・語句

学びのポイント

● 同音異義語・同訓異字は「書き分け」に注意！前後の文脈をよく確認して答えよう。

月　日

1 同音異義語（同じ音だが、漢字と意味が異なる熟語）

例

イガイ
- 意外な人物に出会う。
- 必要なもの以外は持ってこない。

イギ
- 言葉の持つ意義を考える。
- 提案に異議を唱える。
- 同音異義語

カイテン
- 夕飯は回転ずしにしよう。
- すし屋が開店する。

カイホウ
- 病状が快方に向かう。
- 広く門戸を開放する。
- 囚われていた人を解放する。

カンソウ
- 本を読んだ感想を書く。
- マラソン大会で完走する。
- 室内の空気が乾燥している。

キカン
- 教育機関を存続させる。
- 営業時間の短縮期間を設ける。
- 消化器官のはたらきを学ぶ。
- 食べ物が気管に入る。

コウカイ
- 写真を公開する。
- 太平洋を航海する。
- 自分の罪を後悔する。

ジタイ
- 計画自体を見直すべきだ。
- 雪で大変な事態になった。
- ゲームへの参加を辞退する。

シメイ
- 先生に指名された。
- 重要な使命を果たす。
- 自分の氏名を名乗る。

ソウゾウ
- 想像上の動物。
- 天地創造の神話。

タイショウ
- 左右対称の図形。
- 対照的な兄弟。
- 中学生対象の本。

ツイキュウ
- 学問を追究する。
- 幸福を追求する。
- 責任を追及する。

ホショウ
- 安全保障条約
- 品質を保証する。
- 損失を補償する。

絶対おさえる！

☑ **同音異義語は字形や意味が似たものも多い。どの漢字をあてるか文中における意味によって判断する必要があるため、必ず用例とあわせて確認する。**

3 四字熟語（漢字四字から成る熟語）

① 上の二字と下の二字が類義であるもの

例 完全無欠…不足や欠点などがなく完璧(かんぺき)である様子。

日進月歩…休みなく日々進歩していくこと。

② 上の二字と下の二字が対義であるもの

例 半信半疑…半分は信じ、半分は疑うこと。

針小棒大…針ほど小さなことを、棒ほどに大きく言うこと。

③ 上の二字が下の二字を修飾しているもの

例 前代未聞(みもん)…これまでに聞いたことがないこと。

課外授業…正規の時間以外の授業のこと。

④ 上の二字が主語、下の二字が述語になっているもの

例 大器晩成…すぐれた人は遅(おく)れて大成すること。

異口同音…たくさんの人が同じことを言うこと。

⑤ 四字が対等の関係であるもの

例 春夏秋冬…春と夏と秋と冬の四季。

喜怒哀楽(きどあいらく)…喜びと怒(いか)りと哀(かな)しみと楽しみ。感情。

⑥ 漢数字が使われているもの

例 一朝一夕(いっせき)…短い期間・わずかな時間。

千差万別(ばんべつ)…たくさんのものが、それぞれ違(ちが)っている様子。

⑦ 同じ漢字を重ねているもの

例 正々堂々…態度が正しくて立派である様子。

三々五々…数人が連れ立って同じことをする様子。

絶対おさえる!

☑ 四字熟語はことわざのような意味を持つことも多く、**意味や成り立ちを理解しておくと間違えにくい。**

基礎カチェック!

1. 熟語の構成が他と異なるものをそれぞれ一つずつ選び、記号で答えなさい。

① ア 善良 イ 徹夜(てつや) ウ 妨害(ぼうがい) エ 豊富
② ア 読書 イ 洗顔 ウ 停止 エ 握手(あくしゅ)
③ ア 休日 イ 和食 ウ 強風 エ 真偽(しんぎ)
④ ア 拡大 イ 損得 ウ 送迎(そうげい) エ 男女
⑤ ア 日没(にちぼつ) イ 頭痛 ウ 県営 エ 登山
⑥ ア 有無 イ 不安 ウ 未熟 エ 非力
⑦ ア 氷解 イ 特急 ウ 短大 エ 入試
⑧ ア 酸性 イ 知的 ウ 悪化 エ 蛇足(だそく)

2. 次の□に「不・無・非・未」のいずれかを入れて、三字熟語を完成させなさい。

① □完成 ② □公式 ③ □制限 ④ □可能

3. 次の四字熟語の二つの□に同じ漢字を入れて、四字熟語を完成させなさい。

① □画□賛 ② 以□伝□ ③ □材□所

4. 次の意味に近い四字熟語をあとから選んで漢字で書きなさい。

① 事情が変わり、突然(とつぜん)解決に向かうこと。
② 言葉で言い表せないほどひどい様子。

いっきょりょうとく　いっとうりょうだん
おんこちしん　きゅうてんちょっか
ごんごどうだん　なんせんほくば

答え

1. ①イ ②ウ ③エ ④ア ⑤エ ⑥ア ⑦ア ⑧エ → 1参照
2. ①未 ②非 ③無 ④不 → 2参照
3. ①自 ②心 ③適 → 3参照
4. ①急転直下 ②言語道断 → 3参照

Japanese

1 漢字・語句 熟語の構成

学びのポイント

● 二字熟語の構成がわかるようになれば、知らない熟語の意味を予想することもできる！

月　日

1 二字熟語（漢字二字から成る熟語）

❶ 似た意味の漢字を組み合わせたもの

例 縮小・幸福・岩石・絵画・思考・尊敬・明朗

❷ 反対・対になる意味の漢字を組み合わせたもの

例 前後・開閉・善悪・有無・終始・明暗・縦横

❸ 上の漢字が下の漢字を修飾するもの

例 青空・海水・急病・激減・温風・猛犬・実話

▼青(い)空　▼激しく減る

❹ 上の漢字が主語、下の漢字が述語になっているもの

例 雷鳴・県立・頭痛・骨折・日照・地震・人造

▼雷(が)鳴(る)　▼日(が)照(る)

❺ 下の漢字が上の漢字の目的や対象になっているもの

例 登山・洗顔・開会・発声・着陸・帰国・投球

▼山(に)登(る)…下から返って読める

❻ 上の漢字が下の漢字を打ち消すもの

例 無敵・不安・未定・非情・否認

❼ その他

例 急性…上の漢字に意味を添えたもの

国連…長い言葉（国際連合）を縮めたもの

絶対おさえる！

☑ 熟語の構成を判断するためには、**それぞれの漢字の意味を理解しておく必要がある。**

2 三字熟語（漢字三字から成る熟語）

❶ 上の一字が下の二字の意味を打ち消しているもの

例 非常識…常識から外れていること。

未解決…まだ解決していないこと。

❷ 上の一字が下の二字の意味を修飾しているもの

例 大好物…とても好きな食べ物のこと。

高性能…性能がとても良いこと。

❸ 上の二字が下の一字の意味を修飾しているもの

例 読書家…本をたくさん読む人。

美術館…美術品を収集・保管・展示する施設。

❹ 下の一字が接尾語（意味を添える）であるもの

例 現代的…現代の風潮に合っていること。

安全性…事故や災害などに対して安全である性質。

❺ 三字が対等の関係であるもの

例 松竹梅…めでたいもの。ものごとの三つの等級。

衣食住…暮らしに最低限必要なすべてのもの。

絶対おさえる！

☑ 三字熟語の構成を判断するためには、**上の二字や下の二字が二字熟語になっていないかをまず確認する。**二字熟語になっているなら、その熟語を一つの漢字だと考えて、二字熟語と同じように打ち消しか、修飾かなどと考えていく。

見出しづけ読解法

文章の理解度と、記述力を高めよう！

より難しく、より複雑な文章を読むようになったときには、「見出しづけ読解法」が便利。要点をつかんで、速く読めるようになります。

「見出しづけ読解法」のやり方

1. 読解したい文章を用意する。（はじめは、教科書の文章など、読んだことのある文章がおすすめ）
2. 段落や場面など、文章のカタマリごとに分けて、内容を端的に示す「見出し」をつける。
3. すべてのカタマリに見出しをつけたら、最後に一通りの見出しを読んでみる。見出しだけで文章の内容を理解することができたら、いい見出しがつけられたということ。

ポイント

- ☑ 新聞の見出しをお手本に、カタマリごとの内容がわかるようにつける。
- ☑ 見出しの長さは長くても三十字以内で。

30字以内の見出し

水の循環は地球に大きな影響を与える

水の循環の説明（蒸発→凝結→降水→流出／浸透）

水の循環は地球の気候にかかわる

水の循環の働きを守ることが大切

水の循環

水の循環は、地球上の水が海、空気、
は、生物にとってとても大切な枠割を
響を与えています。

水の循環の始まりは、「蒸発」です。
空気中にあがっていきます。この蒸気が
と言います。凝結した水の粒が集まって
に落ちます。これを「降水」と言います
地面に落ちた雨水の一部は、川や湖
ます。しかし、すべての雨水が直接川や
み込む雨水もあります。これは「浸透」
吸い上げられ、葉から水蒸気としてま
下水」となり、長い時間をかけて流れ、
このようにして、地球上の水は絶え
す。水の循環は自然の中でとても需要
います。

さらに、水の循環は地球の気候にも
水の量が増え、雨の降るパターンが変わ
理解することは、地球の未来を考える
今日も私たちのまわりで、この不思
球上の生命を豊にしています。この大切
の地球環境を守るためには必要です。

国語のおすすめ勉強法①

受験も見すえて、語彙力をアップさせていこう！

マイ辞書ノート

中学二年生になると、難しい言葉がふくまれる文章を読む機会が増えていきます。そこで、自分だけの辞書である「マイ辞書ノート」をつくってみましょう。

「マイ辞書ノート」のやり方

1. 授業や宿題用のノートとは別のノートを用意する。
2. ページを三分割して、「単語」「意味」「例文」を書けるようにする。
3. 「難しいな」「意味を知らないな」「よくわかっていないな」と思った言葉があれば書きとめて、「単語」「意味」「例文」を書いておく。

ポイント

☑ 下敷きで「意味」「例文」をかくして、答えられるかテストしてみよう。

☑ 定期テストの前や、いずれは入試前に見直して、知識の確認として役立てよう。

単語（単語ゾーン）	意味（意味ゾーン）	例文（例文ゾーン）
アイデンティティ	自己の存在証明 自己同一性 ※「自分は何者か」ということへの意識	ひとのアイデンティティというのは自分が自分に語って聞かせる物語だ。
合理主義	人間の理性や、理にかなうことを重んじようとする考え方のこと。（理に合っている）	社会学者、G・リッツァは、「マクドナルド化現象」を、すなわち近代合理主義の極北と評した。※最たるもの

監修者紹介

清水　章弘（しみず・あきひろ）

◉——1987年、千葉県船橋市生まれ。海城中学高等学校、東京大学教育学部を経て、同大学院教育学研究科修士課程修了。新しい教育手法・学習法を考案し、東大在学中に20歳で起業。東京・京都・大阪で「勉強のやり方」を教える学習塾プラスティーを経営し、自らも授業をしている。青森県三戸町教育委員会の学習アドバイザー。

◉——著書は『現役東大生がこっそりやっている 頭がよくなる勉強法』（PHP研究所）など多数。テレビでコメンテーターも務めており、TBS「ひるおび」等にレギュラー出演中。

プラスティー

東京、京都、大阪で中学受験、高校受験、大学受験の塾を運営する学習塾。代表はベストセラー『現役東大生がこっそりやっている、頭がよくなる勉強法』（PHP研究所）などの著者で、新聞連載やラジオパーソナリティ、TVコメンテーターなどメディアでも活躍の幅を広げる清水章弘。
「勉強のやり方を教える塾」を掲げ、勉強が嫌いな人のために、さまざまな学習プログラムや教材を開発。生徒からは「自分で計画を立てて勉強をできるようになった」「自分の失敗や弱いところを理解し、対策できるようになった」の声が上がり、全国から生徒が集まっている。
学習塾運営だけではなく、全国の学校・教育委員会、予備校や塾へのサービスの提供、各種コンサルティングやサポートなども行っている。

明日を変える。未来が変わる。
マイナス60度にもなる環境を生き抜くために、たくさんの力を蓄えているペンギン。
マナPenくんは、知識と知恵を蓄え、自らのペンの力で未来を切り拓く皆さんを応援します。

中2 要点が1冊でしっかりわかる本 5科

2024年7月8日　　第1刷発行

監修者——清水　章弘
発行者——齊藤　龍男
発行所——株式会社かんき出版
東京都千代田区麹町4-1-4 西脇ビル　〒102-0083
電話　営業部：03(3262)8011㈹　編集部：03(3262)8012㈹
FAX　03(3234)4421　　振替　00100-2-62304
https://kanki-pub.co.jp/
印刷所——シナノ書籍印刷株式会社

乱丁・落丁本はお取り替えいたします。購入した書店名を明記して、小社へお送りください。ただし、古書店で購入された場合は、お取り替えできません。
本書の一部・もしくは全部の無断転載・複製複写、デジタルデータ化、放送、データ配信などをすることは、法律で認められた場合を除いて、著作権の侵害となります。
©Akihiro Shimizu 2024 Printed in JAPAN ISBN978-4-7612-3121-7 C6000